法治知识·思维·素养丛书

# 民法六讲

杨立新 著



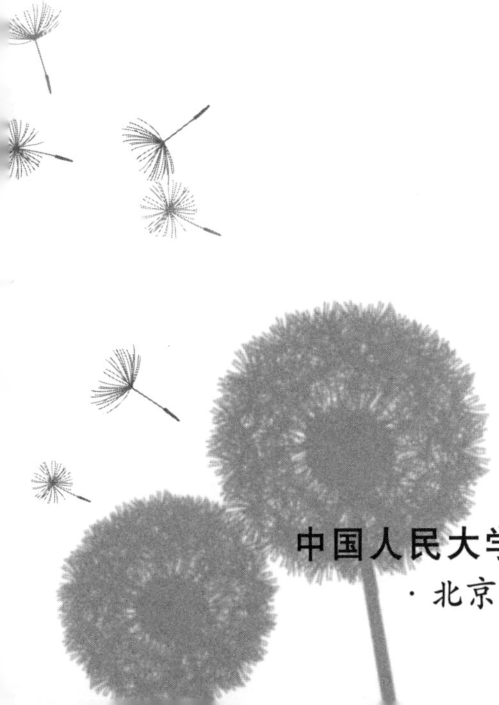

中国人民大学出版社
·北京·

**图书在版编目（CIP）数据**

民法六讲/杨立新著．—北京：中国人民大学出版社，2017.6
（法治知识·思维·素养丛书）
ISBN 978-7-300-24508-9

Ⅰ.①民… Ⅱ.①杨… Ⅲ.①民法-研究-中国 Ⅳ.①D923.04

中国版本图书馆 CIP 数据核字（2017）第 123606 号

法治知识·思维·素养丛书
**民法六讲**
杨立新 著
Minfa Liu Jiang

| | | | |
|---|---|---|---|
| **出版发行** | 中国人民大学出版社 | | |
| **社　　址** | 北京中关村大街 31 号 | **邮政编码** | 100080 |
| **电　　话** | 010－62511242（总编室） | | 010－62511770（质管部） |
| | 010－82501766（邮购部） | | 010－62514148（门市部） |
| | 010－62515195（发行公司） | | 010－62515275（盗版举报） |
| **网　　址** | http://www.crup.com.cn | | |
| | http://www.ttrnet.com（人大教研网） | | |
| **经　　销** | 新华书店 | | |
| **印　　刷** | 北京中印联印务有限公司 | | |
| **规　　格** | 148 mm×210 mm　32 开本 | **版　　次** | 2017 年 6 月第 1 版 |
| **印　　张** | 11.75　　插页 2 | **印　　次** | 2017 年 6 月第 1 次印刷 |
| **字　　数** | 214 000 | **定　　价** | 42.00 元 |

# 前言

编纂民法典的工作正在紧张地进行，《中华人民共和国民法总则》已经出台，民法典分则的编纂也在进行中。不久的将来，也就是 2020 年 3 月，如果没有意外，中国具有自己特色的民法典就会诞生。这将是我们这一代民法学者的骄傲和自豪。

为公务员编写“法治知识·思维·素养丛书”中的《民法六讲》，其实我有些为难，因为民法的体系太大了，将来的民法典差不多会有 2 000 条。用短短的 20 万字的篇幅写一部民法的书，光条文都写不完。编辑提示我，如果写一些短的、有趣味的文章，说说民法中的主要问题，便于国家工作人员阅读和掌握，不是更好吗？这倒是个不错的主意，因为在研究民法理论之余，对于社会热点的民法问题，我也写过一些杂文。故选择了一些有关的文章，再加上参与编纂民法典过程中新写的一些文章，就形成了现在的内容。

国家工作人员加强法治素养，对于宪法和行政法的要求会更加强烈，对于民法好像并不那么急需。这样的看法并不正确。民法就是市民法，即市民生活的基本规范。国家工作人员也是人，也是市民社会的市民，因此，不仅自己的行为需要受到民法的规范，自己的权利需要受到民法的保护，而且由于自己执掌国家行政权力，针对的都是平头百姓，都是市民，因而在行使行政权力时，更需要保护好他们的民事权利，不能侵害他们的民事权利。同时，民法也是调整市场经济的法律，国家工作人员肩负领导经济建设，维护市场经济秩序的重任，当然也必须依照民法的规则进行。这样看来，国家工作人员加强民法素养，倒是特别需要的。目前正在编纂民法典，国家工作人员更应当带头学好民法，掌握好民法，贯彻落实好民法。

用杂文的形式写文章给国家工作人员阅读，有一定难度，不好适应其需要和口味。作为一种试探，试试看。同时本书也可以作为大学生通识读本，以增长民法基本知识。文中如有不当，敬请指正。

在本书编写前期整理书稿中，我的学生王翠玲帮我做了很多工作，在此特别表示感谢。

**龙图法律研究院名誉院长、首席研究员**

**中国人民大学民商事法律科学研究中心主任**

**全国人大常委会法工委立法专家委员会立法专家**

**杨立新**

2017 年 3 月 18 日

# 目录

## 第一讲　民法总则篇

坚定不移地走我国民法法典化之路　003
我国民法典总则应当规定法例规则　007
民法总则规定民事责任的正当性基础　015
民法总则规定一般人格权的价值与修改建议　018
消费者概念列入民法总则的重要价值　022
民法总则应当规定衍生数据为数据专有权客体　025
民法总则对权利客体规定的重要价值与欠缺　033
编纂民法典必须肃清苏联民法的影响　041
关于规则与秩序的对话　048
有感于欧洲加快统一民法典的进程　051
建设诚信社会的必要权利牺牲　058

诚信观念与诚信原则 062
主体与客体 065
主张权利有理但也不应当“较劲” 069

## 第二讲　人格权法篇

民法典人格权法单独成编不存在政治风险问题 075
死者人格利益应当得到法律保护 086
遗体价值值几许？ 091
新闻报道对待人格权的不一样做法 098
真的有“亲吻权”吗？ 101
悼念权，何权乎？ 105
重提安乐死 110
捐献精子：不能不提到的法律问题 113
强行在妇女身上刺字如何定性？ 115
美容与“毁容” 120
关于姓名平行的侵权责任 123
改名是谁的权利？ 129
肖像和肖像权辨正 131
投票选“贼”：不能就此了事 135
对某公司侵害名誉权案件的初步看法 139
网上侵权案的是与非 143
犯罪嫌疑人的民事权利也是权利 149

开展一次隐私权的“解放运动” 152
八小时以外的监督和隐私权保护 156
八小时以外：党员干部的隐私权也要受到保护 159
名人隐私权与公众知情权 160
对要求“贤内助”监督廉政的三点疑问 162
也说公众人物的权利保护 165
相关隐私权的保护及其他 169
性骚扰：真的无法制裁吗？ 174
其他人格利益：保护人格利益的弹性条款 179

**第三讲 物权法篇**

鼓励创造财富的“旋律” 185
《物权法》的远看与近观 188
衷心赞美《物权法》第85条 191
“堵”改“疏”：改革小产权房法律
调整方法的另一种思路 195
“自动续期”的核心价值是一次取得，永久使用 204
奥运冠军的财产是否为夫妻共同财产？ 213
“留置”入学通知书：应承担何种责任？ 217

**第四讲 债法篇**

民法总则应当规定单方允诺是一种独立之债 225

高铁因故障延误的违约损害赔偿 231
网络交易致害消费者责任的法律适用 235
《慈善法》规定的保护受益人和志愿者的侵权责任 241
毕竟还有武秀君 244
中介机构更应当讲诚信 246
悬赏广告与政府守信 248
荒唐的协议、荒唐的起诉应当得到败诉的结果 252
质疑“父债子还” 254
砍树协议是合同未生效还是合同无效？ 259
“假一罚十”和“偷一罚十”的是与非 262
公益捐赠要严格依法进行 266
“飞来的横祸”应当由谁赔偿？ 269
银行支付假币纠纷应当怎样解决？ 273
状告烟草公司，索赔有几分胜算？ 277
餐车发票案对公益诉讼的呼唤 281
怀孕期间的女职工不得被解聘 285

第五讲 家事法篇

如何确定代孕所生子女的亲属身份关系 289
妻子通奸，怀孕期间丈夫可否起诉离婚？ 294
从“幕后”走到“前台”的探望权 298

“越权探望”质疑 302
叫妈与不叫妈的三个法律问题 306
老年人的赡养、监护问题必须引起重视 309
步子可以再大一些 313
“夫妻欠薪”的实质是什么? 316

**第六讲　侵权法篇**

在人身损害赔偿问题上应当消灭城乡差别 323
精神损害赔偿能不能“明码标价”? 326
见义勇为者受到损害应当获得补偿 331
孕检出错应否承担侵权责任? 336
消防队员救火牺牲可否向失火责任者请求赔偿? 339
见义勇为者也要注意自身安全 341
体育器材造成损害的赔偿责任 344
儿童扒乘飞机造成损害的责任 349
典型的替代赔偿责任 352
“新西兰计划”流产的启示 356
患者权利应当得到保障 359
飞机改道扰民问题的解决方案 362
“老虎伤人”事件的侵权法思考 364

# 第一讲

# 民法总则篇

## 坚定不移地走我国民法法典化之路

随着立法机关将《中华人民共和国民法总则（草案）》提交讨论，关于我国民商法律体系的构建问题的讨论越来越多了，人们热情关心和关注民法典的编纂，讨论民法典的具体内容，已经形成了当前的一个热点。经过 60 多年的艰辛和曲折，终于迎来了民法典起草和讨论的热潮，真是一件特别值得高兴的事情。

其实，我国的民商法律体系的构建和民法典的制定，早在 1948 年就开始提出来了。那还是中央在西柏坡的时候，法学家陈瑾昆就起草了一部新中国的民法草案。新中国成立之后，在 1956 年 12 月、1964 年 7 月和 1982 年 5 月，曾经分别提出了三部民法草案，之后在 1986 年诞生了《民法通则》。可以看到，在 1980 年代，在国家的经济性质还不明确，经济体制改革正在进行的时候，实行民法法典化确实存在困难，因而将编纂完整的民法典的计划作了改变，改为分别制定民法典的各个部分，那时候将这种做法称为“批发改为零售”，因此，1986年只是制定了《民法通则》，随后又制定了《合同法》等一系列民法单行法，加上已经制定的民法单行法，如《婚姻法》等，构成了我国的民法体系。在21世纪刚刚开始的时候，立法机关在制定了《合同法》之后，又一次掀起编纂民法典的高潮，直至2002年12月立法机关审议《中华人民共和国民法（草案）》，但最终还是没有将此立法进行到底。立法机关对民事立法继续采取“零售”方式，开始制定并完成了《物权法》。但是随着社会主义市场经济形势的发展，急需一部完善的、完整的、统一的民法典，因而继续实施编纂民法典的计划，重新开启民法法典化之路，实在是立法工作的当务之急。

中共中央《关于全面推进依法治国若干重大问题的决定》要求“编纂民法典”，就是适应社会加强依法治国的需要所提出的立法重大决策，因而重启了编纂民法典的民法法典化之路。这表明，立法机关将在最近的一段时间，编纂民法典并完成这一立法的历史性任务。这是建设完善的民商法律体系，坚定不移地走民法法典化之路的英明之举。目前，立法机关对于编纂民法典采取“两步走”方式，第一步先完成《中华人民共和国民法总则》，预计在2017年3月完成；第二步在现有民法单行法（《民法通则》除外）的基础上，全面编纂民法典的分则，预计在2020年3月完成。届时，具有独特风格的中华人民共和国民法典将面世，成为21世纪的民法典的代表作。

我国的民商法体系实行的是“民商合一”体制，就是只制定民法典，而不再制定商法典，将商法的内容单独规定，作为民法的特别法，构成民商法的完整体系；同时，也将知识产权法的内容，纳入民法典体系。因此，可以说，我国的民商法律体系，就是以民法典为基本内容，以民商法作为基本的表现形式，辅之以《公司法》《保险法》《海商法》《证券法》《著作权法》《专利法》《商标法》以及《消费者权益保护法》等一系列单行法。这些单行法在总体上适用民法典总则的原则规定，在具体规则上独立成章，在民法典的原则指导下，加上这些单行法，构成我国完整的民商法律体系。因此，可以说，就是以民法典为基本内容，再加上民法的特别法即商法、知识产权法等单行法，构成我国全部民商法律体系。

民法典本身的内容，从现在的立法规划中已经基本显示出来，包括民法总则，以及物权法、合同法、侵权责任法、婚姻家庭法、继承法和涉外民事关系的法律适用法。与传统的民法典内容相比较，我国正在编纂的民法典有以下几个特点：

第一，特别强调人格权法的地位和作用，尽管在是否制定人格权法单独一编上存在较大的争论，但是在规定一般人格权和具体人格权，特别重视人关于自身的权利，特别重视人格尊严，特别重视人格权及其保护上，认识是完全一致的。这完全体现了现代人权观念，尊重人的价值。

第二，将侵权责任法单独规定为侵权责任编，这一方面体现了对侵权责任法的重视，给侵权责任法以广阔发展的空间，充分发挥侵权责任法的作用；另一方面也突出了侵权责任法权利保障法的性质和地位。

第三，将《婚姻法》和《收养法》归并在一起，作为婚姻家庭法或者亲属法，完善亲属制度，加强对身份权的保护。

第四，修订《继承法》，将一部反映计划经济社会的穷人的继承法，修订为市场经济的、现代化的继承法，全面加强继承制度，特别是强调遗嘱继承制度，作为继承法编。

第五，只规定合同法而没有规定债法，不规定债法总则，这与大陆法系的立法模式是有区别的。

第六，修改《物权法》，进一步完善我国的物权制度建设，特别是对农村土地权属进行一定程度的改革，以适应我国农村现实生活的需要。

从总体上说，这一部民法典草案是有着突出的特色的，既有大陆法系的传统，又有对英美法系的借鉴；既有对传统经验的吸收，又有新的创造，基本内容和体例是好的。经过精心编纂和完善，在不久的将来一定会制定出一部较好的民法典。

现在，立法机关已经打好了中国民商法律体系的基础，体系和框架已经完成，作为民商法律体系主体工程的民法典也已经初具规模，因此，新中国民商法律体系的完善和完备，指日可待。如果用一句话概括我国民商法立法的发展，那就是：尽管历尽艰辛，但是中国会坚定不移地坚持民法法典化的方向，曙光就在眼前!

# 我国民法典总则应当规定法例规则

在我国近代民事立法中，有一个对照鲜明的现象，即1949年之前的民法典或者草案大多规定法例规则，而1949年之后，不论是历次民法草案还是《民法通则》以及2002年民法草案，都没有规定法例规则。我国制定民法总则，应当规定法例规则。

## 一、法例的概念及民法总则规定法例的作用

在我国民法百年发展史上，《民国民法典》第一章规定了法例。其第1条规定“民事，法律所未规定者，依习惯；无习惯者，依法理”；第2条规定“民事所适用习惯，以不背于公共秩序或者善良风俗者为限”。向前推展，《民国民律草案》没有规定法例，是从“人”的规定开始的；再之前的《大清民律草案》则规定了法例，主要内容是3条：第1条规定“民事本律所未规定者，依习惯法；无习惯法者，依条理”；第2条规定“行使权利，履行义务，应依诚实及信用方法”；第3条规定“关于权利效力之善意，以无恶意之反证者为限，推定其为善意”。向后推展，“伪满洲国民法”没有规定法例，但其“通

则”的规定中有两个条文属于法例：第 1 条规定“关于民事，法令无规定之事项，依习惯法；无习惯法者，依条理”；第 2 条规定“权利之行使及义务之履行，须以诚实且从信义为之”。再向后，即现行《民法通则》没有规定法例，2002 年民法草案也没有类似规定。

各国民法典尽管没有明文称为“法例”，但大多数民法典都有关于法律适用规则的内容。在 21 个国家和地区的民法典中，明确规定法例内容的有 11 部，即法国、瑞士、韩国、意大利、阿根廷、葡萄牙、日本、奥地利、智利民法典，以及美国纽约州民法典草案、我国澳门特别行政区民法典；规定有相关内容的 4 部，即蒙古、俄罗斯联邦、越南和美国路易斯安那民法典；完全没有规定的 6 部，即朝鲜、埃塞俄比亚、巴西、荷兰、德国和加拿大魁北克民法典。合计规定法例内容的有 15 部，没有规定的为 6 部，前者占 71.4%，后者占 28.6%。

梅仲协教授指出：“法例者，民法适用之通例也。现行民法法例章，计五条，不特于全部民法，可以适用，基民法法典以外之各种民事特别法规，亦应受其支配。”

关于“法例”概念的来源，梅仲协认为：“李悝法经，称为具法，魏因汉律，改具律为刑名第一。晋贾充等增损汉魏律，于魏刑名律中，分为法例律。宋齐梁及后魏，因而不改。爰至北齐，并刑名法例为名例，后周复为刑名，隋因北齐，更为名律，唐因于隋，相承不改。”上述具法、刑名、法例、名例、名律等不同称谓，都是指法律适用的一般规则，最早使用法例者为魏律，及于后世五代律令。可见，我国第一部民律和第一部民法设置“法例”章，源于我国法律的传统，实为我国民法之特色，是源于中国、发展于中国的典型中国特色。

民法总则规定民法适用的一般规则，是大多数民法典总则编的编纂通例，其价值是在司法实践中用以指导民法的具体适用。《民法通则》等不规定法例的后果是，在民事司法中，绝大多数民事法官不敢引用习惯或者法理作为补充民事立法不足的法源作出判决，经常出现法院将没有法律明文规定的民事纠纷案件“推出门”了事的情形。这样的现象不能再继续下去了。

我国《民法通则》和2002年民法草案不规定法例，主要是受《苏俄民法典》的影响，1922年《苏俄民法典》、1961年《苏维埃社会主义共和国联盟及各加盟共和国民法立法纲要》以及1964年《苏俄民法典》，都没有规定法律适用的一般规则。

## 二、民法总则规定法例究竟应当规定哪些内容

与我国民法立法和民法草案对法例的做法不同，在目前所有看到的民法典草案的建议稿中，例如梁慧星教授主持起草的《中国民法典草案建议稿》、王利明教授主持起草的《中国民法典学者建议稿》、徐国栋教授主持起草的《绿色民法典草案》，

以及我主持起草的所谓 2.0 版的《民法典·总则编》建议稿，都规定了与法例相关的内容，其中梁慧星教授稿是在第一章"基本原则"中规定的，王利明教授稿是在第一章第一节中规定了"民事法律规范的适用"，徐国栋教授稿规定在"预备性规定"的"基本原则"中。在我的建议稿中，直接规定了"法例"一节，主张恢复我国民法典历史的中国特色。

民法总则规定法例，究竟应当规定哪些内容？对国内外的民法典立法例进行综合比较，有以下几点特别值得重视：

第一，在大多数民法典中，都规定了法例或者法律适用规则。事实上，这是民法总则必须规定的内容，用以指导法院在司法实践中具体适用民法以及其他民法特别法，对案件进行裁判。而法例的称谓为我国民法所特有，继受中国古代法律的概念，具有中国特色。我国学者建议稿虽然不都称之为法例，但都规定了相应的内容，意见是一致的。

第二，在法例的具体规则中最重要的是关于法源的规定，即规定民法的表现形式，特别是要规定数种法源适用的先后顺序，即有法律依法律、无法律依习惯、无习惯依法理。这就是说，民法之渊源为二，一是制定法，二是非制定法，后者包括习惯法和法理。目前在我国民事立法中，最缺少的法例就是这个规则。对此，各部民法典建议稿的意见也是一致的。

第三，法例规定对法官自由裁量的限制，明确法官不得借口法律未作规定、不明确或者不完备而拒绝裁判。更为甚者，

《法国民法典》第 4 条还把拒绝审判规定为犯罪行为，对拒绝审判的法官予以刑事追诉。对此，我国民法典建议稿多数意见一致。

第四，有些民法典规定了其他一些民法适用规则，例如公序良俗原则、法律冲突的法律适用、法律解释规则等。对此，应当根据我国立法习惯，在民法总则中分别规定于法律原则或者法律解释部分之中。

## 三、我国民法总则应当规定法例及规定的主要内容

### （一）我国民法总则应当在“一般规定”中规定法例规则

“法例，为全部法则的总括规定，为适用于民法全部的法则，应规定于第一编的编首。”民国时期民法学家余棨昌的这一论述十分精当，表明了民法总则编应当规定法例，且应当规定在总则编“编首”的必要性和确定性。

我国《民法通则》没有规定法例，导致在民事司法中，绝大多数法官不敢适用习惯法，更不敢适用法理以补充立法之不足，却敢于以法律无明文规定而拒绝审判。如果我国《民法通则》规定了民法的法源及适用顺序，规定了法官不得拒绝审判的原则，就不会出现目前大量存在的“告状难”问题。同时，关于民法规范在发生冲突时的法律适用规则，在法官中基本上是口口相传，并无法律依据，如果明确规定了法律冲突适用规

则，也不会出现较多的法律适用错误。

因此，我国民法总则应当在第一章“一般规定”中规定法例，将民法适用的一般性规则公之于众，既便于法官适用法律，也便于当事人依法行使权利，对抗法院的拒绝审判行为，还便于人民群众监督法院依法裁判。

### （二）我国民法总则在法例部分应当规定的主要内容

#### 1. 法源及适用顺序

民法的法源，主要是指民法典以及其他民事特别法。但是，市民社会的民事生活极其广泛，即使制定了再复杂的民法典，也无法囊括所有的民事现象，故必须对民法规范不足部分补充其他法源，以适应市民社会的实际生活需要。因此，民法法源不仅指制定法，也包括习惯法和法理即非制定法。只有这样，才能够使当事人的民事权利得到充分而必要的保护，当事人不至于被置于法院的大门之外。民法典总则编规定法例，首先就要规定法源及适用顺序，即：“人民法院审理民事案件，应当依照本法以及依据本法制定的其他法律中的民事法律规范进行；法律没有规定的，依照习惯；没有习惯的，依照法理。”

民法总则作出这样的规定并不存在大的障碍，因为《物权法》就规定了相邻关系应当适用习惯法填补法律空白的规则，《合同法》规定了交易习惯可以作为裁判依据。在司法实践中，引用习惯法和法理作为裁判依据者，并不鲜见。最为典型的，就是江苏某法院在裁判人体冷冻胚胎权属争议案时，一审判决和二审判决对人体冷冻胚胎的法律属性，都适用法理予以确定。

2. 法院不得拒绝裁判

法官不得拒绝裁判民事案件，是各国民法典规定法例的一般性规则，具有重要意义；自《法国民法典》于 1804 年规定了这个法律适用原则之后，即受到普遍重视，为多数国家的民法典所采纳。

法官不得拒绝裁判原则的法律基础，在于民法已经确认了民法的法源及适用顺序。既然如此，法官就没有理由拒绝当事人要求法院裁判，而必须作出裁判，否则就是法官或者法院违反职责。

这样的法律适用原则，对于我国司法实践具有更为重要的意义，因为在我国法院拒绝审判的现象比较常见，更需要这样的规则予以规范。由于在我国是法院独立审判，因而不应当称为法官不得拒绝裁判，而应称为法院不得拒绝裁判。故我国民法总则应当规定：“对于民事案件，人民法院不得以法律没有明文规定为由，拒绝受理或者裁判。”

3. 法律的适用方法

规定民事法律的适用方法涉及两个问题：一是出现法律冲突时的法律适用方法，二是总则性规定的适用方法。对此，民法典总则编应当分别规定法律适用方法。

首先应当规定，当出现新法与旧法规定不一致、特别法与一般法规定不一致的法律冲突时，必须明确法律适用规则，否则就会出现法律适用的混乱。民法总则应当规定，对于同一法律关系，新法与旧法的规定不一致的，应当适用新法的规定；同位阶的特别法与一般法不一致的，应当适用特别法的规定。这就是所谓的新法优于旧法、特别法优于一般法的法律适用规则。

其次应当规定，在民法分则以及其他民事法律规范中具体规定阙如时的法律适用方法，即民事法律规范有具体规定的应当适用具体规定，没有具体规定的，应当适用民法总则的一般规定。例如，对于被继承人遗留的人体冷冻胚胎，如果继承法编没有明文规定其为遗产，就应当适用民法总则关于人体变异物属于特殊物的规则，确认其为遗产，其继承人有权予以继承。

4. 法律不溯及既往

法律不溯及既往，一般认为属于民法的时间效力问题，但其更重要的含义是法律适用原则。即使一部法律没有规定时间效力，也不能违反法律不溯及既往的一般性规则。法律的时间效力是具体规定，而法律不溯及既往是法律适用的一般规则，显然后者的价值更高，具有更大的法律适用指导意义。因此，我国民法总则在法例中应当规定这个原则，即："民事法律的效力不溯及既往，但法律另有规定的除外。由法律规定的溯及力，不得损害宪法保障的权利"。

### 四、民法总则对法例的规定

《中华人民共和国民法总则》已经通过并颁布，部分接受了上述意见。《民法总则》第10条规定：“处理民事纠纷，应当依照法律；法律没有规定的，可以适用习惯，但是不得违背公序良俗。”虽然没有采纳法理作为法源等意见，但规定习惯为我国民法法源，就已经是重大进步了。

## 民法总则规定民事责任的正当性基础

《民法总则》第八章规定了“民事责任”，共12个条文，有人赞成，有人反对，意见不一致。

赞成《民法总则》规定民事责任的意见认为，《民法总则》规定的是民法的一般性规则，而民法的基本问题是权利，因而顺着“权利—义务—责任”的逻辑思路，必然要规定民事责任部分，因此是天经地义、必须规定的。

反对规定民事责任的意见认为，《民法通则》规定民事责任一章就是一个败笔，在以后的民事立法中，不得不将民事责任各归其位，合同责任放在《合同法》中，侵权责任单独规定于《侵权责任法》中，物权法的责任放在《物权法》中，等等，因而《民法总则》完全没有必要再规定民事责任一章，这是画蛇添足，多此一举，没有必要。

《民法总则》究竟要不要规定民事责任，是否因为《民法通则》规定民事责任不成功而决定《民法总则》放弃规定民事责任，这是特别值得研究的。其根本问题就在于，《民法总则》规定民事责任是否有其正当性。

我主张并不能因为《民法通则》规定民事责任不成功而放弃在《民法总则》中规定民事责任的一般性规定的做法。

首先，《民法通则》规定民事责任一章，确实存在较大问题，这是客观存在的。在《民法通则》完成立法之初，有很多学者认为《民法通则》单独规定民事责任，是世界范围内民事立法的一大创举，原因是，各国民法的民事责任都分别规定在民法分则的各个部分之中，民法总则没有关于民事责任的一般性规定。我国《民法通则》打破这样的范式，将所有的民事责任规定在一起，形成了统一的民事责任制度，这是前无古人的创造。但是，长时间的理论研究和司法实践证明，这样的做法是不成功的，是脱离民事立法实际的。这是因为民法分则的各个部分，各自都有自己的承担民事责任的规则，各不相同，规定统一的民事责任制度，无法概括全部的民事责任规则。制定《民法通则》时，尚无统一合同法，所以将合同责任与侵权责任规定在了一起。随着我国民事立法的展开，《合同法》规定了合同责任，《侵权责任法》也完成了立法，《物权法》中也有民事责任的规定，因此，《民法通则》关于民事责任的规定，几乎是形同虚设。但是，这并不能成为否定《民法总则》规定民事责任的依据。

其次，正因为在民法分则的各个部分都有关于民事责任的规定，所以，《民法总则》应当对所有的民事责任通用的规则作出一般性规定，这完全符合《民法总则》采用“抽取公因式”的方法，规定民法的一般性规则的要求。《民法总则》对民事责任的一般规则作出规定，不仅可以统领民法分则各个部分的民事责任规则，而且各个部分对于民事责任的一般性规则都可以舍弃而不予规定，直接适用《民法总则》关于民事责任的规则。例如不可抗力如果规定在《民法总则》中，那么，在合同法和侵权责任法等部分，不必再规定这一规则，这样就可以精简民法典的条文，符合立法经济的原则。

再次，《民法总则》存在“权利－义务－责任”的逻辑关系，故其规定民事责任的一般性规定，在逻辑关系上是不可或缺的。民法是权利法，是以权利为中心的，体现的是权利本位观念。有权利，就必然有义务，义务为实现权利而设置，是必需的；不履行义务的后果，就必然是责任。如果《民法总则》对民事责任未加规定，在《民法总则》的逻辑体系中，则缺少了重要一环，因而会造成其逻辑体系缺失。

最后，《民法总则》的基本规则体系，仍然是民事法律关系学说规则的体现，那就是沿着“民事主体－民事客体－民事权利义务内容”而设置的。既然规定民事权利和义务，那么义务不履行的后果就一定是责任，因此，按照民事法律关系的逻辑思路观察，《民法总则》不规定民事责任也是不行的。

目前，《民法总则》第五章规定民事责任，基本上是好的，不仅在逻辑关系上体现了民法总则的逻辑体系和规则体系，同时也并不“铺张”，只规定民事责任的一般性规定，而不使其与分则民事责任的规定相冲突、相重复。例如第 187 条规定的民事责任的非冲突性竞合的规则和民事责任优先于刑事责任和行政责任的优先规则，都是非常有价值也是具有引领性的民事责任规则，特别值得赞赏。

但是《民法总则》关于民事责任的规定也存在较多的缺陷。例如：一是民事责任的形态只规定了连带责任和按份责任的规则，没有规定不真正连带责任的规则，因而使多数人之债的规定不完整；二是规定了 11 项民事责任方式，缺少具体的针对性；三是规定了不可抗力、正当防卫和紧急避险，但是没有规定自助行为、自甘风险、意外等免除责任的一般性规则；四是在规定责任竞合规则中，只规定违约责任与侵权责任竞合的规则，而不是规定民事责任竞合的一般性规则，无法概括其他民事责任以及违约责任、侵权责任竞合的情形，因此，缺乏更大程度的概括性。

## 民法总则规定一般人格权的价值与修改建议

《民法总则》第 109 条明确规定了一般人格权，即：“自然人的人身自由、人格尊严受法律保护”。这一规定作为规定一般人格权的规范，不仅在理论上和实践上具有重要的价值，而且在比较法上也具有重要的引领作用，是一条特别重要的人格权法的规范。在充分肯定该条文的重要价值的同时，还应当看到这一条文中存在的缺点，应当进一步修改。

## 一、《民法总则》规定一般人格权条款的重要价值

我国 1986 年《民法通则》没有规定一般人格权，只是规定了生命健康权和姓名权、名称权、肖像权、名誉权、荣誉权。这样的立法，不能满足随着时代发展而发展的人格权及人格利益保护的需要。

《民法通则》实施后，人们在民事司法实践和民法理论研究中很快就发现了这个问题。学者借鉴德国法院的司法实践和理论研究关于确认人格尊严作为一般人格权，对不断发展的人格权和人格利益进行保护的经验，提出创建中国的一般人格权理论和法律体系，保护好人格权的意见，认为依照我国宪法关于人格尊严的规定，以及《民法通则》的具体规定，可以创建我国的一般人格权制度，并且用一般人格权来保护法律没有明确规定的人格权及其他人格利益，使人能够更有尊严。

这样的意见被司法机关采纳，因此，在对人格权保护的民事争议中，一般人格权被广泛用于法律没有设明文予以保护的具体人格权及其他利益的保护。有关法律例如 1993 年

《消费者权益保护法》规定了对人格尊严的保护，最高人民法院《关于确定民事侵权精神损害赔偿责任若干问题的解释》规定可以依据一般人格权保护民事主体的其他人格利益。

在编纂民法典中，立法机关借鉴了国外的经验、我国的司法实践和理论研究成果，在《民法总则》中规定了上述关于一般人格权的条款，这是我国民法第一次明确规定一般人格权，具有极其重要的价值。

一般人格权是指民事主体享有的，概括人格独立、人格自由和人格尊严全部内容的一般人格利益，由此产生和规定具体人格权，并对具体人格权不能保护的人格利益进行保护的抽象人格权。其价值在于：第一，一般人格权以人格尊严为核心价值，全面保护人的尊严；第二，一般人格权对法律所规定的具体人格权的内容和解释进行规范，不得违反保护人格尊严的原则要求；第三，依据一般人格权的人格尊严原则，可以创立新的具体人格权；第四，对具体人格权无法保护的其他人格利益，一般人格权提供法律保护的请求权基础，对其予以保护。概言之，有了一般人格权的规定，就可以说，对于所有需要保护的人格权和人格利益都有了进行保护的法律依据，法院可以引用一般人格权的规定，对这些人格权和人格利益进行保护，使人活得更有尊严。

## 二、规定一般人格权不能将人身自由作为其内容予以保护

但是，《民法总则》这一关于一般人格权的规定，目前还存在缺陷，这就是将人身自由作为一般人格权的内容规定在其中。

人身自由不是抽象权利，不是一般人格权的内容，而是具体人格权。人身自由权保护的是自然人的身体自由和意志自由，使人可以自由地支配自己的身体和思维，不受他人非法拘束、不受他人非法控制、不受他人非法干预。当自然人的身体和思维受到非法控制、非法约束和非法干预时，人就会失去具体的自由，自然人的具体人格权就受到了侵害。在实践中，非法将他人关进精神病医院进行强制治疗、未经司法机关依法批准而将他人关押，都是侵害人身自由权的侵权行为。人的这些自由权利是具体的自由，是具体的权利，而不是一般人格权这样的抽象权利的内容，因此不能放在一般人格权的条款中予以规定。一旦这样做，就混淆了具体人格权和抽象人格权的界限，混淆了对具体人格利益保护和对一般人格利益保护的界限，不仅在理论上是混乱的，而且必将带来司法实践中法律适用的不统一、不协调。因此，这样的规定应当修改。

这样的问题很好解决。就是将现在《民法总则》条文中的“人身自由”这一概念作为具体人格权对待，就可以了，将人

身自由权与生命权、健康权、身体权、姓名权、肖像权、名誉权等并列在一起，就实现了具体人格权与抽象人格权的分野，实现了立法逻辑体系的严密和有序，从而为司法实践提供完善的人格权立法。

## 消费者概念列入民法总则的重要价值

在研究《民法总则》时，有一个具有重要价值的新做法，并没有引起人们的注意，这就是第 128 条规定："法律对未成年人、老年人、残疾人、妇女、消费者等的民事权利保护有特别规定的，依照其规定。"就是这一规定，将消费者的概念纳入了民法总则，进而使《消费者权益保护法》等消费者保护法被纳入民法，成为民法的特别法。当然，其中规定的《未成年人保护法》《老年人权益保障法》《残疾人保障法》《妇女权益保障法》也都成为民法典的特别法。不过，还是通过此举将《消费者权益保护法》纳入民法典的特别法范畴，具有更为重要的意义。

在我国现实生活中，消费者保护法并未被认定为民法的特别法，学界在其性质方面存在争议。在世界范围内，明确将消费者保护法纳入民法体系的，始于《德国民法典》。为了满足消费者保护的诉求，德国立法者制定了诸多消费者保护规范，消费者保护法的体系呈现出高度复杂性。这种高度复杂的消费者保护法体系，造成了各法律规范之间在价值和逻辑方面的冲突，以及法律适用的不便。为了使这些法律规范在逻辑和价值方面融通为一体，便于法律适用，德国立法者于 2000 年将消费者概念纳入《德国民法典》总则部分，即第 13 条："消费者是指既非以其营利活动为目的，也非以其独立的执业活动为目的而缔结法律行为的任何自然人。"这种做法，避免了各种规范分散界定消费者概念的不一致，以及解释适用的分歧，体现了立法者希望在消费者概念一体化基础上，对消费者保护法在民法范围内进行一体化整合，从而形成完善的消费者保护法体系的决心。

德国的这个做法是成功的。在编纂民法典，制定《民法总则》之初，我们就向立法机关提出立法建议，在制定民法总则时，应当借鉴德国法的经验，将消费者概念纳入民法总则规定之中，实现消费者保护法成为民法特别法的目的。立法机关采纳了将消费者概念纳入民法总则的意见，但是在具体做法上却另辟蹊径，没有直接采取《德国民法典》第 13 条规定消费者概念那种做法，而是采取将《消费者权益保护法》整体纳入民法特别法范围的做法，在本条作出了规定，实现了这样的目的。我认为，这个做法是特别值得赞赏的。

《民法总则》第 128 条将消费者概念纳入民法体系的基础是：首先，在我国，关于消费者法的性质究竟是公法还是私法，并没有明确的界定，需要将其认定为私法，用民法体系去整合消费者保护法。其次，消费者法与民法的关系不协调，对于消费者法是否属于民法的范畴，有诸多重大误解，很多人认为消费者法是经济法，是管理法，忽视对消费者与经营者之间的权利义务关系的私法性评价，使民法的基本规则和具体规则不能直接适用于消费者权益保护。再次，对消费者的法律地位在认识上存在分歧且缺少倾斜性保护政策，而且囿于主体绝对平等的传统观念，很多因消费者的弱势地位应当采用的特别规则，并未被认定为民事规范进而在民法中予以规定，而是出现在各种消费者保护特别规范中。

《民法总则》第 128 条将消费者概念纳入民法体系的做法，具有以下重要价值：

第一，强调了消费者保护法的私法属性。将消费者概念纳入民法总则的规定，并且将消费者保护法作为民法的特别法，就确切地肯定了消费者保护法的私法属性，刻意强调消费者保护法是私法，对于消费者的争议应当适用民法典的一般规定，进而协调了民法与消费者法之间的复杂关系，使消费者法成为民法的重要组成部分。

第二，强调了消费者的特殊地位并予以倾斜性保护。传统民法坚持“形式正义”，强调每一个人都是平等的。但是，现实生活中消费者具有冲动，信息和有关知识、经验欠缺等特点，处于弱势地位，应当对其实行优待的倾斜性保护规则。将消费者的概念纳入民法总则，使消费者的民法地位得到充分肯定，不实行对一般主体的平等对待原则，而是对消费者予以倾斜性保护。

第三，提升消费者法的地位，实现再法典化。《民法总则》将消费者概念纳入其中，还有一个更重要的意义，即通过将消费者法纳入民法典体系，提升了消费者法的地位、层次和调整能力，同时完成了民法典作为民事交易一般法应当对现代民事交易中最为一般与普遍的消费者与经营者交易关系进行调整的使命。

## 民法总则应当规定衍生数据为数据专有权客体[①]

我国《民法总则》将“数据”作为民事权利客体的一种，即数据专有权的客体，规定在第127条，这具有特别重要的意义，成为世界范围内规范数据权利及其客体的首创性规定。

### 一、能够建立知识产权的数据是衍生数据

在大数据的环境下，以数据内容的产生方式为标准，数据可以分为原生数据和衍生数据。原生数据是指不依赖于现有数据而产生的数据，例如用户发表的评论数据、用户使用服务的

① 参与本文研究的还有阿里巴巴公司法务部陈小江。

日志数据等。衍生数据是指原生数据被记录、存储后，经过算法加工、计算、聚合而成的、系统的、可读取、有使用价值的数据，例如购物偏好数据、信用记录数据等。能够建立知识产权的数据是衍生数据，而不是原生数据。

从数据的生产方式来看，原生数据是指数据从 0 到 1 的过程；衍生数据是从 1 到 f（1）的过程［从 0 到 1 仅表示从无到有的含义，f（1）仅表示数据的加工、计算、聚合的操作过程，均不表示具体含义］。原生数据是不能再生的数据，衍生数据由于是在原生数据的基础上加工、计算、聚合的结果，因而在理论上，衍生数据是可再生的数据。加工、计算、聚合是衍生数据的最重要特征。以互联网为例，互联网上的数据主要是基于用户行为而产生的，用户在互联网上的操作包括两类，一是输入，二是点击。前者如用户注册时输入姓名、邮箱，使用服务后的评论，使用搜索引擎时的搜索内容输入等；后者如用户通过鼠标点击某个页面、点击某个商品链接，点击下单、点击提交、点击确认，等等。因此，互联网上的原始数据，主要是用户输入的内容和点击的日志。衍生数据正是在这些用户输入和点击的日志的基础上，通过算法加工、计算、聚合，形成一条条结构化的数据。例如，通过交易的点击日志，加工、计算、聚合成的交易数据；通过用户的浏览点击日志，加工、计算、聚合成的偏好数据。

被记录，是数据的重要特征之一。但是被记录下的数据并非必然具有价值。当数据量小时，数据价值依赖于原始的数据内容，从数据内容中依据逻辑思维直观地获取价值。当面对海量数据时，根据原生数据可以直观获取的价值是有限的，数据价值依赖于算法加工计算后，从总量数据的相关性中获取价值。数据价值挖掘方式的变化，使得数据的加工、计算、聚合成为一个非常关键的问题。原生数据并不能直接被使用，就像原油一样，地底层的原油并不能直接被使用，需要经过加工、提炼成石油，才能被使用。数据的加工、计算、聚合，实现了从“一般数据”到“可用数据”的转化，而这种“可用数据”就是衍生数据。在数据业务中讨论的数据基本上都是衍生数据；而实现加工、计算、聚合的算法的精确度，决定了其所产出的衍生数据的价值。

## 二、衍生数据的性质及与相关概念的联系与区别

衍生数据与相关概念如数据、信息与数据库等，确认它们之间的联系与区别非常重要，关系到立法确认的概念及其性质的准确性，也关系到作为数据权利的性质和保护范围。

衍生数据的性质属于智力成果。智力成果是指人们通过智力劳动创造的精神财富或精神产品。通常认为，智力成果的特征：一是创造性，即以前未曾出现过的智力劳动成果，具有创新和突破的特点；二是非物质性，是一种非物质化的知识形态的劳动产品，人们对其占有不是具体实在的控制，而是表现为

认识和利用；三是公开性，权利主体在对其智力成果取得专有权或者专用权前，应将该成果向社会公开，只有包含商业秘密的智力成果除外。衍生数据具有这样的特征：第一，原生数据不具有创造性，只具有记录性；但在记录了原生数据之后，对其加工、计算、聚合，使其脱离了原生数据，创造成为新的、具有使用价值的衍生数据，包含了智力创造。第二，无论是衍生数据还是原生数据，都具有非物质性，都不具有客观的外在物理形态，但是原生数据没有创造，因而不具有产品的性质，而衍生数据是非物质化的知识形态的劳动产品，属于智力成果。第三，从表面上看，衍生数据不具有公开性，也就是在取得权利之前不能予以公布周知，但正因如此，这种智力成果才与商业秘密相似，具有有限的公开性。故衍生数据的性质属于知识产权赖以建立的权利客体，即智力成果。

衍生数据与数据不同。数据是事实或观察的结果，是对客观事物的逻辑归纳，是用于表示客观事物的未经加工的原始素材。而衍生数据仅指原生数据被记录、存储后，经过算法加工、计算、聚合而成的数据。因此，数据是衍生数据的上位概念，是一般性概念，衍生数据是数据的具体类型。在数据市场中交易和需要民法规制的数据，是指衍生数据，而不是一般的数据。

衍生数据与信息不同。信息是指音讯、消息、通讯系统传输和处理的对象，泛指人类社会传播的一切内容。人通过获得、识别自然界和社会的不同信息来区别不同事物，得以认识和改造世界。不过，在法律层面使用信息概念，主要还是限于个人信息的范围，按照全国人大常委会《关于加强网络信息保护的决定》的规定，个人信息包括个人身份信息和个人隐私信息。原生数据确实带有个人信息或者个人隐私的要素，但是，衍生数据并非是指原生数据本身，而是将带有个人身份信息或者个人隐私信息的原生数据记录、存储后，经过算法加工、计算、聚合，经过脱敏（即完全过滤掉个人信息要素）处理，所生成的新的、系统的、可读取、有使用价值的数据，例如购物偏好数据、信用记录数据等。因此，在民法领域使用衍生数据概念时，最好不要与信息概念并列，以免与个人信息概念发生混淆。

衍生数据与数据库不同。数据库是按照数据结构来组织、存储和管理数据的仓库，是以一定方式储存在一起、能为多个用户共享、具有尽可能小的冗余度的特点、与应用程序彼此独立的数据集合。简言之，数据库是本身可视为电子化的文件柜，即存储电子文件的处所，用户可以对文件中的数据进行新增、截取、更新、删除等操作。而衍生数据绝不是对原生数据的简单整理、存储和管理，而是在原生数据被记录、存储后，经过算法加工、计算、聚合，在原生数据的基础上，新产生的、系统的、可读取、有使用价值的数据，因此，与数据库具有本质的区别。对于数据库，主要采用著作权法的保护方式予以保护，或者以汇编作品保护，或者在著作权法中单独立项，或者单独立法。对于衍生数据，则不能用著作权的方法予以保护，而应当单独规定一个数据的权利予以保护。

## 三、以衍生数据为客体建立的权利是数据专有权

衍生数据具有重要的财产价值，因此，对于衍生数据的因创造性劳动而产生的成果，必须予以法律保护。就现行法律制度而言，对于数据内容主体（数据生产者）与数据载体主体（数据拥有方）分离的现状，在传统的权利体系中难以找出完全适用于衍生数据保护的权利。而衍生数据产生的成本，以及数据存储、计算、加工、聚合，不仅有巨大财力的投入，且有智慧的投入，不同的算法模型会产出不同质量的衍生数据。基于自然法的朴素逻辑，数据拥有方基于对合法收集的数据进行加工计算产出为数据处理系统所能读取的数据，实现从"数据"到"可用数据"的创造，民事立法应当对衍生数据作出规定，赋予拥有者以数据权利。

对于究竟赋予衍生数据拥有方什么权利，有不同见解。有的学者认为衍生数据是一种新型的物，因而应当建立数据所有权。不过物权的客体是物，物的重要特征之一是唯一性，而数据本身是可以复制的，因此衍生数据不是物，不适合用物权予以保护。用债权保护衍生数据也不合适，因为债权的客体主要是行为，这与衍生数据的特征明显不符。

起源于封建社会“特权”的知识产权，随着时代的变迁，逐渐演变成了私权的一种，地域性这一特征也保留下来。知识产权主要分为著作权、专利权、商标权，其客体表现为一定的信息，一般不能作为独占的标的，可以复制。衍生数据与知识产权客体的这一特征基本相同，特别是与著作权的客体即作品相似，故在我国实务中，有的将衍生数据的拥有方对数据的权利称为数据版权。但是，著作权具有地域性、时间性等特点，而这些与衍生数据拥有方对数据的权利是不相符的。从这个角度来看，数据拥有方对衍生数据的权利又与所有权相似。在用著作权以及所有权概括衍生数据的权利都不合适，又都有相似之处的情况下，需要界定一个衍生数据的新型权利，这就是数据专有权。

数据专有权是一种财产权，性质属于一种新型的知识产权。作为数据专有权客体的衍生数据，是广义的信息，因而与作为知识产权客体的信息非常近似。但是，数据专有权与传统的知识产权又有着明显的不同，在权利的主体、客体以及保护等方面，都存在明显的差别。传统的知识产权对于受保护的信息是有门槛要求的，例如版权的作品须有独创性，商标须有新颖性，专利须有创造性。而作为数据权利客体的衍生数据，在业务实践中并不要求具备这些门槛。数据专有权具备传统知识产权无形性、专有性、可复制性的特点，但不具备传统知识产权的地域性、时间性的特点，因此是一个新型的权利类型。

知识产权本身是一个发展的概念。传统的知识产权产生于工业时代，工业时代的知识产权的类型也在不断发展。数据专有权产生于数据时代，属于一种新型的知识产权，是从更广的知识产权角度，在新的技术环境下，对知识产权类型的拓展，不能以传统的知识产权来解释，因此，是对传统知识产权的更新。

数据内容主体（数据生产者）与数据载体主体（数据拥有方）存在权利冲突，衍生数据也不例外，因而分为两大类：一是衍生数据本身可识别数据主体，二是衍生数据不可识别数据主体。

对于含有可识别数据主体特征的衍生数据，衍生数据上承载着数据拥有方的数据专有权与数据主体的专有权，当数据主体为个人时，数据主体的专有权可能涉及个人身份信息和个人隐私信息，当数据主体为企业时，数据主体的数据专有权可能涉及商业秘密权对于此种类型的衍生数据的数据权利，需要界定数据拥有方的数据占有权与数据主体数据专有权的边界。

对于不含有可识别数据主体的衍生数据，衍生数据上承载的权利只有数据拥有方的数据专有权。从这个角度而言，此种衍生数据归属于数据拥有方，是民事立法应当规范的数据专有权的基本客体。

## 四、结论

综上，在大数据时代，衍生数据本身具有极大的价值，并且对于经济发展和社会进步具有重要意义。制定具有 21 世纪特点的民法典，应当反映社会的这种诉求，对数据权利作出肯定性的规定。《民法总则》在民事权利客体中规定数据，是非常重要的立法举措，在世界各国的民事立法上确属第一次。这样规定，使我国民法典的编纂具有强烈的时代感，是我国《民法总则》的亮点，将在世界范围内引领大数据时代民法变革的发展方向，具有特别重要的意义。

# 民法总则对权利客体规定的重要价值与欠缺

于 2017 年 3 月 15 日通过，将于 2017 年 10 月 1 日正式实施。《民法总则》的颁布，已经在社会上引起热议。我就《民法总则》关于权利客体规定的几个问题，进行评论。

## 一、《民法总则》规定民事权利客体的模式选择

在《民法总则》是否规定权利客体的问题上，立法机关的态度一直不明确，直至在提交全国人大常委会本次会议审议的草案中，才明确提出了方案，即第五章“民事权利”，在规定民事权利的同时，规定了部分民事权利客体，并且最终通过

立法。

对于民事权利客体，在此之前的我国民法草案从1960年开始，就不规定权利客体，一直到《民法通则》出台，也没有规定。而在大陆法系的民法典中，通常都规定民事权利客体。形成对照的是，1950年代起草的民法草案还都规定了权利客体，但是在1960年代之后，第一个提出来的民法草案，即北京政法学院提出的民法总则建议稿，就不再规定权利客体了。为什么在这段时间里忽然发生了这样的变化，原因就是受到了苏联民法的影响。1922年《苏俄民法典》的总则是规定了权利客体的，但是到了1960年代，从1961年的苏联民法立法纲要出台，就不再规定权利客体了，一直到1964年《苏俄民法典》，都是这样的体例。直到1990年代，《俄罗斯联邦民法典》才改变了这样的做法，在其总则中规定了权利客体制度，且规定得特别详细，是目前各国民法总则关于权利客体规定中最好的一个。

我国《民法通则》沿袭的是苏联的民法立法模式，而不是现在的《俄罗斯联邦民法典》的做法。从我国2002年的民法草案，一直到民法总则草案第一个室内稿，都没有规定权利客体，后者将其放在附件中，到形成征求意见稿的时候，干脆就把权利客体拿掉了。

《民法总则》不规定权利客体，民法关于法律关系抽象性的一般规定就缺少了一大块，这是不行的。民事法律关系具有三要素，一是主体，二是客体，三是内容。民法总则没有对权利客体的规定，只规定了主体和内容，却没有规定权利主体所支配的客体，怎么能够形成具体的权利义务关系内容呢？

应当看到的是，制定《民法总则》要有亮点、要有新意，通过权利客体的规定来实现是最好的方法，才能看到《民法总则》确实规定了新制度、新规则。因此，《民法总则》应当规定权利客体。

《民法总则》采取的方法是，在第五章“民事权利”中，在相关的民事权利项下，规定部分相关的民事权利客体。例如，在人格权和身份权的部分，没有规定人格利益和身份利益的客体，在物权项下，规定了不动产和动产以及权利为物权客体。在知识产权项下，详细规定了作品、专利、商标、地理标记、商业秘密、集成电路布局设计、植物新品种、数据信息以及法律规定的其他客体为知识产权的客体。同时《民法总则》在第127条还规定数据、网络虚拟财产为权利客体。可见，《民法总则》在规定民事权利客体时，是有选择的、有重点的。依照我的理解，尽管现在的规定是有新意的、有引领性作用的，但是，在规定民事权利及客体时，没有能够完整规定权利客体，而是这样只规定简单的、部分的客体，终究是一个很大的遗憾。

## 二、《民法总则》规定权利客体特别有价值的内容

在《民法总则》关于民事权利客体的规定中，最有价值的，是关于网络虚拟财产作为权利客体、数据作为数据专有权的客体的规定。

1. 网络虚拟财产作为物权客体

对于网络虚拟空间在民法上究竟应当怎样定性，是一个讨论了很长时间的问题。现实的问题是，在网络虚拟空间中，当然可以设立民事权利义务关系，但是，在网络虚拟空间之上设立的民事权利义务关系，究竟是物权关系还是债权关系，对此有不同意见。因此，涉及设立权利义务关系的网络虚拟空间，究竟是债权的客体还是物权的客体这一问题。

对此，很多学者认为是网络虚拟空间具有物的属性，是虚拟物，包括虚拟动产和虚拟不动产，因而提出了虚拟财产或者虚拟物的概念，用它来界定网络虚拟空间的民法属性。当然也有不同意见。对此，我持赞同态度，网络虚拟空间就是网络虚拟财产。在2012年修订《继承法》讨论遗产范围的时候，就已经涉及这个问题了，被继承人遗留的网络空间的权利，究竟能不能继承？如果不将网络虚拟空间界定为虚拟财产，继承就比较麻烦。在网络交易中，网络交易平台和网络店铺在民法上究竟具有何种属性，也是同样的问题。我认为，网络交易平台就是虚拟不动产，就像开公司要盖房子一样，网络公司要经

营，就必须建设网站，建设网络交易平台，因而网络交易平台就是在虚拟空间中建设的“房子”，网络公司用它进行经营活动。因此，其属性还是物，是不动产。网络交易平台与网络店铺的属性应该是一样的，都是虚拟空间中的现实存在，都是虚拟财产。

界定网络虚拟空间为网络虚拟财产的障碍，在于网络虚拟空间的无形性，而通常认为物必有形。网络虚拟空间并不具有有形性，但是，这不是否定网络虚拟财产的物的属性的依据，就像当年电能产生之后，由于电能不具有有形性而曾被否认为物，但最终仍然认可电能等为自然力，为物的一种特殊表现形态一样，最终应当界定网络虚拟财产为物，可以建立物权。

《民法总则》第 127 条规定网络虚拟财产作为权利客体，具有特别重要的意义。它不仅为网络企业依法享有网络虚拟财产的所有权，而且为“互联网＋”的发展奠定了法律基础。

2. 衍生数据作为知识产权客体

《民法总则》第 127 条也规定了数据作为知识产权的客体，这也是一个特别重要的规定，在云计算、大数据时代，这样的规定对于推动经济发展具有重要意义。

在大数据、云计算时代，数据具有极高的应用价值，会产生重要的经济利益。但是，由于大数据时代刚刚来临，数据的民法属性到底是什么，对此并没有明确的界定。

能够作为数据专有权的数据，并不是通常所说的一般数据，而是经过加工的、已经不再具有具体人格因素的衍生数据。在分析数据的时候，应当看到三个层次：第一层次，数据表现在民法中，是个人私人信息，民法把它包括在隐私的范围内，即个人信息、个人活动和个人空间中的个人数据，用隐私权予以保护。这里的数据，实际上就是私人信息，是私人的隐私信息。第二层次，是随着信息社会的发展，人们发现了信息对于个人的极端重要性，因此，学说主张将个人信息作为一种具体的自然人人格权，是一种独立的人格权，这里的数据，实际上是个人身份信息，对此通过个人信息权予以保护。第三层次，是通过当代的计算机技术，包括云计算、大数据的方法，把大量的个人在网络中遗留的踪迹信息即原生数据集中起来，经过加工，把其中有关个人的人格要素全部排除（脱敏处理），加工成了衍生的、完全不包含个人人格因素的衍生数据。这样的衍生数据具有极大的商业价值。

对于第三层次上的衍生数据，在民法上究竟具有何种属性，并没有结论性的意见。很多人认为，这些数据仍然是个人信息，仍然需要采用个人信息权的方法予以保护。这样的认识是不正确的。我认为，经过加工、脱敏的处理，使它们不再有个人身份的特征，而是具有超脱的地位，不涉及侵权问题。例如，可以把某一种商品在全国某一个时间发生交易最多的数据整理出来，什么地方的人最愿意买，在哪个地方销售得最好，就可以向这些地区集中送货，进行精准销售。这样的数据显然特别重要，在《民法总则》中确定数据的属性，确定它所建立的法律关系是何种属性的民事权利关系，并进行法律规制，到目前为止，这应当是世界范围内的新课题，是最前沿的问题，还没看到有一个有影响力的、能够被大家所接受的立法例。

《民法总则》将数据规定权利客体，就可以作为知识产权的客体。这是第一次明确界定数据的法律属性。在此基础上设立的民事权利，就是数据专有权，是知识产权的一个新种类。这样的规定，具有前沿性、前瞻性和实用价值，将对我国数据产业的发展产生巨大的推动力，同时也会对世界有关立法产生引领性的作用。

## 三、《民法总则》将来还应对民事权利客体做补充规定

《民法总则》规定民事权利客体内容，总的看起来，还是过于简单，应当面对社会现实问题，全面规定权利客体。将来在编纂民法典全文，对民法的总则编进行修改时，对于民事权利客体还应当规定的是：

第一，最为重要的是对物的类型的规定还不够多，目前应当针对一些急需解决的问题作出具体规定。例如，关于脱离人体的器官、组织。随着医学科学的发展，在医疗技术的应用上，进行器官移植、体外受精等，都不是难题，甚至成为常规

医疗技术。对于脱离人体的器官和组织，在民法上究竟界定为何种性质，是一直在讨论的问题。《民法总则》规定权利客体，对此应当予以规定。脱离人体的器官、血液、体液等，例如冷冻精子、冷冻卵子，都存在这样的问题。德国的做法与中国学者的想法不一样，他们认为，标准在于脱离人体的器官、组织是为何种目的服务的，如果是以权利人自用为目的，就是本人身体的组成部分；如果是捐赠给他人使用，则为物的属性。数年前，德国有一个案例。有个人现在不想生孩子，因此把自己的精子冷冻起来，准备在年龄大了以后再用冷冻精子生孩子，结果等到想要利用该精子的时候，发现医院把精子给冻死了。该人向法院起诉，法院认定该冷冻精子是该人的身体组成部分，医院的行为是侵害了原告的身体权。我国多数学者的看法是，人体的组成部分脱离人体以后，应该具有物的属性，这个物中包含了人格因素，因而对此应该有特别的保护，规定特别的支配规则。对此，我们应当规定，脱离人体的器官和组织具有物的属性，能够建立所有权，适用物的规则进行法律规制和保护。

第二，要特别研究人体冷冻胚胎的法律属性问题。人体的冷冻胚胎和其他人体组成部分不一样，他（她）其实就是一个潜在的人，只是现在还不是，但将来可能孕育成一个人。对此究竟应当怎样认识，也是特别重要的问题。《民法总则》对此应当予以考虑，如果规定了这个问题，就具有引人注目的亮点。这样的案例在司法实践中发生过。无锡市两级法院审理的人体冷冻胚胎案，法院因为法律没有界定人体冷冻胚胎的法律属性，所以一审法院判决认为是物，二审法院认为是介于人与物之间的过渡存在，因而适用法理作出判决。我们认为，人体冷冻胚胎的法律属性是物，应当适用有关物的法律规则进行规制和保护。因此，应当在民事权利客体中作出规定。

第三，对于动物的保护应当作出特别规定。对此，可以借鉴《俄罗斯联邦民法典》第 137 条的规定，即："对动物适用关于财产的一般规则，但以法律和其他法律文件未有不同规定为限。""在行使权利时，不允许以违背人道原则的态度虐待动物。"《民法总则》第 9 条已经规定了环境保护的绿色原则，因此，对动物的保护应该有明确规定。建议将来的民法典总则编作出与该条文相似的规定。

## 编纂民法典必须肃清苏联民法的影响

在全面深化改革，全面加强依法治国中，对于完成十八届四中全会《关于全面推进依法治国若干重大问题的决定》要求的编纂民法典的任务，我提出一个主张，就是在编纂民法典中，必须肃清苏联民法的恶劣影响。

可以看到的是，自 1949 年以来，在彻底废除国民党伪法统的形势下，我国彻底废除了自 20 世纪初继受的欧陆民法形成的民法传统，全盘继受苏联的民法观念和民法规则，形成了1970年代之前的民法现实。即使自1987年1月1日生效、一直适用到今天的《民法通则》，以及《婚姻法》《继承法》，也主要是受苏联民法观念和传统影响。

在100多年以前，中国的民法传统并不是今天这样的，而是具有中国特色的中华法系民法传统。中华法系的民法传统不仅在中国，而且在日本、朝鲜、韩国以及其他亚洲诸国都有适用，是一个影响巨大的民法体系。但是在100多年前，随着西法东渐，变律为法，中国民法彻底告别自己的传统，转向欧陆民法的立场。仔细观察这100多年我国民法的变化，可以看到有两个明显的发展线索：一个是自清末开始一直延续到民国及至我国台湾地区的发展线索，完全采纳的是德国、法国、日本等传统大陆法系的民法传统，是正宗的民法传统；另一个是从1949年开始，起码到1986年制定《民法通则》时，采纳的完全是或者基本是苏联的民法思想和传统。

在世界的民法体系中，成文法的大陆法系是民法发展的正宗，是民法发展的主线。尽管在这个体系中有德国法系和法国法系的区别，以及各国民法典自己的特色，各自有所区别，但成文法民法发展的主流是一致的，代表了世界成文法民法发展的方向。其中，自1922年以来发展起来的苏联民法，虽然仍然属于大陆法系的民法，但却是大陆法系民法中的“异端”，加入了大量的非市场经济即计划经济的内容，使苏联民法成为世界民法体系中的“另类”，代表的不是世界民法发展的正确方向。直至今天，即使现在的俄罗斯已经成为市场经济国家，他们也没有完全肃清苏联民法中计划经济遗留下来的诸多错误制度，《俄罗斯联邦民法典》在世界各国民法中也仍然不属于先进者。

改革开放以来，我国进行了拨乱反正，正本清源，确立了国家发展的正确航向。但是一个突出的问题是，在我国的法律思想、法律体系、法制建设、法学理论中，并没有进行过一次真正的正本清源和拨乱反正。同样，在民法领域，也没有进行过彻底的拨乱反正，没有认识到苏联民法观念和传统的错误所在，没有彻底肃清苏联民法观念和传统的影响，因而导致苏联民法观念和传统在改革开放 30 多年之后，仍然在潜移默化地影响着我国民法的研究、立法和司法。在依照党的十八届四中全会决定，全面加强依法治国，编纂民法典的过程中，我对很多民法的具体制度进行了研究，发现其错误的根源，都来自苏联民法思想和传统，但是很多人对此毫无察觉。特别是在 1994 年至 2006 年制定完成的俄罗斯新民法典中，已经被他们抛弃了的苏联民法思想和传统制度，在今天的中国仍然被很多人津津乐道地继续坚持着，甚至要求继续按照这样的模式或者规则来编纂民法典。

之所以苏联民法观念和传统对我国具有如此强大的影响力，原因在于 60 多年中，苏联民法的观念和传统已经深入很多人的骨髓之中，深入我国的民法制度当中，一些人将其作为正确的民法制度和民法的立法典范，盲目地坚持着，甚至依此拒绝正确的民法规则。

全面加强改革、全面推进依法治国，编纂民法典是最重要的任务之一。在完成这个最重要的立法任务时，明显地要面对两条道路的选择：要么坚持走大陆法系传统的民法道路，要么坚持走苏联民法这条路。从表面上看，绝大多数的民法理论工作者和民法实践工作者都不会公开说就是要坚持苏联的民法制度，但在实际上，苏联民法观念和传统的影响几乎无处不在，在引发讨论甚至争论的民法制度问题上，几乎都涉及这样的问题。尽管有些人并不认为苏联民法观念和传统就是好的，但是却认不清自己主张的内容正是苏联民法观念和传统的“余毒”。

我举一个事例说明这个问题。制定民法典的《民法总则》时，对于要不要规定法例制度，争论很大。涉及的问题是，《民法总则》开宗明义要不要规定民法适用的基本方法。在传统的大陆法系民法典总则编中一直是这么做的，开篇就要规定民法适用原则。但是到了苏联民法典，就始终没有规定法律适用原则。中国从100多年前清末开始制定现代意义的民法典，即将大陆法系民法典规定法律适用原则的部分，直接规定为“法例”制度，形成了独具特色的中国民法风格，独树一帜。梅仲协教授对此有过说明：法例者，民法适用之通例也。现行民法法例章，计五条，不特于全部民法，可以适用，基民法法典以外之各种民事特别法规，亦应受其支配。关于现代民法实施之基本原则，如权利滥用之不受保护，行使权利与履行义务之应依诚实与信用方法，善意第三人之应受保护，与夫法院裁判，须一本公平观念。凡此诸端，颇有规定于法例中之必要。所谓通例，一是指一般的情况、常规、惯例，二是指较普遍的规律。可见，法例即民法适用的通例，或者称之为民法适用的一般规则。至1930年国民政府制定民法典，就将这个中国特色的法例制度规定为正式的民法制度，并坚持下来，成为中华民族的民法传统。

1950年代，我国开始制定民法时，在所有的民法草案中，走的都是苏联的民法路线，因为苏联民法没有法例制度，也没有关于法律适用原则的规定，所以就把这部分中国的优秀民法传统全部抛弃了。可以看到，无论是《民法通则》，还是2002年的民法草案的总则部分，都没有规定法律适用原则，没有规定法例制度。这就是受到了苏联民法的巨大影响，把我们自己的民法传统，以及大陆法系民法的传统废弃了。不仅如此，就是在今天编纂民法典的时候，当提出《民法总则》应当规定法例制度时，仍有很多人反对，甚至认为这是在走旧中国的民法之路。

我国《民法总则》应该恢复这种优秀的民法传统，应当规定法例即法律适用规则。规定的内容，一是规定民法法源，即民法有规定的依照法律规定，无规定依习惯，无习惯依法理。

这是因为市民社会生活过于复杂，无论怎样完善的民法典都不能囊括全部行为规范和裁判规范，必须规定这样一种法律适用原则，保证所有的民事案件都能够得到解决。二是规定法院、法官不得拒绝裁判，从《法国民法典》到现在，在大陆法系的民法典中，差不多都有这样的规定，而我国目前的民事立法并无此规定，导致法官和法院找个理由就可以拒绝审判，即使目前最高人民法院已经将立案审查制改为立案登记制，仍然无法彻底改变这种状况，因而《民法总则》必须规定法官、法院不得拒绝审判的原则。三是规定民法的法律适用方法，规定发生法律冲突时的处理规则，总则规定怎样适用于具体案件。四是规定法律不得溯及既往，民法原则上不具有溯及力。这些内容都是民法总则应当规定的，但是过去几十年，我们都按照苏联的民事立法传统，废弃了这些原则，导致出现上述这些问题。今天我们应当重拾我国100多年前的民事立法传统，在大陆法系民法传统的康庄大道上健康发展。

我们高兴地看到，《民法总则》第10条规定："处理民事纠纷，应当依照法律；法律没有规定的，可以适用习惯，但是不得违背公序良俗。"第11条规定："其他法律对民事关系有特别规定的，依照其规定。"这样的规定已经有了很大的进步，初步摆脱了苏联民法观念的影响，但仍然没有承认法理或者学理的法源地位，没有规定法官不得拒绝审判民事案件，没有规定法律冲突的处理原则等法律适用规则，因而仍有继续改进的余地。

这仅仅是苏联民法观念和规则对我国民法不良影响的事例之一。在我国的民事立法和司法中，这样的事例远不止此，对很多制度都需要肃清苏联民法的影响，进行全面、彻底的改进。

因此，在全面深化改革，全面推进依法治国的今天，为了保障编纂民法典的正确方向，必须在民法传统和民法观念上进行正本清源，肃清苏联民法观念和民法传统的影响，制定出一部既有中国特色，又符合世界民法立法传统要求的中国民法典。这就要求在民法理论和立法、司法实践中做到：第一，认清苏联民法观念和传统的本质，认清苏联民法制度的错误所在，在思想上、理论上、实践上与苏联民法观念和传统划清界限；第二，不仅如此，还应当进一步检讨我国现行民法立法、司法以及民法理论研究中存在哪些苏联民法观念和传统的“余毒”，进行批评，使苏联的民法观念和传统被彻底认清和抛弃；第三，还有一个最为困难的任务，就是60多年来，体现苏联民法观念和传统的错误制度，已经深入社会生活并被社会所认同，这就需要作更为深入的理论说明和宣传，从更深的层次上肃清苏联民法观念和传统的影响；第四，在编纂民法典这个关乎全国人民权利义务的重大问题上，参与立法的专家、学者、官员以及法官和律师们必须头脑清醒，坚持正确的、健康的立法主张，防止将苏联民法观念、传统中的错误规则写进民法典，继续“毒害”我国的市民社会生活。

## 关于规则与秩序的对话

两位法学家在澳门的街上漫步，一位是民法学家，一位是行政法学家。他们看到，澳门的出租汽车排在新世纪饭店外边的街道上等待客人，队伍整齐，井然有序，一辆出租车拉上客人离开，另一辆出租车缓缓地跟上来，后边的其他出租车也缓缓地跟上来。整齐的队伍保持严整的队形，丝毫不乱，形成一道亮丽的风景。

两位法学家很感慨，对这种井然的秩序赞不绝口，同时对内地出租车在同样的场合，却一定要有管理人员进行严格管理，没有人管理秩序就会乱的问题，进行了批评。

接下来，他们进行了一番对话。

“归根到底，法律究竟是什么？”

“当然就是规则，就是关于人的行为的规则。”

“这倒是对的，但是规则的结果是秩序。因此，法律实际上就是秩序。”

“眼前的出租汽车问题，就反映了规则的重要性，有了规则，才能有秩序。”

“重要的还是秩序，就像出租车司机的行为，体现了现代社会的秩序，也就是体现了现代社会的法律。”

双方静了一会儿，又说：

“好像我们说的并不是一回事，你说法律是规则，我说法律是秩序。”“正是这样。”“这是一种什么差别？”“正是私法和公法的差别。私法认为法律就是规范人的规则，制定法律就是要制定这些规则，人们按照这个规则行事，社会就有了秩序。公法的要求是要有秩序，法律规范的就是社会的秩序。”“对！这正是私法和公法对法律认识的差别。”

两位法学家一致同意，取得了共识。

其实，说到底，他们对法律是规则还是秩序的认识，并没有原则的不同，而是认识法律的立足点有所不同罢了。

在观察社会、观察法律的时候，私法学者处于一种平面的地位，着眼于对主体行为的观察，确定主体在行为时必须遵守的规范。私法确立的，正是寻找这种行为规范的最佳点，将这种最佳点作为规范行为的规则，使一切主体在行为的时候，都按照这样的规则进行，最终实现对社会的宏观调控，建立一个有秩序的市民社会。所以，法律就是规则。

公法学者在观察社会的时候，是从管理者的角度，处于一种居高临下的地位，他们认为法律就是人们管理社会的最佳秩序，为了实现这个秩序，才制定具体的规则。因此，法律就是秩序。

认定法律是规则还是秩序，还有一个问题，就是将法律认定为方法还是目的。

认为法律就是规则，是认为法律是一种方法，是对社会调整的方法，通过法律这种方法，对主体的行为进行调整，进行规范，才使社会的秩序得到保障。

认为法律就是秩序，则认为法律是一种目的，对社会进行法律调整的目的就是建立社会秩序、法律秩序。有了这种秩序，就有了法律。

综合起来，实际上法律首先是一种规则。法律首要的是方法，是调整社会的方法。其最基本的方法，就是通过制定法律来规定主体的行为规则，使所有的人都按照这种规则实施行为，任何违背这种规则的行为，都要受到追究，从而使这种规则具有权威性、强制力，任何人都必须遵守，不得违背。其次，法律也是目的，是在追求一种秩序，在立法者的心中，先要确定建立的是怎样的秩序，围绕着这种理想的秩序，制定行为的规则，使人们按照这种规则行事，实现立法者在制定法律之初所追求的目的。将这两者结合起来，大概就是对法律的完整理解。

现在，又回到了出租汽车的问题上。这是新的对话：

> “出租车司机的行为就是按照规则实施，体现了规则的价值。”“出租车司机的行为是秩序的表现，立法者追求

的就是这种秩序。”“规则是法律的本身，秩序是法律的结果。”“秩序是立法的追求，规则是法律的方法。”

说到底，还不是一回事？看来公法和私法的界限，也不是泾渭分明的。

## 有感于欧洲加快统一民法典的进程

### 一

中国社会科学院法学研究所和德国阿登纳基金会共同主办的“中德民法研讨会”在北京举行。德国驻中国大使馆公使雷纳先生在大会上介绍，欧洲决定加快《欧洲统一民法典》的制定进程。

据雷纳先生介绍，欧洲在1985年就开始考虑欧洲一体化后的法律统一问题。最先提出的是统一产品法的指令，以后越来越多地涉及大量的各国私法领域的问题。从1999年开始提出统一欧洲民法典的议题，并在这一年的10月开始了专门讨论，认为统一欧洲民法典是十分必要的。最首要的，就是要统一欧洲各国的合同法，协调各国的合同关系，形成超越国家关系的、可以共同适用的合同法规则，然后再开始对各国民法进行协调，制定统一的欧洲民法典。

据介绍，制定《欧洲统一民法典》的具体日程是：从

2000年年底开始，用官方语言在合同法领域建立各国数据库，至2004年结束。同时，加强理论界和实践部门的合作，找出在合同法领域共同使用的概念和术语，先在一般合同法当中进行，然后在合同法以外的债务法、不动产交易法中进行。此后，将方案提交欧洲议会，请欧洲议会表明立场，结合已经存在的欧盟共同指令，对其作进一步的精确、简化，统一法律概念，统一司法指令。在2004年以前，统一欧洲内部市场的相关规定。2005年，公布比较研究的结果，统一合同法的概念和原则。2006年，开始对欧洲成员国的合同立法进行统一，对成员国的合同关系可以适用共同的原则和术语。2008年，经过欧洲议会审查，决定是否可以适用统一的合同法律规则。2010年，听取高层专家和专门团体例如律师公会以及大型公司的意见，统一欧洲合同法。最后，进行欧洲的财产法、债法、个人保护法等民法其他部分的统一工作，但是，各国有关婚姻和亲属方面的法律不会统一。

## 二

面对欧洲加快统一民法典的进程，我感慨良多。

中国制定民法典，已经呼吁了60多年。直到今日，方才真正地将其纳入立法日程，2017年3月15日制定完成《民法总则》，完成了民法典编纂的第一步。

然而，制定一部民法典究竟需要多少时日，中国是不是具备了制定民法典的条件，对此有颇多不同意见。

例如，在制定民法典的时间上，大概就有三种不同的意见。

第一种意见，认为现在制定民法典的条件已经基本成熟，从现在起，大约用5年的时间就可以完成。从拿出民法典草案开始，然后全国人大会议一年通过一个主要的部分，5年全部通过民法典。这是一个很振奋人心的设想。

第二种意见，认为制定民法典的条件虽然已经基本成熟，但是，应当准备的工作仍然很多，尤其是制定一部复杂、庞大的民法典，要想在三五年之内完成，一定要有“大跃进”的速度，这样做，法律的质量不会得到保障。因此，可以考虑在10年之内完成，制定出完整的民法典。前5年可以做好草案的起草工作，后5年做好立法的审议和通过的工作，完成民法典的编纂工作。这个计划也很不错，只是时间长了一点。

第三种意见，是最求稳妥的意见，那就是认为现在根本不具备制定民法典的条件，现在要做好的，是民法典的基础研究、基础准备工作，在做好了充分的准备之后，再开始考虑制定民法典的工作。这样，完成制定民法典的任务，应当在20年左右。这个计划，实在是太漫长了。

有人会问，你的意见如何？我在一次制定民法典的讨论会上，引用了毛泽东的诗句：“一万年太久，只争朝夕。”为什么？就是因为有些时候变数太大。

中国人从来没有说过民法典不重要，也从来没有说过中国不需要制定民法典。但是，总有那么多想不到的问题，会阻滞民法典的制定进程。

一鼓作气，按照中央的安排，编纂民法典要在五年之内完成，现在已经制定完成《民法总则》，后面的三年必须把它搞出来，谁能想到还会出现什么意想不到的事情，真的就会阻滞民法典的立法进程呢！

## 三

要说制定民法典的条件是不是成熟，这真的还要有一点辩证法的思想了。因为条件的成熟与否，从来都不是绝对的。就是再过 20 年，制定民法典的条件也只能是基本成熟，而不会绝对成熟，只能说是比今天要成熟一些。即使是今天，新中国已经有了 60 多年的历史和立法经验，也应当说制定民法典的条件只是基本成熟了。

制定民法典的条件基本成熟主要表现在以下四个方面：

第一，民众的民法观念已经初步树立起来了。当然，如果说现在民众已经普遍地树立了民法观念，中国社会已经成为一个市民社会，那是不准确的。但是，在中国社会的主要部分，在多数人中，已经有了民法观念。主要的表现是，民众已经有了较为普遍的民事权利观念，权利受到损害，知道依靠民法救济。民法的基本知识，在城市已经深入人心，在农村，也有了一定程度的普及。在目前的情况下，人们普遍希望能够早日看到一部完整的民法典，用民法典规范现实社会生活，使人们的权利更有保障，民事活动更有秩序。这是制定民法典的最基本条件。

第二，社会经济状况迫切需要民法典的调整。中国经济体制改革已经进行了30多年，社会的经济结构已经有了基本的改变，并且向着完善的市场经济过渡。更为重要的是，中国加入了WTO，成为世界贸易组织的成员。在国际贸易交往中，以及在外国资本进入中国市场方面，人们必须遵循国际交易规则。这样的社会经济基础，必然要求有一部与之相适应的民法典。

第三，民法典的基本内容已经有了立法基础，而不是白手起家。经过60多年的发展历程，中国的民法建设并不是一穷二白，而是有了一定的基础，这就是中国已经制定了一系列的民法单行法。1950年制定、以后经过多次修订的《婚姻法》，就是民法典的亲属法内容。1986年制定的《民法通则》，实际上起到了民法典总则的作用。还有《继承法》《收养法》《合同法》《担保法》《物权法》《著作权法》《专利法》《商标法》等，这些民法单行法构成了民法典的基本内容，换言之，民法典的绝大多数内容都已经有了单行法的基础。有了这样的基础，还能说制定民法典仍然不具备基本的条件吗？

第四，专家学者做了大量的学理准备，实务工作者积累了丰富的民法司法经验，制定民法典有了基本的理论和实践基础。60 多年来，尤其是近 30 年来，中国的民法理论界和实务界在民法理论和实践方面做了充分的准备。对于民法的各个基本内容，都有了专门的理论研究，出版了丰富的专著、论著，对国外、国内的状况都有相当的掌握，民法理论研究不断繁荣；同时，司法实践中法官审理了大量的各类民事案件，积累了丰富的经验。

在这样的情况下，制定民法典的条件真的是成熟了。

## 四

现在，再来看一下制定民法典的必要性问题。

没有人否认制定民法典的必要性。但是，现在很多学者都注重在经济方面对民法典制定的必要性进行研究和说明。

对此，我倒有不同的看法。

市场经济社会需要民法的调整，这是毫无疑问的。但是，我更看重的是民法对人的价值的承认、对人的地位的尊重和对人的权利的保护。在这些方面，民法似乎更应当有所作为。

在很长的时间里，人们强调民法是调整商品经济的法律，民法是调整市场经济的法律。这个结论当然不错。但是，这个结论并不完整。

这是因为，民法更是人法。

在古罗马，查士丁尼制定《民法大全》，就标榜民法是人法，是调整市民社会中市民关系的法。经过中世纪，在文艺复兴中得以复兴的民法，被法国人发扬光大，他们制定了近代社会最有意义的《拿破仑民法典》。这部法典的第一卷就是人法，表明人的价值，表明人的地位。到了帝国主义时代，民法的规则进一步强化、精确，但不可避免的是，激烈竞争的帝国主义经济规则渗透进了法典，使民法典更主要的任务转变为服务经济基础，服务商品交易，对民法的人法本质倒是有所忽略。直到第二次世界大战结束之后，正义才得到恢复，自由、民主得到实现，才使民法重新关注人的价值、人的地位，以及人的权利。

坚持民法的人法性质，重视民法典对人的价值、人的地位和人的权利的作用，就可以看到，1986 年制定的一部只有 156 个条文的《民法通则》，虽然仅仅经过了 30 多年的时间，但它在中国社会所发挥的作用是无与伦比的。假如说，如果没有 1986 年的《民法通则》，到今天，中国人能有这种强烈的人权观念、人格权观念，以及对自己的价值、地位和权利的重视程度吗？中国的社会能有今天的进步吗？绝对不会的。简单的一句“我去告你！”就表明了人对自己的价值、地位和权利的觉醒和重视。可是在今日，哪个中国人不会说这句话呢？

现在，恐怕又要回到制定民法典条件的话题了。只要制定民法典的基本条件具备了，就可以制定民法典，而不是一定要等到民法典产生的条件都具备了，才去考虑制定民法典的问题。在制定民法典的条件还不够充分的时候，制定了民法典，民法典就可以推动社会制度的改革，推动社会进步，推动人的思想的改变。这样做，大概比等上 20 年，然后再去制定民法典，要好得多。60 多年了，不能再等了！

如若不信，请看看中国制定《民法通则》的实践吧！

## 建设诚信社会的必要权利牺牲

中国人民银行总行和世界银行在上海召开"征信与中国经济研讨会"，交流与总结国际征信行业立法、监管及发展经验，分析探讨当前我国发展征信业的重要意义和现实环境，就如何建设中国社会征信体系交换看法，提出建议。这对于正确认识我国诚信建设国情，积极借鉴国际经验，高起点、高标准地推动我国社会征信体系建设具有重要的意义。

加快社会征信体系的建设，最根本的意义就在于建设一个稳定的诚信社会。但是，建设这样一个完善的社会征信体系，是以征集、整理和使用作为民事主体个人，即自然人和法人的各种信用信息为基础的，这就必然会涉及民事主体民事权利的保护问题，即个人信用报告的采集、制作与使用中的个人信息公开与隐私权、商业秘密保护的矛盾和冲突。鉴于民事主体个人的弱势地位，信用信息公开与民事权利保护的冲突与协调如果不能得到妥善解决，就可能导致两个极端：或是一味追求信用信息公开而忽略了对民事权利的保护，因而使人权受到侵害；或是过分强调民事权利的绝对保护而阻止或者妨碍社会征信体系的建立和运作。

对此，应当依照法律规定，以经济、政策、伦理的视野，作出合理的规制，求得信息公开与民事权利保护的协调，确保个人征信系统的顺利建立和良性运行。这就是，民事主体应当适当让渡自己的部分权利，为社会征信体系的建立作出必要牺牲，对于自己的部分信息隐私或者秘密内容，准许征信机构征集、整理和进行必要的使用，使我国建立起完善的社会征信体系，为社会各界提供信用信息咨询参考，防止失信行为为害社会，保护诚信的民事主体自由行使权利，建设一个诚信的社会，建立诚信的市场经济秩序。

建设完善的社会征信体系的必要性，就在于我国目前的社会诚信建设处于最为严峻的时期。本来，中国社会历来讲究诚实守信。在体现儒家传统道德核心价值的“仁、义、礼、智、信”五常中，“信”自在其中。《说文解字》：信者，诚也，从人言，人言则无不信者。因此，诚为心，信为本，必为儒家纲常伦理的重要组成部分。千百年来，“信”被中国社会尊奉为根本伦理准则之一，为创建和维护稳定的社会秩序，发挥了极为重要的作用。即使在现代社会，“信”的重要性依然如此。在商业伦理方面，如果没有诚信，没有透明度，没有公信力，没有真正地让人相信的一些基本原则，那么商业行为、市场经济也就没有办法正常进行。

但是，“仁、义、礼、智、信”的纲常伦理在中国社会的不断更迭中，经常受到截杀，诚信观念也在不断地遭受劫难。五四运动对于中国社会的发展无疑具有重要的历史意义，但是五四运动将包括“仁、义、礼、智、信”纲常伦理的孔孟之道作为旧文化的代表，进行了彻底的肃清和批判。在经过了“文化大革命”的浩劫之后，“仁、义、礼、智、信”更加声名狼藉，已经没有任何市场了。信，作为五常之一，也没有了自己的威严和地位。毫不夸张地说，目前的“诚信”之于国人，大概已经比较陌生了。

事实正是如此。30 多年的改革开放，实行商品经济、市场经济，在某种程度上鼓励了人们“向钱看”的对物质利益的盲目追求和金钱崇拜观念的畸形发展。为了获取经济利益，很多人不惜采取任何手段，而根本不受诚信观念和诚信制度的约束。在商业领域，欺诈行为并不鲜见，恶意逃债行为屡屡发生。就是在为大学生提供帮助的助学贷款的善举中，那些“时代骄子”们取得贷款，完成学业之后即逃之夭夭，债务的约束对他们而言，已经成为过眼云烟。正因为如此，“杨白劳怕黄世仁”的时代已经结束，“黄世仁怕杨白劳”某些时候已经成为“正常”的社会现象，世人对此也见怪不怪了。

适当地牺牲民事主体的部分信用信息的支配权，换来的是普遍的诚信观念和诚信秩序。现代社会是诚信社会，市场经济是以诚信道德为基础的经济。没有诚信的社会，不能称为现代社会；没有诚信的经济，同样不能称为健康的市场经济。因此，根据当前我国市场经济发展和社会诚信状况的实际需要，必须尽快建立完善的社会征信体系，而作为先导和探索，必须加快征信体系的建设，尽早建立全面的征信体系，进而推动全社会的个人征信体系的全面建设，推动诚信社会的全面建设。

民事主体适当让渡自己的信用信息隐私权，从而建立起完善的社会征信体系，具有以下重要的意义：第一，社会征信体系征集个人信用报告，使每一个民事主体都能够感受到征信体系的诚信压力，因而谨慎行事，引导民事主体树立诚信观念，养成诚信习惯。第二，社会征信体系整理个人信用记录，分析每一个民事主体的信用状况，确定民事主体的信用等级，实现对失信行为的规制。第三，社会征信体系合法使用个人信用记录，使社会和个人对特定的民事主体的信用状况了如指掌，防范和制裁诚信社会背离者的背信行为，能够防范和制止损害的发生。第四，社会征信体系通过以上方法和手段，全面运作，就能够推动诚信观念建设，维护诚信经济发展，创建诚信社会秩序。

为了这样的一个整体的公益目的，每一个民事主体牺牲一点自己的权利，难道不是值得的吗？

## 诚信观念与诚信原则

现在，很多人都在提倡诚信，政府也在强调诚信，看来诚信观念很快就会成为国人的普遍观念。这真是一件好事情。

从一般的情况考察，国人在普遍的诚信观念上，大概是有一些问题的，那就是诚信观念的普及率不高，远远不如洋人对诚信的尊重。有一天，几个搞民法的人聚在一起，谈起了国人和洋人对诚信观念的理解、尊重的程度，讲了一个很有说服力的事例：国人相聚，分手时很多人会说："过几天上我家来吃饭。"听者会说："好说好说，下次下次。"这种话当然是一说了之，谁也不会当真，原因就是，此乃客气话而已。可是，在国人和洋人相聚时就不同了。分手时，国人说："过几天上我家来吃饭。"洋人就以为是一个正式的邀请，赶紧问："那就定下来是哪天吧，我好做准备。"国人很尴尬，不知道该怎么回答，原因就是此乃客气话而已，真要当真，还真是有一点麻烦。国人解释说："我就那么一说，别当真呀！"可是洋人认为："这不是正式邀请吗？怎么说话不算数了呢？"

看来，这种误会，既源于国人和洋人的语言习惯与表达方式的不同，同时也说明，洋人的诚信观念远比国人的更为普及。从这样的事例上观察，国人的诚信观念与洋人的相比确实是有那么一点点差距。除此之外，在与国人打交道和与洋人打交道的时候，一般而言，前者多数要提防和戒备很多，后者似乎更为简单和容易一些。

有人说，这是国人的聪明、精明、有心计、会算计。其实不然。说到底，还是国人的诚信观念有一定的欠缺。君不见，交易中的欺诈，不能说很多，但是也不能说很少。比如，法律明确规定要对商品欺诈和服务欺诈给予惩罚性赔偿，以示制裁，但这些商业欺诈行为并没有因此而明显减少。就是那些作为“消费者”的国人，也要在购买中外合资生产的、用中外合资产品的价格支付的商品时，硬要商家在发票上写上“某国生产”字样，然后再依据法律规定，向法院起诉，追究商家的商品欺诈的惩罚性赔偿金，追求不当利益。这是典型的“消费欺诈”！商品欺诈和服务欺诈，都是违反诚信原则的违法行为，那么“消费欺诈”也是违反诚信原则的违法行为，法律不仅不予保护，而且是坚决反对的。在市场交易中存在这些形形色色的商业欺诈行为，还不都是缺乏诚信观念、诚信观念没有成为社会的普遍价值观的后果吗？

诚信观念的基础来源于诚信原则。法律把诚信观念上升为法律原则，就抽象为诚信原则；诚信原则作为法律原则，又指导着国人的行为，深化诚信观念。如此良性循环，推动社会风气的好转，也推动市场经济秩序不断健康发展。

不过，诚信观念与诚信原则相比，还是有所不同的。这就是，将诚信观念上升为诚信原则，增加了更为重要的内容。

本来，诚信是民法的一个基本准则。对于其基本含义，现在很多人解释为诚实守信、不欺诈，一些法律书也是这样说的。其实，将诚实信用原则仅仅解释为诚实守信、不欺诈，只是诚信原则的一个最基本的含义，是最基础的要求。它还有更为重要的内容，即诚信原则更是补充法律不足的规则：在法律有漏洞的时候，法官依据诚信原则进行补充；在法律条文的含义不明确时，法官依据诚信原则进行解释；在依照现行法律审理案件出现不协调、不合理的结果时，法官依据诚信原则作出衡平的判决，改正法律适用中出现的问题。诚信原则的这两种含义，都是其基本内容。只有按照这样的内容来理解诚信原则，才是准确的理解。其中后面的内容，是作为法律基本原则的诚信，而不是一般诚信观念所能够包含的内容。从某种意义上说，诚实守信和不欺诈是社会一般遵守的准则，补充法律不足则是法官应当掌握的适用法律的规则。

诚然，更为重要的当然还是前者，即民众诚信观念的普及。要让诚信真正成为民众的观念，让诚实守信、不欺诈的观念真正成为国人的行为准则，无疑是一项艰巨而光荣的任务。

我们欣喜地看到，诚信观念已经成为公民道德准则的重要内容；更为可喜的是，一些学校教室前方的墙壁上，在过去写着“好好学习，天天向上”“为祖国而学习”的那些重要地方，现在写上了“讲文明、讲诚信”。过去经常讲的一句话就是，从我做起，从娃娃抓起。在普及诚信观念的活动中，也应当这样，使之成为全体国民的普遍观念，并且普遍践行之。少一些聪明、精明，多一些诚信；少一些心计、算计，多一些诚信，直至诚信成为全体国人的普遍观念。那时候，国人与洋人进行交往、交易，大概就不会有那些尴尬了。

## 主体与客体

社会越发展，人类文明就越进步，这是天经地义的。君不见，过去是餐桌上美味佳肴的各类动物，现在受到了各种各样的保护，足见人类文明进步的程度。其中虽然也常有诸如为了保护老虎，就要给老虎提供足够的食物，因此鸡、羊、猪，甚至是牛，就成为老虎美餐的残酷镜头和画面。这时，总是有些想不通，为什么一种动物保护好了，另一种动物却因此遭了殃呢？当然，这也是没有办法的事。为了保护更加珍贵的、更为重要的动物，小动物、不珍贵的动物，只能“杀身成仁”“英勇献身”了。

这是正常的。下面的事情就有一些问题了。

爱护动物，保护动物，就会涉及饲养宠物。近些年来，宠物热越来越升温，居民小区猫狗越来越多。猫还好一点，基本上都在家中待着，耍闹蹦跳，总是一家人的欢乐。即使是有些有怪癖的猫，也是在自己的家中实施不端行为，一般闹不到更多的人。就是偶尔叫春的猫，影响一点四邻，大家总还是能够忍受。狗就有些问题了。在城里，大型狗不准养，被赶到了农村“插队”或者被“赶进”了汤锅；小型狗准许养，因而小区就成了京巴们的乐园。早上起来，成群结队的妇女没有了工作的负担了，孩子也大了，就都领着、牵着、跟着京巴们，夏天权作遛弯儿，不亦乐乎；冬天就冻得缩脖勾腰，连哈气带跺脚，为了狗们的健康而忍受着寒冷。再看那些狗们，穿着红红绿绿的布衣、毛衣、皮衣，摇头晃脑，屁颠屁颠地跑着，时不时地拉上一点屎，撒上一点尿，给环卫工人增加一些可打扫的东西。还有一些狗们在草坪上挖坑盗洞，似乎能够听到枯草花根在干燥的空气中的哀鸣。等狗们玩得欢了，狗爹狗妈们买了包子、馒头之类，给狗们吃早点，还不断地呼三喝四：“花花她妈！让花花来吃一点我们吉米的包子。”“吉米她妈！让吉米来吃我们花花的油条吧。”刚开始一听，还以为是到了幼儿园呢。

这也还不算什么。不是还有带着自己的狗儿子，到了饭店，叫上几份菜，让狗大模大样地坐在人坐的餐桌上，用着人的餐具，津津有味地吃着人的饭菜吗？一只猫一条狗有了病，大款们可以慷慨解囊，可是怎么到了人有病有难，就不屑一顾呢？

我家没有养狗，但是养猫，并且猫在家里的地位并不比我的地位低。我家麦小克是美短大公猫，颜值高，性格好，在微信和微博中有很多“麦迷”，可是，这只能限于在自己的家里，不能将这种猫的地位推而广之，让社会所有的人都尊敬我家的猫，都认我家的猫是他们的猫儿子。每每有尴尬的事，例如客人坐在沙发上，粘了满身的猫毛，有的甚至成了一只白色的刺猬，我只好不断地向人家道歉。为了自己养猫的兴趣，给他人造成不便，也是不应该的。

为什么要这样？

从民法的角度上说，就是不能颠倒主体和客体的关系。

主体和客体，是民法上的一对基本概念，它表现的是一种主从关系，支配与被支配的关系。主体，是享受权利和承受义务的人，包括自然人和法人，他是社会的主人，世界的主宰，支配一切社会事务和所有的财产。客体，则是权利和义务所指向的对象，是行为、是事物、是财产，是主体所支配的对象。动物，是有生命的物，即便如此，它也是财产，因此是客体，是人所支配的对象。宠物是动物的下属概念，再受到人的溺爱，也只能是客体，不能成为主体。这一点大概不会有问题。

爱护动物，也包括溺爱宠物，都无可非议。但是要遵守维系社会秩序所必需的主体和客体的关系。这是几千年人类不断探索所求得的保持自己地位和尊严的规则。在自己家庭的范围内，愿意提高宠物的地位，将猫、狗尊为自己的儿子、女儿，甚至姑姑、叔叔、姑奶奶、老爷爷，都无可厚非，因为在这里既没有血亲关系，也没有姻亲关系，好像是拟制血亲，但是并不成立收养关系，顶多就是那么一说。说到底，狗儿子、猫闺女，甚至是狗叔叔、猫奶奶，不过还是客体，总是被人所支配的对象。即便如此，如果将这种关系推而广之，推广到社会上，扩展到他人身上，那就是对他人人格的不尊重，甚至是对他人人格的侵害。将来就是将保护动物的政策提得再高，人和动物之间的这种主体和客体的关系也不会变更。主体就是主体，客体就是客体，永远不会变。

有一天，我们在网上讨论“人狗同餐”的案件，大家说得很热烈。台湾的一位朋友说，这种讨论倒是有道理，就是怕受到极端动物保护者的攻击。你认为动物是客体，他还认为人是客体呢！果真有那一天，也不错啊。世界是狗们的、猫们的，以及豺狼虎豹们的，它们成为主体，人类都成为客体。按照它们的政策，它们可以保护我们，也可以不保护我们，如果一时兴起，或者有了果腹、解馋的需要，就可以先将我们喂饱，根据不同需要，喂成瘦肉型的、肥肉型的、不肥不瘦不塞牙不油腻型的。如果状元桥的郑屠还在，请他出山，将我们分门别类，切成精肉臊子、肥肉臊子、寸金软骨臊子，还可以做成束脩，做成腊肉。新世界的“主体”们围坐在一起，大快朵颐，肯定会痛快得呼三喊四、喊爹叫娘。

可是，人是一种不甘于受压迫、受残害的高级动物。如果有这一天到来，人一定会起来反抗，恢复自己的主体地位。过去是推翻三座大山，打倒剥削阶级，但总还是在与同类作斗争，是主体之间的阶级斗争和民族斗争。如果是同动物们进行斗争，为恢复自己的主体地位而战，那可就真是有点那个了。

一句话，档次太低！

所以，善待动物、保护动物是必须的，因为人类只有一个地球，地球上不能只有人这一种生物。那些把保护野生动物奉为自己职责的人，是可敬的。这样做的目的，就是让人在支配这个世界的时候，有各种各样的动物做朋友，有更多的其他生物装点丰富多彩的世界，使人在这个世界上生活得更幸福、更美满，更好地行使主体的权利，履行主体的义务，而绝不是本末倒置。我在前边所描述的，就是那些真心愿意为狗为猫做爹做妈的人也不愿意看见的情景。

## 主张权利有理但也不应当“较劲”

王有财这个“楼梯之争”案件①，已经争议多年了。无疑，王有财就这个案件主张自己的权利，表明了民众的进步，是民事主体权利意识觉醒、自觉维护权利的表现，也表明了我国法治的进步和民法的普及程度。王有财的权利应当得到保护，这是没有问题的。对此，任何人对王有财一家的困难都会理解，对其主张都会支持。双方当事人楼上楼下住着，不论是

---

① 这个案件，发生在吉林省。王有财购买的一座二层楼，原来是两家公司盖的，楼上的业主将所有权出让给王有财。楼下的业主是一个机电公司的商店。原来楼上的楼梯直通一楼。王有财买了二楼之后，与一楼业主协商，不再走一楼的楼梯，自己在室外搭建楼梯。后来有关部门认定违反消防安全管理，责令拆除。王有财坚持要从一楼楼梯通过，一楼业主不同意，遂发生诉讼。

按照民法相邻权的规定，还是按照民法建筑物区分所有权的原理，王有财都享有通行权。他主张通行权，是有道理的。就是不懂法的人，可能不懂什么叫通行权、什么叫相邻权，但是看到王有财一家在木梯子上面爬上爬下六年整，大概也都会同情他、支持他，认为他是有道理的。

但是经过了解，造成现在这种尴尬、困难的状况，不仅有对方当事人的原因，有法院判决不当的原因，同时也有王有财自己的原因，这就是王有财自己的“较劲”。这一点，在相关文章中也不难看出来。

这个案件，不能说政法机关对群众的疾苦不闻不问，就连专家、学者也曾予以密切的注意。据了解，这个案件不仅最高人民检察院、最高人民法院多次派员深入当地调查研究，协调解决，就连中央政法委、学者专家都出面进行协调和呼吁。在这样的情况下，吉林省的政法机关、辽源市的政法机关、东丰县的政府和政法机关曾多次深入当地调查，积极予以解决，帮助王有财解决困难。可是，问题就是解决不了。直到今天，王有财一家还是在木梯子上爬上爬下，延续着这种爬楼梯的困难和艰辛。

据调查，王有财在取得该房所有权的时候，曾与楼下的机电公司进行协商，结果是王有财主张到外边自搭楼梯，避免在一起通行造成纠纷。因此，在当时，双方并没有发生争议。只是后来，外搭楼梯因妨害消防通道被拆除了，这时候才产生了争议。

应当说，省法院的判决是存在问题的，这就是片面理解了诉讼时效的规定。对于这样的判决，王有财申诉主张自己的权利是有道理的，是应当支持的。可是问题就出在下面了。

在中央政法机关的协调下，吉林省法院派员到辽源市和东丰县实地调查，发现根据现在的实际情况，再撤销原判，重新判决王有财走一楼的通道和楼梯并不现实，因为双方当事人已经争执多年，一楼的机电公司从事经营活动，物品较多，王有财一家在那里通行确实不方便。在这种情况下，法官与当地政府商量，采用执行和解的方法，政府出面协调，在王有财的房子外面搭建楼梯，机电公司让出一部分面积，出一部分钱，有关部门也可以出一部分钱和物资，政府协调有关部门采取措施，解决消防通道问题。对此，机电公司也同意，并且应允提供方便。在这样的情况下，法院和政府有关人员做了调解工作，但是王有财坚决拒绝，理由是政府和法院都不能无视他在一楼的通行权，这个权利必须予以保障，没有调解的余地。案件僵持、拖延几年，这是一个重要原因。

当然，很多人可以说，法院的判决既然错了，撤销算了，也就平息纠纷了。可是，就是把法院的判决撤销了，违反实际情况而坚持判决王有财在机电公司的一楼通行，再酿成纠纷，不是还有麻烦吗？而且《民事诉讼法》规定对生效的判决也是可以进行执行和解的，执行和解了，原来的判决就不再执行了，纠纷也就解决了，一家人就不用再爬楼梯了。法院的和解工作是符合法律的，也是实事求是的。

可是，如果一个权利人置现实情况而不顾，就是要坚定地主张权利，不能做任何变通，大概不是真的在维护权利、保护权利。对房屋的一个通道的通行有争议，完全可以采用其他的办法解决，提出新的通行方法来解决，并不一定要固守不现实的通道，非此不能、非此不行。权利的行使是应当保障的，但是权利的行使也可以变通，甚至为了相邻一方行使权利方便，还应当有适当的容忍义务，并不一定必须“较劲”到底。解决民间纠纷，既要坚持权利，同时也要有“和为贵，忍为高”的宽容。如果本着“与人方便，自己方便”的理念，退一步为他人着想，大概也就不会有这样长达数年之久的“楼梯之争”了。

# 第二讲 人格权法篇

# 民法典人格权法单独成编不存在政治风险问题

最近，有的民法学者提出在民法典中人格权法单独成编存在某种政治风险的说法，这是一种不正常的学术讨论，有必要澄清认识，端正人格权法立法的方向。针对民法典人格权法单独成编存在某种政治风险的四个主要观点，我提出以下不同看法。

## 一、关于民法典单独设人格权法编能否提高我国的人权保护高度

否定所谓“民法典要把人权保护提到前所未有的高度”的意见，是提出民法典人格权法单独成编将面临政治风险的主要依据之一。“关于民法典与人权保护的关系，这个问题在过去

没有受到足够的注意。”“点开百度输入民法典、人权保护这两个关键词，马上会出来一个口号，民法典要把人权保护提到前所未有的高度”，这是主张人格权法独立成编的基本依据，正是这个主张存在政治风险。王利明教授作为这一意见的提出者，否认他这样说过，实际说的是民法典要把对人的保护提到前所未有的高度。对人权的保护和对人的保护这两种不同的说法，虽然有公法和私法的区别，且政治敏感性不同，但并没有本质的区别，都是我国法律所致力要达到的目的。

对于下面的这些意见，需要特别加以分析说明。

一是认为“我觉得这个口号将引起思想混乱，引发歧义。虽然不能说民法典与人权没有关系，但是民法教科书上什么时候说过人权保护是民法的目的、民法的功能呢?”应当明确指出，人格权是人权的重要组成部分，因此，民法典与人权是有关系的。民法典加强了对人格权的保护，势必提高对人权的保护。这是不言而喻的。但这并不是说人权就是民法的保护对象，保护人权是民法的功能。民法是通过对人格权的保护，间接地提高人权的保护高度。如果民法典在人格权法单独成编上作出了更大的努力，确实能够提高人格权保护的水准，“民法典要把人权保护提到前所未有的高度”的判断，并不存在政治问题。因为我国《宪法》第 33 条第 3 款规定了“国家尊重和保障人权”的宪法原则，尊重和保障人权是所有法律部门的职责，民法也肩负同样的职责。这样的意见并没有错，王利明教授也不必回避。

二是"'民法典要把人权保护提到前所未有的高度'这个口号，隐含我国当下人权保护的状况'很糟糕'的意思"。这种推测并不成立。"前所未有的高度"的基础，是已经有了很高的"高度"，在此基础上才存在"提到前所未有的高度"。如果以"很糟糕"作为提高的基础，应当是提高到"较高"的高度或者"不很糟糕"的高度。这样的推测，从逻辑上"推不出"。对"民法典要把人权保护提到前所未有的高度"这句话的正确理解是，我国现在的人权保护已经达到了相当高的高度，民法典进一步强化人格权的保护，就能够把我国的人权保护提到"前所未有"的高度。这完全符合我国《宪法》尊重和保障人权的要求和保护人权的实际情况，没有丝毫否定我国人权保护现状的含义。

三是人格权究竟是不是人权的内容。1977 年联合国 32/120号决议即《关于人权新概念的决议案》，明文规定了 12 类基本人权，其中确实没有直接规定人格权的内容。但这不是否定人格权是人权的内容的依据。人权是一个相当大的概念，是指"人，因其为人而应享有的权利"，因而把有关人的权利都概括在其中。中共十八届四中全会关于推进依法治国的决定通篇所说的，都是要加强对人的保护，对人格权的保护，对人权的保护。编纂民法典要加强人格权保护，进而进一步提高我国人权保护水平，这是正确的命题，既不会引起思想混乱，也不存在任何政治风险，且不违反联合国决议的内容。

## 二、关于人格权法单独成编能否引发颜色革命的政治风险

民法典将人格权法单独成编可能会引发颜色革命，是反对人格权法单独成编的政治命题。提出这个政治命题的内容是："现在我们主张学习乌克兰民法，乌克兰民法典正式生效至今十多年过去了，乌克兰是不是变得更加富强，实际情况是乌克兰民法典颁布实行之后，乌克兰国家并没有变得更加富强，而恰好相反。乌克兰 2004 年发生了颜色革命，2013 年再次发生颜色革命，长期陷于社会动荡、经济崩溃、秩序混乱、民族分裂。乌克兰民法典人格权法单独成编与乌克兰的长期动乱究竟有没有关系，是不是导致乌克兰长期动乱不止的诸多原因中的一个原因呢？不难看出乌克兰在两次颜色革命后陷入长期动乱，与乌克兰民法典，特别是乌克兰人格权法编之间有某种因果联系。""虽不能说是主要原因，起码是重要原因中的一个原因。"这个问题显然特别重要，必须进行认真分析讨论，得出正确的结论，即民法典人格权法单独成编是否存在引发颜色革命的政治风险。

### 1. 乌克兰的社会制度变革发生在 1991 年

乌克兰是苏联 15 个加盟共和国之一，在 1991 年苏联解体后独立，不再实行社会主义制度，实行三权分立的政治制度，

为主权、独立、民主的法治国家，实行共和制。所谓“颜色革命”又称“花朵革命”，是指自20世纪末期开始的一系列发生在中亚、东欧独联体国家的以颜色命名、以和平与非暴力方式进行的政权变更运动，参与者通过非暴力手段来抵制控制他们国家的现政权。目前颜色革命已经在格鲁吉亚、乌克兰和吉尔吉斯斯坦等几个国家取得成功，推翻了原来的政权，建立了民选政府。从这个意义上说，乌克兰政治制度的根本性变革发生在1991年，那时乌克兰还没有制定新民法典，更没有人格权法独立成编的问题。其后2004年和2013年发生的颜色革命，仍然是在其现有政治制度上的变革。

2. 乌克兰民法典第二编“自然人的非财产性权利”规定了非人格权的权利

乌克兰民法典第二编规定的是“自然人的非财产性权利”，共3章46条。第20章“自然人的非财产性权利的一般规定”，从第270条至第280条，规定了自然人非财产性权利的类型、自然人非财产性权利的实质、自然人非财产性权利的行使、自然人非财产性权利的限制、自然人非财产性权利的保护、受侵害的自然人非财产性权利的救济、证明虚假信息不实、禁止传播违反自然人非财产权的信息、不履行法院关于保护自然人非财产性权利判决的法律后果和被侵权人要求赔偿的权利；第21章“自然人非财产权关于自然人其自然存在的权利”，从第281条至第293条，分别规定了生命权、消除对生命及健康威胁的权利、身体健康保护权、医疗救助权、健康信息知情权、健康信息保密权、住院治疗的自然人的权利、自由权、人身豁免权、捐赠身体组织器官权、家庭权、获得监护或抚养权、获得安全环境权；第 22 章“自然人非财产权关于其社会生活的规定”，从第 294 条至第 315 条，规定了姓名权、更改姓名权、使用姓名权、尊严及名誉受尊重的权利、对死者的尊重、商誉不受侵犯权、个性权、个人隐私及秘密权、信息权、私人文件权、私人文件处分权、获知被转移到图书馆档案馆的私人文件内容的权利、通信隐私权、被摄像被摄影被电视播映或者被录像的自然人的利益保护、摄影及其他艺术制品表现人的利益保护、文学艺术科学技术创作权、居住权、住宅不受侵犯权、自由选择职业权、迁徙自由权、结社自由权和集会自由权。

从乌克兰民法典第二编的上述内容观察，无论是标题还是具体内容，都不是仅仅规定人格权。第一，上述标题已经说得明白，并非规定的是人格权，而是自然人的非财产性权利。第二，在该编的具体内容中，并非规定的都是人格权，还包括若干身份权和政治性权利即公权利，前者为第 291 条家庭权、第 292 条获得监护或抚养权；后者包括第 309 条规定的文学艺术科学技术创作权、第 310 条规定的居住权、第 313 条规定的自由选择职业权、第 314 条规定的结社自由权和第 315 条规定的集会自由权。在我国立法环境下，这些内容不属于人格权，特别是自由选择职业权、结社自由权和集会自由权，不具有人格权的性质。

3. 人格权法独立成编与发生颜色革命没有关系

在明确了乌克兰民法典第二编的上述内容之后，应当特别强调指出：

第一，如果说乌克兰民法典有关人格权的规定与其两次颜色革命有联系，是发生颜色革命的重要原因之一，这一内容也就是该法第 314～315 条规定的结社自由权和集会自由权，而学者正是这样认为的。但是，这两个权利根本就不是人格权。在我国学者包括我们起草的任何一部民法典建议稿或者民法总则建议稿以及人格权法建议稿中，都没有规定这两个权利。如果按照这个逻辑推论，没有规定这两个权利的人格权法，就应当不会有发生颜色革命的政治风险。

第二，更重要的是，我国《宪法》第 35 条明确规定："中华人民共和国公民有言论、出版、集会、结社、游行、示威的自由。"这是早就规定了的宪法原则，具有比民法典更高的效力，是对权利的具有最高法律效力的保障。如果学者的上述逻辑推论成立，那么我国《宪法》规定也有引发颜色革命的政治风险，但事实显然不是这样的。

第三，如果人格权法单独成编存在颜色革命的政治风险，那么放在民法典的任何部分中予以规定，风险都将存在。民法典的人格权法单独成编并不是政治问题，而是立法技术问题。如果说人格权法单独成编是引发颜色革命政治风险的"重要原因之一”，那就不在于其是否单独成编，而是无论其被放在民法总则、分则还是侵权责任法中，规定的后果都是一样的。如果人格权法单独成编会存在政治风险，那么放在民法总则的“自然人”部分为什么就不会有政治风险呢？这个意见在逻辑上是根本说不通的。

第四，其他发生颜色革命的国家并没有人格权法独立成编的问题。如果以乌克兰民法典人格权法独立成编后发生了两次颜色革命，因而前者是后者的重要原因之一为论据，论证人格权法单独设编是引发颜色革命的重要原因之一，那么，其他如格鲁吉亚、吉尔吉斯斯坦等，并没有在民法中将人格权法单独成编，为什么也会发生颜色革命呢？这样的事实说明，人格权法单独成编与颜色革命没有关系。上述说法即使不是无中生有，也是牵强附会。

论述这些事实足以得出结论，认为民法典人格权法独立成编是发生颜色革命的“重要原因之一”，是没有逻辑基础和事实依据的，是主观臆断。如前所述，我国《民法通则》的突出特色之一，就是专门规定了“人身权”一节，加强了对人格权的保护。30 多年来的经验告诉我们，立法、司法加强对人格权的立法和保护，大大推进了我国的社会进步，促进了经济发展，提高了人的地位，体现了人的尊严，加强了公民的权利意识，提高了人权保护的程度。这说明，《民法通则》强化对人格权的立法和保护是正确的。民法以人为中心，民法就是人法。只要我们沿着《民法通则》开创的人格权保护的方向继续前进，社会就会继续发展，人权保护水平就会继续提高，人民就会有更加幸福的生活。

### 三、关于大规模侵害人格权的事件多发生在公法和公权力领域，因而没有必要将人格权法单独成编

“大规模侵害人格权多发生在公法和公权力领域。它跟人格权没有关系”，因而人格权法没有必要独立成编，也是否定人格权法独立成编的一个理由。确实，发生大规模侵害人格权的历史事件基本上都发生在公法或者公权力领域，这个结论是对的。例如我国的“文化大革命”，苏联的“大清洗”，前东德国家安全部秘密警察的行为，确实都是发生在公法和公权力的领域。但是要看到，这些大规模的公权力行为侵害的权利都是人格权。苏联的“大清洗”把一个个无辜的人吊在绞刑架上，侵害的是他们的生命权，是对人的尊严的践踏。民法典加强对人格权的立法，加大保护的力度，就能够有效地阻止公权力对人的私权利的侵害。主张人格权法独立成编，采取的正是对抗非法公权力行为的措施。中国领导者的英明，就在于及时纠正了“文化大革命”的悲剧，制定了《民法通则》，加强了对人格权的立法和保护，人民才有了今天的地位和尊严。这是应当庆幸的。加强人格权法立法甚至独立成编，目的就是要阻止历史再回到那样一个公权力大规模侵害私权利特别是人格权的

时代。

## 四、关于人格权法单独成编就是贬损、肢解我国《侵权责任法》

学者认为，“现今主张人格权单独设编的学者，当年极力主张和强调侵权责任法作为民事权利保护法的性质及其重要性，建议民法单设侵权责任法编，立法机关采纳了此项建议。”“今天为了达到人格权单独设编的目的，却又提出所谓侵权责任法不足以保护人格权，并在关于人格权单独设编的言说中，毫不吝惜地贬损现行侵权责任法、肢解现行侵权责任法，不惜以今日之我，否定昨日之我。”

前一项说法是真实的，我们在当年确实是极力主张和强调侵权责任法单独规定的，直至 2009 年 12 月 26 日立法机关通过了该法，诞生了世界上第一部以侵权法命名的成文的《侵权责任法》。这一直是我们的骄傲。

但是后一项说法不是真实的。直至今天，王利明和我任何一个都没有对我国的《侵权责任法》进行贬损和肢解。在《侵权责任法》通过之后，我们发起建立了东亚侵权法学会和世界侵权法学会，向国外介绍我国《侵权责任法》的立法经验和理论研究成果，使更多的人了解我国的《侵权责任法》。指责贬损和肢解我国《侵权责任法》的依据，是王利明在他的人格权法立法的学术报告和论文中提到，《侵权责任法》对于保护人格权有一定的局限，因为《侵权责任法》没有更加细致地规定人格权。这是客观事实。指出这个事实，既不存在贬损，也不存在肢解《侵权责任法》的问题。

《侵权责任法》关于保护人格权的直接规定主要是：第一，第 2 条第 2 款规定了生命权、健康权、姓名权、名誉权、肖像权、隐私权和婚姻自主权，只有 7 个，还有身体权、形象权、信用权、性自主权、人身自由等人格权都没有规定，不能说这里列举的人格权是完善的。第二，第 6 条第 1 款关于过错责任的规定，是包括侵害精神性人格权在内的侵权过错责任的一般条款，是侵害精神性人格权损害赔偿责任的请求权基础，当然也是侵害生命权、健康权、身体权以及其他权利的一般侵权行为的请求权基础，但侵害物质性人格权的损害赔偿还适用过错推定原则和无过错责任原则。这些规定很明确，但是需要解释，还做不到让不熟悉法律的人一目了然。第三，第 22 条关于精神损害赔偿的规定，主要保护的是人格权，特别是精神性人格权，因为侵害精神性人格权的损害赔偿主要是精神损害赔偿。第四，第 20 条规定的侵害人格权益造成财产损失的损害赔偿规则，实际上是关于公开权的规定。上述这些规定是明确的，也是比较完善的。但是，这些都是关于人格权保护的一般性规定、救济性规定，不是赋权性的法律规范。每一个民事主体究竟享有哪些人格权，具体人格权都有哪些内容，应当保护哪些方面，《侵权责任法》依照其功能和性质，是不能规定的。

这与《德国民法典》在侵权法中规定人格权的缺陷是相同的。对此，王利明的意见并没有错，既没有贬损《侵权责任法》，也没有肢解《侵权责任法》，而只是说明了一个客观事实。尽管《侵权责任法》是我们亲手培育、用心血浇灌的一枝“法律之花”，但对于该法存在的缺点，也不能护短，有缺点就是有缺点，只有正视立法存在的缺点，才有可能纠正这些缺点，让她更加美好。批评一下立法缺点，就说成是贬损法律、肢解法律，是言过其实。我和王利明完全没有这种意图和想法，更没有这样的说法。到今天，我们仍然相信，我国《侵权责任法》是当前世界侵权法领域中不能说最好但也是很好的、很优秀的法律。《侵权责任法》在赋权方面，对于人格权的规定确实无能为力，那是法律的性质所致。如果有了单独的人格权法，对人格权的“张扬”会做得更好，对正确适用《侵权责任法》也更有助力。这样的想法并没有错。

## 死者人格利益应当得到法律保护

南京市玄武区人民法院对邓长富诉南京市独加试唱公司人格权侵权纠纷案件作出原告胜诉的判决，是对的，体现了我国法律对死者人格利益保护的立场。

案件的简要案情是：成国平注册成立了独加试唱公司，在南京市繁华的珠江路租赁了 2 000 多平方米的门面，用邓丽君的元素装修餐厅。同时，成国平赶往台湾，找到邓丽君文教基金会商谈授权事宜。邓丽君的哥哥邓长富委托律师接待，双方由于授权的价格原因没有谈拢。律师曾经代表邓长富当面忠告成国平，不要试图擅自使用邓丽君的元素经营，否则将被起诉。但是，由于前期投入下去，授权书没办成，成国平和股东虽然感到棘手，但认为邓丽君已去世多年，用她的姓名和肖像经营餐厅，既可以营造怀旧风，又能让人们寄托对邓丽君的怀念之情，是功德无量的好事，相信邓丽君的三哥不会太计较，继而开始经营该餐厅，并于 2015 年 1 月在《现代快报》《金陵晚报》等媒体上刊登广告。邓丽君主题音乐餐厅将邓丽君的肖像、音乐与餐厅设计融为一体，餐厅有邓丽君主题音乐会，专门聘请歌手驻唱邓丽君的歌曲。据此，邓长富向法院起诉。

最高人民法院《关于确定民事侵权精神损害赔偿责任若干问题的解释》第 3 条对于死者人格利益的保护的规定是："自然人死亡后，其近亲属因下列侵权行为遭受精神痛苦，向人民法院起诉请求赔偿精神损害的，人民法院应当依法予以受理：（一）以侮辱、诽谤、贬损、丑化或者违反社会公共利益、社会公德的其他方式，侵害死者姓名、肖像、名誉、荣誉；（二）非法披露、利用死者隐私，或者以违反社会公共利益、社会公德的其他方式侵害死者隐私；（三）非法利用、损害遗体、遗骨，或者以违反社会公共利益、社会公德的其他方式侵害遗体、遗骨。"这一司法解释的基本精神是，侵害死者人格利益，使其近亲属遭受精神痛苦的，其近亲属可以请求侵权人承担精神损害赔偿责任；对死者人格利益的保护范围是，死者的姓名、肖像、名誉、荣誉、隐私以及遗体、遗骨。审理本案的人民法院就是依据这样的司法解释规定判决的。

在《民法通则》和《侵权责任法》中，都没有关于死者人格利益的保护规则。最早涉及死者人格利益保护的案件，是天津法院审理的“荷花女案”。荷花女是上个世纪 40 年代在天津比较活跃的艺人，19 岁去世。1988 年，作家以其为原型，写作了长篇小说《荷花女》，在《今晚报》上连载，被荷花女的母亲和哥哥起诉，请求作家和报社承担侵权责任，得到法院的支持。最高人民法院也对此作出了批复性司法解释，确认死者的人格利益受到法律保护。精神损害赔偿司法解释第 3 条就是根据司法实践总结的审判经验，确立了我国的死者人格利益保护的上述规则。

按照民法规则，自然人死亡之后，其民事权利能力消灭，不再享有民事权利（唯有《著作权法》规定死者享有 50 年的著作权保护制度），因此不再受到民事权利的保护。但是，逝去的人的很多人格利益并没有因其死亡而完全消灭，当死者的这些人格利益受到侵害时，不仅会给其近亲属造成精神痛苦和损害，而且会损害社会利益，损害公序良俗。因此，在很早之前的民法规则中，就有死者人格利益受到损害的法律救济制度。我国 1986 年颁布的《民法通则》规定了人格权保护制度，但是没有规定死者的人格利益保护制度，这是一个缺陷，因此最高人民法院的司法解释对此进行了完善。

在本案的判决中，有一个问题说得很清楚，就是对于死者的保护，保护的不是其肖像权、姓名权，而是死者的姓名、肖像利益。在最早的司法解释（如“荷花女案”的批复）中，最高人民法院曾经规定对于死者的名誉权应当予以保护，但是在随后的司法解释，例如关于审理名誉权案件的司法解释以及精神损害赔偿的司法解释中，最高人民法院作出了新的规定，明确法律保护的是死者的人格利益，而不是人格权。在本案中，邓长富作为原告，向法院起诉的诉因是其已故妹妹邓丽君的姓名权和肖像权被侵害，对此，法院判决书认定死者不享有人格权，而是其姓名和肖像利益受到保护，并依此作出判决。这样的认定是完全正确的。

在现实中，在保护死者的人格利益方面，应当注意的几个问题是：

第一，死者人格利益保护的范围是，姓名利益、肖像利益、名誉利益、荣誉利益、隐私利益以及遗体和遗骨。其实，超过这个范围的，如果是侵害死者的人格尊严，造成其近亲属的精神损害的，也构成侵权责任，近亲属是可以请求精神损害赔偿的。

第二，对于死者人格利益的保护人，是死者的近亲属，即配偶、子女、父母、兄弟姐妹、祖父母外祖父母和孙子女外孙子女。这样规定的重要价值，一是确定究竟由谁保护死者的人格利益，二是由此确定对于死者人格利益的保护期间，即死者在没有近亲属之后，其人格利益就不再受到保护，除非有公序良俗的理由。

第三，死者近亲属有数人的，数人都享有保护死者人格利益的一个共同的请求权，这个请求权应当只能行使一次。如果其中一个近亲属行使了该请求权，其他近亲属的请求权消灭，不得再次行使。当其中部分近亲属行使了该请求权，并且获得救济的，其所得利益应当在近亲属中协商分配。

第四，确定对死者人格利益的侵害是否构成侵权责任，应当依据《侵权责任法》第 6 条第 1 款规定的过错责任原则，须具备违法行为、损害事实、因果关系和过错的要件。凡是符合上述规定的，就直接适用该条规定，确定赔偿责任；不符合上述要求的，则不构成侵权责任，不能受到《侵权责任法》的保护。

第五，保护死者人格利益的侵权诉讼，也适用《民法通则》有关诉讼时效的规定，应当在知道或者应当知道死者人格利益受到侵害之日起的两年之内起诉；不知道受到侵害的，最长的保护期，受 20 年的最长时效期间限制。超过诉讼时效期间起诉的，侵权人享有抗辩权，可以主张对抗原告的请求权而不承担侵权责任，法院应当予以支持。

## 遗体价值值几许？

最高人民法院关于精神损害赔偿的司法解释公布以后，关于精神损害赔偿的讨论和研究越来越热了，读者对精神损害赔偿的关注也是一热再热。热点之一，就是侵害尸体的如何确定精神损害赔偿。

读者，您以为如何？我倒认为确实如此。我从贵州回北京的途中在飞机上翻阅报纸，在《贵州都市报》上就有几条新闻涉及精神损害赔偿问题，其中有一条，就是关于侵害死者遗体的精神损害赔偿案件的报道。

报道说，湛江市赤坎区人民法院受理了一宗关于尸体遗失的民事诉讼案件，这个案件的原告向法院起诉，要求遗失尸体的被告承担精神损害赔偿费 18 万元。事情的原委是：金姓公民是一位高级电力工程师，因病逝世好长一段时间，其遗体告别仪式却迟迟没有举行。问题的症结是金先生的遗体找不到了，告别仪式不得已一再推迟。在最后尸体实在找不到的情况下，只好决定向金先生的遗像举行告别仪式。经过追查，终于查清事情的真相。原来，被告也就是该市的殡仪馆决定火化一批无主尸体，其中一位无名女子的尸体就装在小冰柜 37 号。金先生的遗体存放在大冰柜 37 号。火化工人错将大冰柜 37 号当作小冰柜37号，未经仔细核对，就将金先生的遗体作为无名尸火化了。

金先生的遗属找不到亲人遗体，经历了极其痛苦的过程。外边是等候参加告别仪式的人群，里边的亲属却在装载尸体的冰柜中一个一个地查找。一个多小时的时间里，经历的是非人的感情折磨。而被告一方却不断地找理由开脱责任。遗属在不得已的情况下，向法院起诉，请求法院依法追究侵权人的精神损害赔偿责任。

但是无独有偶，我在办案和理论研究中，接触了很多这类案件。如果各位不嫌烦琐，我就介绍几个同样是涉及侵害尸体，但类型并不一样的案件。

一名被公安机关收容审查的青年在被关押十几天后患病，保外就医没有治愈而后死亡，医院诊断的结论是大叶性肺炎致死。家属对此有疑义，请求进行法医鉴定。公安机关遂委托省医学院对尸体进行解剖，鉴定死因。医学院在解剖过程中，组织进行教学活动，并采集尸体的部分器官制作了标本。死者家属气极，向法院起诉，结果法院没有支持其诉讼主张，使其精神痛苦无法得到平复。

再早一些年，有一个农民，先后两次趁本村的女性村民死亡后办理丧事的混乱之机，将尸体的生殖器官切割下来，在家中进行猥亵活动，满足自己的变态性欲，引起公愤。公安机关破案后，依刑事诉讼程序追究其刑事责任。

再就是前些年北京发生的医生擅自摘取死者角膜的案件。某医生是眼科专家，手中有两位患者急需接受角膜移植手术。但是，医院苦于没有可供使用的供体，患者痛苦不堪，医生急得团团转。最后，医生出于为患者解除病痛的动机，在一具尸体刚刚送到太平间的时候，趁人不备摘取了这位死者的两个角膜，为两位患者成功移植，使他们重见光明。但是，这位医生因为“违反”刑法而被关押在监狱中。几经周折，医生被释放出狱，这位为病人带来光明的白衣使者获得了人身自由。

说到这里，有些读者大概有些嫌烦了。就此打住，现在要说一说关于尸体保护和尸体价值的法律问题了。

有位读者说了，最高人民法院关于精神损害赔偿的司法解释对死者的遗体、遗骨的法律保护已经说得很清楚，不必再唠叨了。且慢，权威机关虽然已经做了规定，但是怎样理解和执行这些规定，还需解说才能够明白。

毫无疑问，法律是保护死者的遗体的。无论是故意还是过失侵害他人的尸体，都构成侵权行为，都应当承担精神损害赔偿责任。但是对于究竟为什么要保护死者的尸体、依据什么样的理论对死者的尸体进行保护这些关键问题，不仅普通群众一时说不清楚，就是专业的民法学者也是众说纷纭，见仁见智。

例如，有的认为，人死后，其尸体就变成物，死者的继承人通过继承取得死者尸体的所有权。侵害死者的尸体，就是侵害其近亲属的尸体所有权和精神利益，应当承担相应的精神损害赔偿责任。也有的认为，说死者的尸体是身体的转化物，是对的；但是将维护尸体的权益说成是保护所有权，则与社会的人伦思想相悖，不符合现代人权观念。因此，死者的近亲属对死者尸体的权利不是所有权，而是管理权；侵害尸体，侵害的就是这种管理权。还有人赞成不能说对尸体享有所有权的说法，提出近亲属对死者的尸体享有权利，侵害尸体就是侵害这样的权利；至于这样的权利是什么权利，则说不清楚。

对这些观点，我都不赞成。

我认为，一个活着的人，对自己的身体享有身体权。在他死后，尽管他已经不再是一个民事权利主体，当然身体权不再是他的权利，但是法律规定公民死亡后，一些人格利益还要再继续受到一段时间的保护，因此，这些人格权利就转化成为人格利益。他本人死亡了，不能再保护这些利益，但是，他的近亲属可以对这些利益进行保护。侵害这些利益，他的近亲属就可以依据法律规定，提起诉讼，依法寻求保护。对死者的尸体进行保护，就是这样一个问题。人活着的时候，对自己的身体享有身体权，依法进行保护。在他死亡后，身体权转化为身体利益，这种身体利益转由他的近亲属依法保护。侵害死者的尸体，同样构成侵权行为，侵权人应当对死者的近亲属承担精神损害赔偿责任。在理论上作这样的解释，就可以较为圆满地解决这个法学理论上的难题，使对尸体的保护顺理成章，有据可查。

说清楚了这个问题，该看一看什么样的行为可以构成侵害尸体并应当承担精神损害赔偿责任的侵权行为了。

故意毁损尸体的，是侵害尸体的侵权行为。请看，前边说的那位故意切割尸体的生殖器官，满足变态性欲的主儿，就是故意侵害尸体，既构成刑事犯罪，也构成应当承担精神损害赔偿责任的侵权行为。

非法利用尸体的，也是侵害尸体的侵权行为。尸体是公民身体转化成的一种特殊的物，是有利用价值的。解剖尸体制作标本，进行教学，都是对尸体的利用，并且是对社会有益的利用行为；进行角膜移植，更是造福活人的有益行为。但是，利用尸体，应当得到死者生前的同意，或者征得死者近亲属的同意。如果做到了这一点，这种对尸体的利用行为就是合法的。但是，没有征得死者生前的同意或者没有得到死者近亲属的允许，就这样利用尸体，则构成侵权行为。前边的两个案例，一个是利用尸体进行教学，一个是擅自移植死者的器官，都没有得到上述的同意和允许，因此构成侵权，应当承担精神损害赔偿责任。但是有一个问题应当说清楚，就是对那位造福活人的医生按照刑事犯罪予以关押的做法，是不能准许的，这是一种司法的错误行为。这位医生没有犯罪，仅仅是没有征得同意而侵害了死者的身体利益。可以追究他的侵权责任，但将其进行关押并采取刑事强制措施，就是错误的。

其他侵害尸体的行为，也是侵权行为。例如，殡仪馆将金先生的尸体错误火化，就是其他侵害尸体的侵权行为。其他的，还有盗墓毁尸、非法陈列尸体等，均属之。尽管这种侵害尸体的行为有的是故意行为，有的仅仅是过失行为，但是侵权人都应当承担精神损害赔偿责任。

现在该要谈到尸体的“价值”问题了。

所谓尸体的“价值”问题，就是说侵害尸体以后，怎样确定侵权人应当承担的精神损害赔偿责任问题。

尸体究竟有没有价值？我的答案是，说有就有，说没有就没有。这个问题要从两个方面看。

说尸体有“价值”，确实是有，而且应当说具有很高的“价值”。一个人死亡后，很多器官都是可以移植的。我曾经见过几个移植肾脏的人，他们都活得很好，这就是死者捐赠的器官救了他们。接受器官移植的手术价格不菲，当然其中的手术费是相当的一部分，但是，器官的价值也是相当高的。如果按照这样的标准衡量，死者的尸体“价值连城”也是可想而知的。

但是，人的身体不是商品，人死后，其尸体也不是商品，不能认为人的尸体具有商业上的价值。如果将人的尸体作为商品标价出售，那是对人的尊严的损害，即使是死人，这样的做法也是损毁人的尊严和体面的。人的身体是无价的，人死后的尸体也是无价的。正因为如此，法律对侵害死者尸体规定的损害赔偿，是精神损害赔偿，而不是财产损害赔偿。这也是侵权行为法一个不得违背的原则。

法律是聪明人制定的，法学理论是聪明人创造的。将侵害尸体的侵权人所承担的损害赔偿责任确定为精神损害赔偿责任，就使法律摆脱了这样的两难境地，避免了法律的尴尬，在理论和实践上，都使对侵害尸体的侵权行为的处理变得游刃有余、得心应手。对侵害尸体的侵权人确定精神损害赔偿的责任，谁能说人的尸体没有“价值”？谁能说这是将人的身体当作商品？真是妙极了！

那么，怎样确定侵害尸体的精神损害赔偿责任呢？

有两个办法。

第一个办法，在对非法利用尸体确定精神损害赔偿责任时，参照所利用的尸体的“价值”确定赔偿数额。这样做，既保证了对死者近亲属精神痛苦的抚慰和对行为人实施侵权行为的制裁，又体现了对利用尸体解除病患痛苦，造福人类作用的认可。这是一个很好的办法。

第二个办法，就是对于一般的侵害尸体并未谋利的行为，按照对一般的精神痛苦确定精神抚慰金的办法，适当确定一个数额即可。这个数额的确定，要体现对死者近亲属的精神抚慰，体现对加害人的法律惩治，同时也要体现对社会的一般警示。符合这样三个要求所确定的精神损害赔偿数额，就是很好的赔偿金数额，至于具体的赔偿数额定多少，并不是一个大的问题。

## 新闻报道对待人格权的不一样做法

最近看到了媒体关于杀人案件的两篇报道。两相对照，二者对被报道人的人格权的态度截然不同，形成极大的反差。

一则是天津的一份报纸关于一位 18 岁的男孩子杀死母亲案件的报道。文章极其详尽地报道了男孩子杀死母亲的原因、杀人的经过、杀人以后的表现，等等。令人不能容忍的是，整个案件的报道完全是真名真姓，不仅被告的姓名，就连死者的姓名、死者亲属的姓名也都是真实的。甚至被告的住址、被告亲属的住址、杀人现场的地址，都说得一清二楚，详细到门牌号码。不仅如此，报道还配发了大量的照片，有现场的照片、被告的照片、被害人的照片、被告奶奶的照片、被告同学的照片，统统不加修饰，原封不动地照搬到版面上，极为醒目，极为抢眼。整整两个版，中心位置是文字报道，周边全是这些照片。报道不仅涉及被告母亲也就是被害人的肖像权问题，也涉及她与他人同居、与丈夫离异、与孩子的感情等隐私问题，看起来真是触目惊心。毫无疑问，作为报道社会案件的新闻，这个报道具有极强的可读性，是很吸引人的。可是，这是对被报道人人格权保护的态度吗？难怪被害人的亲属找到北京，找到专家，反映情况，认为被报道人的人格权受到了侵害，要提起诉讼——“告他”！

另一则是《北京青年报》关于一个 21 岁少女杀母案件的

报道。这篇报道的标题是《10分钟少女谋害亲妈》，事件几乎相同，这个案件是女儿认为母亲对其不好，“暗投安眠药迷倒亲生母亲，男友持棍下狠手抛尸昆玉河”。在报道中使用的两位杀人者的照片，全部打上了马赛克。在文字报道中，对所有涉及的人全部用了化名，使人不能从报道中知道这个案件的真实人物的姓名和情况。在报道的最后，还访问了有关的法官，对案件的社会意义做了阐释。整个报道虽然报道的是负面社会新闻，内容介绍得也很详细，但是对被报道人的人格权保护得很充分、很周到。

两则相似的报道，对被报道人的人格权的态度是那样的不同，以至于让人深深地为那位天津报纸的被报道人的安全和处境感到担忧。正像《北京晚报》曾经发表的一篇读者来信说的那样，“不要在别人的伤口上撒盐”。这样的报道既不尊重他人的权利，更是在他人的伤口上“撒盐”，让本来就已经受到了损害的人再次受到伤害。因此，应当重新提出新闻媒体的职业道德和法治观念问题，特别是要强调新闻媒体对人的权利的尊重，对人格权的尊重。

人是社会的本位。在社会中，任何存在的价值都不及于人的价值。而人的权利就是维护人的价值、人的尊严的法律定位和表现。在当代，人权观念高于一切权利观念，而人格权是人权体系中的最重要部分，是人权观念在民法上的表现。这样的观念，应当是全社会的共识，是人人都应当确立的意识，是人人都应当遵守的普遍规则。同样，新闻媒体也要具有这样的意识，遵守这样的规则。不论做何种报道，都要考虑到人权问题，考虑到被报道人的人格权保护问题。不管将新闻媒体叫作喉舌也好，叫作工具也好，叫作窗口也好，总之新闻媒体是社会先进思潮的鼓吹者、是科学思想的先行者，更要在人权保护和人格权保护方面作出表率，给社会以启示，给人们以榜样，带动全社会尊重人权，尊重人格权。只有这样，新闻工作者才是遵守新闻道德，遵守法律，才配得上“无冕之王”这个光荣称号。

可是，总是有那么一些热衷于制造耸人听闻的新闻的媒体，不顾他人的人权，不顾他人的人格权，不顾他人的人格尊严，制造新闻噱头，哄骗读者。这样的记者和媒体背离了自己的工作宗旨，背离了新闻工作的目的，也背离了自己应当遵守的职业道德。

新闻是自由的，在遵守法律的前提下，媒体享有充分的表达自由。但是，任何自由都不能偏离法治的轨道。《宪法》第51条规定：“中华人民共和国公民在行使自由和权利的时候，不得损害国家的、社会的、集体的利益和其他公民的合法的自由和权利。”这一规定，其实对任何行使自由和权利的人和机构都是适用的。新闻媒体行使新闻自由的权利时，也必须遵守这样的规定，不得损害国家的、社会的、集体的利益和他人的权利和自由。违反者，即为违法，构成侵权行为，应当承担侵权责任。在侵权责任法中，专门研究媒体侵权，就是要保护他人的权利尤其是人格权不受非法新闻报道的侵害，同时也是要规制新闻媒体的新闻行为，促使其遵守法制。如果新闻媒体不遵守新闻道德，不遵守法治原则，故意或者过失地侵害他人的人格权，包括被报道人的人格权，受害人依法可以追究新闻媒体的侵权责任。比如本文提到的第一则报道那样的做法，虽然在文字报道上还不能肯定就构成侵权，但是擅自使用他人的肖像，使用被害人的肖像，已经构成了侵害肖像权的侵权责任。当事人要追究其侵权责任，应当是有理由的。

别人能够做到的，自己也应当能够做到。《北京青年报》能够做到的，其他媒体也应当能够做到。都做到了，起码在这一点上，就保证了人的权利不受侵害。

此外，第一则新闻报道的案例在报道时第一审刚刚结束，第二审还在进行。第二则报道的案例报道时终审已经结束。这也涉及一个法制新闻报道的规范问题，后者的做法更为妥当。

## 真的有"亲吻权"吗？

一场关于"亲吻权"的讨论，在几年前进行得轰轰烈烈，当时的各种意见铺天盖地。

其实还是说得玄了一些。这场讨论仅仅是在媒体上、网络上"硬炒"而已，而且已经受到了众多有见识者的"万炮齐轰”，大有“无处藏身”之势。

何谓“亲吻权”?“亲吻权”由何而来?

原来，某日晚10时许，被告吴某驾驶一辆奥拓汽车在广汉西康路将陶女士撞伤。事发后吴某既没有对现场进行保护，也没有对她进行抢救。陶女士后被送至广汉市人民医院抢救，医生诊断为：“车祸造成上嘴唇裂伤，全身软组织挫伤，门牙折，脑震荡。”当月14日交警部门将该事故认定为：吴某系酒后驾车，对事故负全责。陶女士后经四川省法医学鉴定中心评定为十级伤残。车祸后，陶女士经常出现短暂失忆，思维判断出错；两颗门牙折断，既影响身体的完整性，又损害了撕咬食物的功能。由于嘴唇的原因，她再与爱人亲吻时，常常感到害怕，对爱人有排斥感，严重阻碍了她与爱人的感情交流。她说，作为妻子她不能与丈夫感受亲吻时醉人的甜蜜，作为人母，也不能像往常一样满足女儿的“索吻”。于是，陶女士将一纸诉状递到了广汉市法院，称吴某的行为侵犯了她的身体权、亲吻权、健康权、财产权等，要求赔偿其损失人民币3.9万元。

作者同情受害人的遭遇，也支持其向肇事的吴某追究侵权责任，维护自己的民事权益，但是，对其提出的“亲吻权”的主张不能接受。受害人应提出正面的主张，维护法律的严肃性。

对于所谓的“亲吻权”，有的法律界人士认为：成都一律师说，“亲吻权”所体现的是一种人格利益的人格权。一些法学专家认为，现行法律没有就“亲吻权”作出明确的规定，但最高人民法院的一个司法解释说：“违反社会公共利益、社会公德侵害他人隐私或者其他人格利益，受害人以侵权为由向人民法院起诉请求赔偿精神损害的，人民法院应当依法予以受理。”也有法律界人士认为，能否为“亲吻权”索赔还值得探讨。

果真如此吗？

正像有些网友说的那样，提出“亲吻权”主张的这些人，也能叫作律师、法学专家和法律界人士吗？真是有点悬！

按照常识，任何一种权利，尤其是作为绝对权的人格权，总是要由法律明文规定的。就是一个准备新创造的并且有可能成为新的人格权的权利，也要有一定的“资格”，符合一定的条件。这就是，确定人格权也要讲究“规格”。不符合“规格”的任何人格利益，都不能成为一种具体的人格权，也不能滥用“人格权”的概念。

君不见，生命权、健康权、名誉权、肖像权、姓名权、人身自由权，都是法律明定的人格权。除此之外，一个身体权，由于《民法通则》没有明文写出来，讨论了十几年，才在最高人民法院的司法解释中明确加以确认。就连世界各国法律都承认的隐私权，现在已经讨论、研究十几年了，世人耳熟能详，在司法解释中不是还被认为是一种人格利益，而不是人格权吗？直至2009年《侵权责任法》第2条第2款才确认隐私权是具体人格权。可见，确认一个人格利益为具体人格权，绝不是那么容易的事。

确认一个具体的人格权，要解决的是一个权利所“主管”的范围，就是这个权利所调整的人格利益的范围。生命权所调整的范围，就是保护人活着，保证生命的延续；健康权所调整的范围，就是维护人的健康；名誉权所调整的范围，就是保护人的社会的客观评价不受侵害；等等。受害人的嘴受到伤害，侵权行为侵害的就是健康权，就是人体的各部位协调一致、功能完善发挥的权利受到损害。一个侵害健康权，就什么都齐了，还要增加那些“亲吻权”之类的“劳什子”干什么？

“亲吻权”的问题就出在了“因事设权”上面。难道嘴有什么功能，人就享有什么权利吗？那么，嘴除了有亲吻的功能之外，还有吃饭的功能、喝水的功能、唱歌的功能、说话的功能、骂人的功能、呼吸的功能，等等，那是不是还要规定人人享有吃饭权、喝水权、唱歌权、说话权、骂人权、呼吸权呢？假如如此，眼睛有看人的功能、看戏的功能、看书的功能、看电视的功能，在侵权行为伤害了人的眼睛以后，是不是就侵害了看人权、看戏权、看书权、看电视权呢？如果这样下去，要有多少人格权呢？那样的话，大概就是全国人民都当法学家，也是研究不过来的。

说到底，就是一个“泛权利论”在作怪。当前，确实有一种偏向，就是将什么都叫作权利，都要依法保护。这实在是一种误解。主张或者创造“泛权利”者，不过总是有一些意图。如果这种意图都是为当事人着想，也就罢了；如果还有另外的什么意图，就不好了。受害人不是法律专家，不懂什么是权利，什么应当是权利，但是搞法律的，基本的常识应当懂得。

最后，还是要劝一下那些法学专家、法律界人士，再说法律上的事情的时候，还是要尊重法律，不要硬造什么“亲吻权”之类的概念。一是这些概念谁也不懂，凡是学过法律的人都难以理解；二是“硬造”这样的概念，只能造成法律概念的混乱，使人民群众对法律的严肃性发生动摇。本来，中国的法律就不十分健全，需要做大量的工作使它更加完善，使人民群众对法律更加理解。如果按照自己的意愿随意编造谁也不懂又没有法律根据的各种法律概念，法律就真的被糟蹋了。

## 悼念权，何权乎?

世界之大，无奇不有。就是在法律界，林林总总、奇奇怪怪的民事案件也总是不断发生，使列位大开眼界，大饱眼福、耳福。一起因悼念权引发的赔偿案，数年前在北京市宣武区法院进行了公开宣判。法院判决认可悼念权的存在和合理性，但同时表示法律对该权利未规定相对义务人，因此判决驳回了原告的诉讼请求。

列位，你道什么是悼念权？真还值得认真研究一番。

话说原告弟弟以被告大哥在父亲死亡后，未通知自己便独自料理后事，致使其在父亲死亡三年半后才得知此事，使其丧失了对父亲进行悼念的权利为由，将大哥起诉到了北京市宣武区法院。对于莫名其妙地做了被告一事，大哥不能理解。据了解，原、被告的父母一共生育了 6 名子女，目前其母亲尚健在。父亲生前最后几个月，都是被大哥独自照料的。而原告几年对父亲不闻不问，现在反倒成了原告，要求追究他人的民事责任。对此，大哥感到十分气愤。

本案的案情是：有一对文清、文利兄弟，自幼二人感情不和，住在一起不是打就是闹。20 多年前，弟弟还是 20 多岁的小伙子，血气方刚，看谁不顺眼，就动家伙，经常打得人头破血流。曾经有两次，弟弟把哥哥头打破，鲜血直流。哥哥起诉到法院，要求法院依法处理。邻居看不过，就对两兄弟的父亲说："老哥！你的这两个儿子在一起怕是不行，早晚要出大事情。还是早点让他们分开过吧。"老父亲顺其言，将兄弟二人叫到一起，写好分单，让他们分家另过。安静了一段时间，似乎不再有纠纷了。可是兄弟之间总会有交往，有事相见，话不投机，还是要发生纠纷。一次为了一点小事，文利又将文清打伤，文清向法院起诉，要求法院追究文利的刑事责任。经过调解，终于将事情平息下来。但是矛盾并没有解决。老父亲气急，将文清叫到跟前，语重心长，告诫大儿子今后不要招惹弟弟，就让他自由自在地自己过吧，免得生事。老父亲还怕不保险，就让大儿子拿出纸笔，写下一纸文书：

> 今有儿子文清、文利之间纠纷不断，已经分居另过，仍有事生，长此以往，恐有事变。为避免家庭关系恶化，今后谁也不可上门找事。即使父母生病、亡故，文清亦可不找文利。如果兄弟发生问题，后果由找上门者负责。切切！

老父亲将文书交给文清，文清、文利不再相见，倒也相安无事，从此没有纷争。平安需要付出代价！十几年来，文利也就与父亲断绝了往来。老父亲想起儿子，常常叹息，但也无奈，与其在一起打打闹闹，经常出现纠纷，还不如忍下亲情，换得平安为好。老父亲年事越来越高，难免有病有灾。90 年代初，老父亲生病住院，文清亲自照顾，文利得知，也到了医院，看望亲人。老父亲一只手拉住一个儿子，鼻酸语塞，激动不已。事也成全人心，兄弟相见，倒也没有争执。看来兄弟均已壮年，不似年轻气盛之时，动辄口角动武。又过几年，老父亲年事已高，又患脑血栓再次住院。文清得知后，为老父亲出资雇请看护，老父亲出院后，便将老父亲接到自己家中照顾，为避免老人受寒，特意购买了电暖气。其间，文利在其女儿的陪同下，到文清家看望了父亲。看来，兄弟之间干戈已化，感情上已无隔阂。

此后，原、被告的父亲因心肌梗死，在被告家死亡。因原住址拆迁，原告找到了其大姐夫，才得知父亲的死讯。原告以父亲死亡后，被告未通知自己，侵犯了自己对父亲进行悼念的权利为由，起诉至法院，要求被告赔偿自己精神损失费100元，在公开场合讲明父亲病情、死亡情况，同时向其赔礼道歉。

法庭在审理中，应原告要求，被告为其讲述了父亲患病治疗、病逝及后事处理经过，称父亲死后，其委托小弟通知其他亲属，至此自己对父亲已尽到完全义务，不存在任何过错，不同意二弟的诉讼请求。

兄弟二人关于“悼念权”之争，是一个新型的民事诉讼案件。解决这个争议，仅仅依靠现行法律规定还不能解决问题。应当考虑的，就是依照民事习惯解决纠纷。

解决一项民事争议，首先应当依靠民事法律解决。但是，任何国家的民事立法都不会是极完备的，不可能对任何争议都预先规定解决的办法。这就是，法律对任何民事行为的规制都是有限的，不可能穷尽一切生活现象。因此，在处理民事纠纷时，适用法律的规则，就是有法律依法律，无法律依据习惯和法理。对于这一点，一般国家的民事立法都是明确的。例如，《瑞士民法典》第1条规定：“凡本法在文字上或解释上有相应规定的任何法律问题，一律适用本法。如本法无相应规定时，法官应依据惯例；如无惯例时，依据自己作为立法人所提出的规则裁判。在前款情况下，法官应依据经过实践确定的学理和惯例。”我国台湾地区“民法”第1条规定得最为明确：“民事，法律所未规定者，依习惯，无习惯者，依法理。”《法国民法典》第4条规定得更为鲜明，这就是：“法官借口法律无规定、规定不明确或者不完备而拒绝审判者，得以拒绝审判罪追诉之。”《日本民法典》虽无这样的明文规定，但是其第1条关于“行使权利及履行义务时，应恪守信义，诚实实行”的规定，确认依诚实信用原则确定法律没有规定的权利的行使规则。因此，凡涉及民法者，凡是没有明文规定的问题，都应当遵守民事习惯或者法理解决，其顺序就是，有法律依法律，无法律依习惯，无习惯依法理。这是各国处理民事法律适用的基本规则。作出这种规定的原因，就是前述法律无法穷尽所有的民事行为，必须确立按照习惯或者法理解决纠纷的原则，这样才不会出现有纠纷而无解决办法的现象。

在本案当事人“悼念权”纠纷中，就存在这样的问题。应当说，这个问题是一个应当由亲属法解决的问题，即亲属之间在共同尊亲属逝世的时候，进行祭祀、悼念，同辈亲属之间应当互为通知，共同进行。尤其是直接奉养尊亲属的一方，有责任通知不在一起共同生活的亲属，使其能够参加对尊亲属的祭祀、悼念活动。这是我国的民间习惯。众所周知，我国的亲属法就是现行的《婚姻法》，这一法律规定较为简单，对亲属法中的很多问题没有作出明文规定。就是在亲属法立法完善的国家，对这样琐细的规则也未必都有规定。这类纠纷的解决，必须依靠民事习惯，将其作为判案的依据。因此，在民事立法对亲属之间对尊亲属祭祀、悼念问题没有作出规定的情况下，只能依照民事法律适用的原则，适用民事习惯判决。

在我国的民事司法实践中存在一种倾向，这就是过于强调“依法办案”，这对于有法律规定的才严格依照法律办理，对没有法律规定的民事纠纷则采取推出门了事的做法，不敢依据民事习惯或者法理受理案件、判决案件。其实这也是不严格执法的表现。在 20 世纪前期的清末民初，官府曾经进行过大规模的民事习惯调查，为中国那时的民事立法奠定了重要基础。我们现在对民事习惯没有那么重视，因而导致法官对民事习惯不了解、不掌握，不敢在没有法律明文规定的时候，大胆地适用民事习惯和法理作出民事判决。

宣武区法院的这一判决，有两点是值得肯定的：第一，就是敢于受理这样的案件，这比推出门了事的做法好得多。第二，确认悼念权是一项民事权利，这也是很好的做法。但是接下来就有些遗憾了，这就是没有依据民事习惯对本案作出判决。如果直接依据前述民事习惯，判决被告应当履行在尊亲属丧事中卑亲属相互通知的民事义务，那就是一个非常好的案例了。

## 重提安乐死

2002 年 3 月 22 日，英国最高法院女法官巴特勒·斯洛斯作出了一个惊人的判决，批准身患绝症，只能依靠呼吸机维持生命的女子戴安娜·普雷蒂提出的安乐死的申请，要求医生不得拒绝她关掉呼吸机的请求，使她“宁静、有尊严地走向死亡”。这是英国历史上第一次作出关于准许对神志清醒的病人实行安乐死的判决。这将是英国历史上具有深远影响的一个判例。

从 20 世纪 30 年代开始讨论安乐死的问题，至今已经 80 多年了。尽管肯定说和否定说两种主张此消彼长、没有定论，但是荷兰还是制定了安乐死合法化的法律，英国也有了准许实施安乐死的判例法。可见，这项关于人的生命权的法律制度，终究还是在一点一点地向前发展。

今天重提安乐死，还是受到了英国这个判例的启发。这就是，在过去很长时间里，我国法律界讨论安乐死，似乎就是刑法理论的“专利”，民法理论界并没有进行过深入的研究。虽然我在《人身权法论》中提出过这个问题，但是并没有引起多大的响应。

诚然，安乐死在刑法上确实有研究的必要。例如对于已经实施了的安乐死案件，究竟认定是杀人罪还是合法行为，这涉及罪与非罪的问题，刑法理论界必须认真研究，以正确执行法律，保护人的权利不受非法侵害。但是，这是安乐死问题的实质吗？

说到底，安乐死的实质是一个“死”的权利问题。它不是或者不仅仅是刑法的问题，更主要的是民法的问题。这就是，作为民事主体的自然人究竟有没有处分自己生命的权利，可不可以选择“宁静、有尊严”的“死亡”。这不正是民法的问题吗？这不正是民法关于生命权的问题吗？英国女法官的判决明确无误地告诉我们，正是这个问题。

作为民事主体，任何人都有“生”的权利，这是一个天经地义的法则，法律也规定自然人享有生命权。可是，人有“生”的权利，那么，人究竟有没有“死”的权利呢？对此，人们都会说，人，没有选择“死”的权利，如果说人有选择“死”的权利，那就是准许人的自杀行为；更进一步说，如果一个人选择自杀，在请求别人帮助他自杀的时候，他人也应当提供帮助。如果是这样，这个世界就不会安宁了，就会出现谋杀也可能“合法”的情况。

但是，如果将无权选择死亡绝对化，那也会出现新的问题。这就是，当身患绝症，濒临死亡，“生”不再是他（她）的幸福，而是巨大痛苦的时候，病人选择宁静、有尊严地死亡的愿望，终将无法实现，因而他（她）只能忍受“生”的剧烈痛苦，在痛苦中等待自然到来的死亡，才能够得到最终的解脱。

这是在保护权利吗？

如果法律这样保护人的权利，实际上是在让人履行一种承受巨大痛苦的“生”的悲惨义务。这样的法律之于人的利益，究竟有多大的好处？

因此，法律不要等到安乐死的案件已经发生之后，再去研究这样的行为是不是构成刑事犯罪，而是要在发生安乐死的案件之前，在民法上确定，人在具备了安乐死的条件时，有没有选择“死”的权利。依我所见，生命权既然是一个“生”的权利，就应当包含在一定的条件下选择“死”的权利。这就是有限的生命支配权。这不是说轻生是合法的，人没有选择自杀的权利；但是，到了身患绝症，临近死期，正在遭受“生”的极度痛苦而又不堪忍受，医务部门也予以认可的时候，人选择宁静、有尊严的“死”，应当符合生命权的定义。这样做，不仅是对个人权利的尊重，对公共秩序和善良风俗也均无妨害。

因此我建议，正在编纂的民法典应当规定安乐死的合法性，写上以下内容：“自然人有权在身患绝症，不可逆转地临近死期，不堪忍受极度痛苦时，经过医务部门同意，选择以安乐死的方式，有尊严地结束自己的生命。”“提出前款请求，应当诉请人民法院确认。”

## 捐献精子：不能不提到的法律问题

在男大学生中间开展自愿捐精活动，也算刚刚开始。根据报道的情况看，组织的捐献活动也算顺利。不过，有些人对此总是觉得怪怪的，不知道出了什么问题。

其实，捐献精子和捐献血液、捐献脊髓、捐献皮肤、捐献肾脏等没有区别，都是为了救助他人、贡献社会，没有必要大惊小怪。所不同的是，捐献血液等，救助的是现存的人的痛苦，而捐献精子，不仅涉及现存人的痛苦，而且涉及下一代人的人口质量和亲属关系，涉及社会伦理，同时也涉及人的隐私问题。说到捐精，不能不提到这些法律问题。

捐献精子，首先涉及的是个人的权利问题。每个人都享有身体权，而身体权是自然人对自己的身体组成部分完整性的支配权，它意味着人对自己身体的组成部分享有支配权，有权维护它的完整性，任何人未经本人同意不得利用他人身体的组成部分。捐献血液、捐献脊髓等，是权利人支配自己的身体权，将自己身体的组成部分捐献给他人。同样，捐献精子也是对自己身体权的支配。对此，法律鼓励人在不损害自己身体的情况下，做这样的捐献，有利于他人，有利于社会。但是，既然身体权是权利人自己的权利，那么捐献还是不捐献，就是自己予以支配的权利，任何人不得强制，必须自愿。任何强迫捐献精子的行为都是侵权行为。

捐献精子，也涉及重要的社会伦理问题。捐献精子的直接后果，就是涉及后代问题，涉及一系列的亲属关系等。不过，在这个问题上，主要的问题都已经解决了，那就是，捐献精子进行人工授精，出生的子女为接受捐献的人的婚生子女，接受捐献的妻子和丈夫为生母、生父。这个规则，已经被世界各国的亲属立法和司法实践所接受。关键的问题是对捐献的精子的管理问题，以避免出现混乱，造成后代的近亲繁殖、人口质量下降等后果。对此，接受捐献的单位必须建立严格的管理制度，不能出现差错。

捐献精子还涉及个人的隐私权问题。捐献精子与捐献其他的身体组成部分不同，因为这种捐献涉及个人的隐私，涉及个人的内心体验问题。既然要对捐精人进行登记，就有可能涉及隐私问题。这不仅仅关系到对权利人隐私的保护，更重要的是涉及接受捐献人的亲属关系。因此，不得泄露捐献人的具体情况，避免出现问题。同时，在组织这种捐献活动的时候，一定要注意人文环境的安排，避免出现其他问题。

最后应当明确，捐献精子绝不是“有偿捐献”。这就与献血一样，接受捐献的一方给捐献者的适当补助，不是对捐献行为的报酬，而是对捐献身体组成部分的补助。如果将这种补助认定为有偿，就有悖于人体组织和器官不得买卖的法律精神，是违反法律的。

## 强行在妇女身上刺字如何定性？

《检察日报》发表吴劲松的文章，分析对强行在妇女身上刺字的行为应当如何定性。案件的事实是：

犯罪嫌疑人黄某与陈某（女）系非法同居关系。某日晚，因陈某拒绝担任黄某成立的一家公司的法人代表，黄某遂在二人同居屋内殴打陈某，用绳子和铁丝将陈某的手脚捆绑住，用毛巾塞住陈某的嘴巴，之后又用钢笔在陈某的腹部写上“我是女骗子”五个字，接着用缝衣针着墨进行刺字。陈某报案后，公安机关将黄某抓获。经法医鉴定，陈某的伤情属轻微伤。

对黄某的这种行为如何定性，有三种不同意见：第一种意见认为，黄某采取殴打、捆绑等暴力手段，在陈某的腹部刺字，侮辱妇女，其行为符合侮辱妇女罪的构成要件。第二种意见认为，黄某的行为构成侮辱罪。“侮辱”是指以暴力或者其他方法，诋毁他人人格，破坏他人名誉。黄某用殴打、捆绑、刺字的手段，以侮辱性文字损害陈某的人格、名誉，符合侮辱罪的构成要件；在主观方面，黄某具有贬低他人人格，破坏他人名誉的目的，因此，符合侮辱罪的主客观构成要件。第三种意见认为，黄某的行为属故意伤害行为，但陈某伤情未达到轻伤，因此，黄某的行为不构成犯罪，仅系一般违法行为，对其应处以治安处罚。吴文为第三种意见，认为黄某与陈某系同居男女，在陈某腹部上刺字是出于贬低陈某人格、名誉的目的，并非出于满足其淫秽下流的欲望，因而不属于侮辱妇女罪；黄某是在二人同居的卧室内，在外人不易看到的腹部上刺字，显然不属“公然侮辱”，不符合侮辱罪的客观要件，不构成侮辱罪。因此，虽然黄某手段较为残忍，动机较为卑劣，给陈某身心造成了难以抹去的伤害，但依据罪刑法定原则，不能追究黄某的刑事责任，可从严处以罚款、拘留等行政处罚，并赔偿陈某的物质、精神损害。

吴文的分析不可谓不清楚，但是忽略了从民事法律关系上对案件进行分析，尽管文章也提到了赔偿受害人的物质、精神损害，但就是没有从侵权行为的角度研究这一案件。而这正是有些学者、专家经常犯的错误。

对于这种行为进行民法分析，应当从侵权行为法角度观察问题、分析案情。侵权行为是对他人的民事权利进行侵害，应当承担损害赔偿等责任的行为。既然黄某的行为是针对特定他人的民事权利，应当承担赔偿物质损害和精神损害的责任，又认为不能构成犯罪，那么就应从侵权行为的定性上去考虑，适用民法确定其侵权责任。这显然是最适当的选择。

首先要考虑的是，行为人的行为是不是具有违法性。确定一个行为是不是具有违法性，一是要看其行为是不是违反法定义务，二是看行为是不是违反法律禁止，三是看行为是不是违背善良风俗加害于他人。具有上述三种情形之一的行为，就是违法行为。作为民事主体，任何人都享有自己的人身权，这是具有绝对性质的权利，一个人作为权利主体，其他任何人都是其义务主体，都负有不得侵害的法定义务。在这个案件中，行为人采取捆绑、殴打等手段，并且在他人身体上刺上具有侮辱性的文字，无疑是对受害人的人身权的侵害，其行为当然违反了他作为一个法定义务人所负有的不得侵害他人绝对权的法定义务，因而具有违法性，是违法行为。

其次，应当考虑行为人的行为侵害了受害人的哪种人格权利。这个行为可能涉及的侵害客体是受害人的名誉权、身体权和健康权，究竟侵害的是什么权利，应当进行深入分析。

在他人身体上刺上“我是女骗子”，显然是针对受害人的名誉的。但是，侵害名誉权，应当是公开进行，即诽谤的事实需要第三人知悉，侮辱也应当公然进行，本案行为人的行为显然不具有这样的特点。如果该行为没有侵害其他的具体民事权利，对这样的行为应当进行制裁，就可以认定为是对人格尊严的侵害，侵害的是一般人格权，确认行为人承担侵权责任，赔偿受害人的财产损失和精神损害。

但是，本案行为人的行为显然是侵害了具体人格权的，因为这种行为直接针对的就是受害人的人身，侵害的是身体权或者健康权。健康权是维护自然人身体机能、功能完善性的权利，在腹部刺字，显然没有破坏这种完善性。身体权是维护自然人身体组成部分完整性的权利，没有造成伤害，但是对身体形式上或者实质上的完整性造成了破坏，就是侵害身体权的行为。本案行为人的行为显然具有这样的性质，行为人还同时对受害人进行捆绑和殴打，性质是一样的。这种行为，就是侵害身体权的侵权行为。

由此，我想起了原来办过的一个案件。被告人是一个粮库职工，一个典型的男权主义者，对妻子经常呵斥、辱骂，妻子也比较顺从。有一天，被告人又与妻子发生争吵，强迫妻子洗衣，还不解气，就将妻子弄到炕上，脱下衣服，用缝衣针将妻子的小阴唇缝合六针，妻子认错之后，才将线拆掉。妻子受辱不过，向法庭告发，被告人因虐待罪，被判处拘役。在这个案件中，被告的行为实际上也是对身体权的侵害，虽然也是轻微伤，但是情节严重，处以刑罚是适当的。

同样是侵害身体权的行为，为什么有的构成犯罪，有的不构成犯罪，问题出在哪里？这就是罪与非罪的问题了。其实，我对我国刑法理论中的罪与非罪理论早就存有疑问，这就是罪与罪之间究竟应当怎样区别。从形式上说，犯罪的刑罚中，拘役的期限是 1 个月以上 6 个月以下；行政处罚最高是拘留，期限是 1 日以上 15 日以下。就是这样的界限，如何区分什么是犯罪，什么是行政违法行为？民事与刑事的关系，不也是这样吗？严格的罪与非罪问题，是分不清的。因此，我倒建议应当适当地模糊罪与非罪的界限，不去严格地区分那些一般刑事犯罪的罪与罪的界限，使接受处罚的那些人民之中的分子，在受到刑罚处罚的时候，不要有那样严重的后果，这样就会给他们留下改正的机会，不至于在受到了刑罚处罚后，一辈子戴上不能改变的刑满释放分子的帽子，这样有利于改造，使其不致再重犯。这不正是刑法的一般预防和特别预防功能的体现吗？

## 美容与“毁容”

早就想写一篇文章，说说美容与“毁容”的民法问题。这倒不是一个新鲜话题，只是这个问题越来越严重了。

有一次，我到香港城市大学讲学，出发前抓到一张报纸，看到了一篇题为《文唇引出了官司》的文章，就想在城大时写出这篇文章。在香港，恰好又看到了几篇这样的文章，更想写这篇文章了。

某女士总觉得自己的唇不够美，看到街上铺天盖地的美容广告，也就动了心，终于来到一家时尚美容院，老板亲自操“刀”，为她做了文唇手术。术后，该女士回家休息一周，伤口并没有愈合的迹象，急急忙忙回到美容院，老板却告诉她这是术后正常现象。可是，这个“现象”并不正常，过了三个月，术后的伤口不但没好，反而开始化脓，唇也越变越厚，经过美容院消炎治疗，也都无济于事。美容院只好请来外地高级美容师修复，又送该女士到正规医院整形科进行修复，经过一年的折腾，不仅没有把唇修复好，反而留下了永久的瘢痕。本想美容，却遭“毁容”，该女士无法解除心中永远的痛，转而寻求法律的帮助。

在该女士遭受“毁容”之后，美容院推脱自己的责任，认为“毁容”是因该女士的过敏性皮肤与文唇线的色料发生反应所致。但是，美容院却只字不提自己的经营范围仅仅是“美容、美发”，并不具有医学美容的经营资格！也就是说，这个美容院的所谓“美容师”，不过就是进行皮肤护理、理发护发（现在叫作形象设计）的生活美容的人士而已，哪里有运用手术、药物、医疗器械及其他具有创伤性或者侵入性的医学技术方法，对人的容貌和人体各部位形态进行修复与再塑的资质呢？可是，这种美容院在这个城市竟有5 000家！这是一个多么可怕的数字和一个多么可怕的社会现实问题！当然，不是说这5 000家美容院都有敢进行这种美容的“美容师”。

美容和“毁容”，都涉及一个人的最基本的人格权，这就是身体权。这个人格权，就是保护人的身体组成部分的完整性，不受外来的行为侵害的权利。这也正是我在开始说的所涉及的民法问题。每一个人都享有身体权，在现代的医学条件下，都可以选择医学的方法修复和再塑自己的身体外观和形象，这是正当行使自己权利的行为，无可指责，无可厚非。不是听说某个国家的美女绝大多数都是整容整出来的吗？但是，每一个人在行使自己权利的时候，也应当注意选择适当的方法，估计可能出现的后果，一旦出现了该女士的“毁容”后果，美容不成倒“毁容”，痛苦可能会伴随终身。这样的后果，确实值得忧虑。

这倒不是特别大的问题，因为这毕竟是自己的选择，后果自己承受也是没有办法的事情。现在要痛斥的，就是这些视他人身体权如“草芥”的那些所谓“美容师”。他们为了自己的经济利益，置他人的权利和幸福而不顾，操刀弄剪，“评头品足”“削足适履”，恨不能把所有的人都弄进这种美容院“修理”一番，“再塑”几回，货币装进自己的腰包，丑陋留在他人的脸上。这样的美容师与明火执仗的抢人钱财、夺人性命的强盗真是没有太大的区别！须知，在每一个人的身体权面前，其他的任何人都是这个权利人的义务主体，都负有不得侵害其身体权的法定义务，只要没有尽到这个义务，使他人的身体完整性受到损害，就是侵害了他人的身体权，就要承担法律责任，不仅要赔偿直接的财产利益上的损失，而且要承担精神损害赔偿的责任；如果后果严重，还要追究刑事责任。可是，造成这位女士“毁容”后果的老板承担赔偿几千元的财产损失还感到委屈。那些只具有生活美容资质的美容院、美容师堂而皇之、明目张胆地进行可能侵害他人身体权甚至健康权的医学美容，怎么就不考虑自己行为的后果呢？

香港的报纸也报道过这样的问题。有一篇文章说，在美国，每年有超过 1 300 万人选择整容，以改善自己的外观。但是医学专家提出警告，整容术一旦出错，渴望变得更美就可能变得更丑。例如，进行面部拉皮，可能在耳朵后部形成大片瘢痕；进行隆鼻，有的不仅会使鼻子更不自然，还可能造成呼吸困难。为了保证医学整容不出现“毁容”的后果，进行这种手术必须由合格的整容医师进行，每一个整容医院都必须确保有关的医师具有整容资质。医学专家整容还不能保证完全理想的后果，何况“野路子”来的那些“美容师”乎！

由于医学美容关乎每个接受美容的人的身体权，因而凡是进行医学美容的医师必须具备相应资质，不然，其行为无异于赤裸裸地实施侵权行为。同时，愿意接受美容的人也都有自己的权利，但是，行使权利时一定要选择不会侵害自己权利的合格医师进行；否则，“毁容”的后果也许就在你的面前。

## 关于姓名平行的侵权责任

原告周国平先生向法院起诉被告周国平，追究其姓名权侵权责任，理由是彼周国平非此周国平。这件事与前几年“王朔新书”的争议差不多，都是由自然人的姓名重名而引发的法律争议问题，这在学理上叫作“姓名的平行”。

网上关于这个案件的消息不是很准确，因为有的说出新书这个周国平不叫周国平，其作品是冒名之作；但是也有的说这位周国平就叫周国平，也确实出过书。如果前者说法属实，那本身就构成侵权，因为冒名顶替就是侵害姓名权，《民法通则》第 99 条对此已经有了明确的规定；如果是后者，则不敢断言，因为姓名平行本身是合法的，而姓名平行构成侵权行为则比较复杂，需要具备法律规定的特别要件。如果仅仅说因为周国平已经写书了，就不准其他叫周国平的人写书，即使写书了也不准署名周国平，大概有点像不准阿 Q 姓赵了，那是不行的。

姓名权是人格权，是每一个自然人都享有的人格权。这个权利是自然人就自己的姓名所享有的权利，包括命名权、使用权和改名权。这个权利的性质是标表型的人格权，说的是姓名的作用是用文字标表一个人的人格特征，以区别于他人。如果未经权利人本人的同意而非法使用他人的姓名，盗用姓名或者冒用他人姓名，以及干涉他人的姓名使用权、改名权或者命名权，都构成侵权行为，是对姓名权的侵害。法律保护姓名权，就是要制裁侵害他人姓名权的行为，恢复权利人被侵害的姓名权。

在姓名权领域，有一种特别的现象，就是俗话所讲的重名，在民法上叫作“姓名的平行”。重名是各国都存在的现实问题，不论中外，但是大概在中国更为普遍。甭说别人，就说我的名字，不是就跟北京人艺的著名演员重名吗？最好笑的是，有一次我到深圳参加一个办案组，组内就有一个与我重名的组员。有一次晚饭后我出去散步，同名者在旅店。来了一个电话，是找我的，同名者接电话。对方问你最近怎么样啊，同名者说我不认识你。结果对方把他骂了一顿，说你在北京混了一段就不认识老同学了，等等，把同名者骂得很郁闷，后来想到可能是我的同学。我回来后，他告诉我为我承担了骂名，我们都乐得不行。杨立新这个名字尚且如此，当然更不用说那些王梅、李红之类的名字了。

民法认为，姓名的平行并不违法，这是因为国家人口众多，无法做到每一个人的名字都必须与众不同。即使是在给孩子起名字的时候，觉得别人的名字好，就叫了这个名字，只要他没有恶意，也没有办法制裁他。

但是，姓名平行不是说就绝对不构成侵权，如果具备法律要求的特别条件，也能构成侵权。这就是，如果同名者故意利用姓名的平行而恶意使用，达到非法的目的，则构成侵权。这就是姓名的混同，即利用自己的姓名与他人的姓名相同而故意为之，获取不当利益。前几年的“王朔新书”案，出版社在书市上大肆宣传“王朔新书”，却将新书用塑料纸包严，不准别人看其内容，欲定购者询问王朔真假，出版者故意神神秘秘，故弄玄虚，更引起读者的神秘感，因而大量订阅，达到了促销的目的。读者买完看后才发现，此王朔非彼王朔也，方知上当受骗。这样的行为显然具有恶意，是姓名的混同行为，构成侵权。

因此，姓名平行本不构成侵权，但是，如果行为人明知而故意利用姓名的平行，恶意使用自己的名字以与同名者相混同，借以达到自己的目的，就构成侵害姓名权的侵权责任，应当承担侵权损害赔偿责任。

我国法律对姓名平行没有作出明确规定，但是在学理上和司法实践中确认，姓名的平行，重名者在使用自己的姓名时，应当注意避免侵害同名者的权利，在可能发生姓名识别上的混同时，姓名权人应当将自己的姓名加以标表，使他人能够区别。最好的方法，就像冬季奥运会上的大杨扬和小杨阳的说法了，尽管两个人的汉字不同，但是由于二人名字的发音和英译完全一样，因而区别大和小，就不会发生混同的问题。

如果不是自己加以特别的区别，反而刻意追求这种混同的效果，借自己的姓名平行于他人的姓名以达到自己的目的，就是有侵权的恶意。因此，利用姓名平行而侵害他人姓名权的侵权责任认定，最重要的就是要确定行为人的侵权故意。如果行为人明知自己的姓名与他人的姓名相同，不仅没有作出标表以示区别，反而借此机会，利用自己的姓名平行达到自己的非法目的，就具有侵害姓名权的故意，因而造成了对与其姓名平行的人的姓名权的损害，就可以认定侵害了他人姓名权。

如果仅仅是重名，即单纯的姓名平行，只要没有混同他人姓名的故意，无论姓名权人怎样使用自己的姓名，都不构成侵权。可是，就有这样的问题。广东省某中级人民法院受理了一起死刑案件，被告人的姓名叫作“×小×”，与某领导人的姓名平行。为了“避讳”，法院强行将被告人姓名中的“小”字取掉，在判决书和布告中就叫作“××”，演出了一起不准阿Q姓赵的现代版“阿Q正传”，可谓新奇。这一做法不仅侵犯被告人的姓名权，而且充满封建色彩，匪夷所思。

说到姓名的混同，还要说说姓名混同的侵权问题。前边说的是借用姓名平行而造成姓名混同，这不是真正的姓名混同。典型的姓名混同，是指故意使用与他人的姓名近似、容易造成误解的姓名而侵害他人姓名权的行为。例如，金庸创作武侠小说赫赫有名，某人也写武侠小说，作者署名“全庸”；古龙创作武侠小说也赫赫有名，某人写武侠小说，作者署名“古尤”。这些故事并非杜撰，而是确有其事，这就是姓名混同，是典型的侵害姓名权的行为。

确定这样的侵害姓名权的侵权行为，最重要的就是要确定行为人是不是有故意。没有故意的，不能认为是侵害姓名权的侵权行为。同时，行为人使用平行的姓名或者混同的姓名，只有在相同的领域中使用，才可能造成侵权的后果，才可能构成侵权责任。你写书，我也写书；你唱戏，我也唱戏，使用相同的名字或者近似的名字，才可能造成侵权。如果是在不同的领域，各自没有相当的联系，则不可能发生混同的后果，也不会造成侵害他人姓名权的后果。北京人艺的与我同名者演自己的戏，研究法律的我研究我的法律、写我的法律书，不会出现侵权的问题。如果有一天我想演戏了，演技又不行，又想借助北京人艺的同名者的名气，在广告宣传上说如何如何，又不说我究竟是哪一个，那我就侵权了。因为很多人买票，是要看人家的戏，而不是要看我的戏。那么，在我获得的利益中，就应当有人家的一份。同时，又因为我的演技很差，表演一塌糊涂，不知者还以为人家的演技不行，也就败坏了人家的声誉。这就是故意利用姓名平行进行侵权引发法律责任的法理所在。这不是侵权又是什么呢！

从现在的情况看，写书的新周国平是确有其人的，而不是故意编造一个与周国平相同的名字生事，因此可以排除假冒姓名的侵权行为。使用的名字又完全相同，因此也可以排除姓名混同的侵权行为。可见周国平与周国平，写书与写书，都是相同的，判断是否侵权的关键，就在于是否有故意，是否为恶意了。根据现在看到的报道和情节，无法作出这个判断，不敢说是不是构成侵权。但是有一点，一个出版社的领导说，为了避免姓名权的侵权纠纷发生，“今后我们将不再允许出版与名家同名的图书，或出版也在封面上注明”。对于后者，我完全同意，法律正是这样要求的；但是前者，我不敢苟同，如果这样的话，那不是在歧视他人的人格吗？名家写书，与名家同名的非名家就不能写书、不能出书了吗？那跟“阿Q不准姓赵”有什么区别？

由法律对姓名权的保护联想到对其他权利的保护，例如对隐私权的保护。对隐私权的保护，包括对个人信息、资讯等的保护。现在社会信息发达，有关个人的信息、资讯众多，侵权的手段也更为多样，因而更应当注重对个人信息、资讯的保护，例如对个人的有关资料、数据、电子信箱、通信以及手机的信息，都应当予以充分的保护。在隐私权的保护中，保护的是私人信息、私人活动和私人空间。对于私人信息的保护，可以涵盖对个人信息、资讯的法律保护。对于这些，在《民法通则》和最高人民法院的司法解释中都有明确的规定，目前，全国人大正在起草民法典，其中就包括人格权法的规定，要规定姓名权和隐私权保护的内容和方法。我们期待着民法典的问世，期待法律对人的权利的更好保护。

## 改名是谁的权利？

据报道，某离异的女子因前夫未经其同意到公安机关为其婚生子改变名字，起诉作出改名登记的公安机关。由于该公安机关在应诉期间改变了原来作出的行政行为，故原告撤诉。

事情是这样的：原告与其前夫在 1994 年结婚，1998 年生育一子，取名某某某。双方调解离婚，婚生子由男方抚养。男方没有经过原告同意，到公安机关申请改名，公安机关为其作出了将其子改名为某某的登记。原告认为公安机关及前夫违反《户口登记条例》第 18 条关于未成年人需要变更姓名，由本人或者父母、收养人向户口登记机关申请变更登记的规定，侵害了其监护权，遂向法院提起行政诉讼，要求撤销这一行政行为。

案件处理并无问题，准许原告撤诉，案件处理也算完满。但是究竟改名权属于谁，不能不加以说明。

姓名权不是别人的权利，应当是自然人自己的权利。姓名权有三个内容，就是命名权、使用权和改名权。人在出生的时候就享有这个权利。但是，命名权的行使，不是权利人自己，而是由其父母代为行使，这不是说明这个命名权属于父母，而是说明在权利人自己不能行使权利的时候，其父母代为行使权利。因此，父母为子女命名的时候，不是行使自己的权利，而是依据父母享有的亲权中的身上代理权，行使子女的权利。

改名权也是同样的道理。子女在未成年或者说还没有一定的识别能力时，无法行使自己的改名权，应当由其父母依据亲权中的身上代理权，行使这一权利。因此，改名权既不是父母的权利，也不是父母监护权的内容，而是子女自己的权利。

因此，改名权的行使，实际上还是要尊重本人的意愿。如果未成年子女已经有了一定的识别能力，自己愿意改变名字，是可以申请改名的。如果未成年人没有识别能力，对其享有亲权的父母可以代为行使这一权利，申请改变姓名。至于在父母离异的情况下，亲权则由与子女共同生活的一方行使，没有共同生活的一方暂停行使亲权。既然离异而且不与子女共同生活的一方不能行使亲权，那就无权干预行使亲权一方的当事人行使亲权的行为。

试想，按照这样的道理，本案原告的起诉有道理吗？答案应当是明确的。

关键在于《户口登记条例》的规定。这个规定还是有一定问题的，仍有值得斟酌的余地。

## 肖像和肖像权辨正

在《北京晚报》上，曾经有两则关于肖像权的报道。一则是说，北京某大学的教师在网络上征婚，将自己的照片交给婚介公司，商定在海外网站上公布，以海外应征为主。后来，这位教师认为在外国网站登载的征婚广告和照片在国内能够看到，对自己的名誉有影响，该婚介公司侵害了自己的肖像权，故向法院起诉，请求赔偿。另一则是说，某省举行的首届人体摄影艺术巡回展所印制的门票上使用了一位女模特的照片，这幅照片是该模特的一张写真，题目叫《美姿》，门票上使用的是将这个照片人物的唇部以上部分剪掉，遂引发诉讼。争议的焦点是，擅自使用这种“不露脸”的照片，是不是构成侵害肖像权？

很巧的是，这两个涉及肖像权保护的侵权案件，都是关于使用肖像的侵权案件。可见，在肖像权的问题上，使用是主要的侵权方式。

在这两个案件的讨论中，关于肖像和肖像权的概念，有以下几个问题要深入研究，并且要准确表述，以端正对肖像和肖像权及其保护的认识。

一曰，“肖像权不是一个法律概念”。这是一个错误观念。肖像权，是《民法通则》规定的概念，在该法的第 100 条和第 120 条都有规定。如果说这个概念还不是法律概念，那么在中国究竟还有没有法律概念了呢？其实，我明白说这个话的人的意思，是说这个概念还没有得到准确的界定，其在法律上的含义还没有权威的解释或者规定。这样说是对的，因为法律确实没有对这个人格权的概念作出法律上的界定，但是不能因为如此，就认为肖像权不是一个法律概念。这样说，等于否定了肖像权的立法。

二曰，肖像权中的肖像在于“像”，是指面容、五官的形象、“面子”。这是不准确的。肖像之像，不能仅仅指“五官”“面子”，而是还指自然人外貌形象在物质载体上的再现，当然主要是指人的面部形象，因而不能仅仅理解为“面子”或者“五官”。当一幅照片所承载的形象足以认定为何人形象的再现的时候，就应当认定这个肖像就是该人的肖像。有的教科书认为，“肖像须描绘包括五官的形象，完全不涉及五官的形象，例如背面、蒙面或者颈以下局部人体作品，均不属于肖像”。这种说法不准确。肖像是自然人的形象的标志，就像姓名是以文字作为自然人的标志一样，借以标表此人与彼人的不同，在人格上加以区别。这样，肖像当然是以人的面部形象为主。但是，确定人的肖像的标准应当是客观标准，在虽然没有“面子”即“不露脸”的肖像上，如果不能判断是谁的肖像，当然不能认定侵害了谁的肖像权，但是，已经能够确定“不露脸”的肖像就是某人的肖像，那还有什么必要再去研究这种“不露脸”的肖像要不要保护呢？这是没有意义的，起码是对法律保护自然人肖像权规定的意义不理解。在第二个案件中，女模特已经完全确认使用的肖像就是自己的照片，并且这幅照片已经被命名为《美姿》，还参加过大赛得过奖。这还有争论的必要吗？至于使用的肖像是自己的照片与使用的照片对照属实，还是别人认为照片就是该人的照片，我认为应当具有同等的效力，不能说已经对照属实的使用肖像行为，因为被人认不出来，不能公认，就不构成侵害肖像权。判断使用肖像的标准应当是客观的，在客观上证明了使用的肖像与肖像权人的肖像的一致性，即可确认为使用，不是要人人都必须认可才能认定。

三曰，“不按约定范围使用肖像，就是侵权”。这种说法本身是完全正确的，但是主张这种意见的，却没有明白怎样才算不按约定范围使用肖像。应当说明，正当使用他人肖像的行为，是一种法律行为。使用人和肖像权人就肖像的使用，应当在肖像使用合同中明确约定。约定怎样使用，就应当怎样使用，约定在什么范围内使用，就必须在什么范围内使用。超出约定的使用范围的使用，就是侵权行为。在第一个案件中，征婚者和婚介公司商定在国外的网站上使用其肖像进行征婚，这是符合双方约定的。认为在国内能够看见其征婚的广告和肖像，就是超出了约定的肖像使用范围，就构成侵害肖像权，理由不正确，法院不能支持。据说，法院已经驳回了原告的诉讼请求，这是正确的。

四曰，“侵害内部名誉的也是侵害名誉权”。这种说法是在研究肖像权的保护中，认为“不露脸”使用他人肖像，即使不侵害肖像权，也因为侵害了肖像权人的内部名誉，可以认定为侵害名誉权。这种说法没有根据。内部名誉和外部名誉，就是主观名誉和客观名誉、名誉感和名誉的问题。名誉权保护的是外部名誉，是客观名誉，不是名誉感，不是主观名誉，也不是内部名誉。在研究侵害名誉权的时候，只有使外部名誉即客观名誉受到损害的，才能构成侵权责任；只对名誉感即主观名誉、内部名誉造成损害的，不构成侵害名誉权，如果这种情节很严重，需要进行保护的，可以概括在“其他人格利益”之中进行保护。以侵害名誉权为由对使用他人肖像而造成受害人内心痛苦的行为人追究民事责任，是适用法律错误。

说到这里，该谈一下总结性的问题了。这就是，肖像是公民的外貌形象通过艺术手段在物质载体上的再现，肖像权是法律规定的自然人的人格权。这种权利所保护的，是自然人在自己的肖像上所体现的人格利益。在肖像的人格利益上，有精神的利益，也有财产的利益，尤其是财产的利益更为明显。一个人长得美，有美的价值；一个人长得丑，有丑的价值。长得不丑不俊的一般人，很少有人请他去做广告。这就是一个肖像的美学价值问题。在市场经济社会，这种美学价值转化为经济价值，因而使肖像权中包含了财产利益。在法律上，对肖像权的这两种利益都应当保护，不得有所偏废。

这里说的问题，就是关于肖像和肖像权的法理、学说。这些不能都依靠法律解决，也不能都依靠司法解释来解决，最需要的，还是法学家的学理解释和法官创造性的法律适用经验。现在有一种偏向，就是什么都依靠上头，什么都指望“红头”文件，就是不会自己想办法解决问题。在司法领域也是如此。如果都是这样，还需要法学家干什么，还需要法官干什么呢？

## 投票选“贼”：不能就此了事

投票选“贼”的事件，经过当地政府教育部门的处理，对在事件中负有直接责任的班主任老师给予行政记过处分，对负有管理责任的副校长给予严重警告处分，对负有领导责任的校长也给予了警告处分，同时将此事的处理结果通报全县教育系统。

看起来这一处理是及时的，该处理的也都作了行政处理。可是，我们对这篇报道看了又看，就是没有发现受到侵权行为侵害的两名被选出来做“贼”的同学，受到怎样的“处理”。这恰恰是这一事件的关键所在。

一位同学丢了10元钱，有人怀疑是本班同学所为。班长建议，班主任组织，在班上进行了一场荒唐的“选举”，通过投票决定谁是偷钱的“贼”。报道没说，不知道这个是等额选举，还是差额选举，但最终将“贼”选出来了，这就是被怀疑偷钱的那两位同学。这两位同学辩驳自己没有偷钱，副校长竟说：你们有什么证据证明你们没有拿同学的钱呢？

既然谈到证据问题，那这个事件就是一个法律问题了。既然是法律问题，怎么只作了行政处理决定就算完了呢？

从法律上看，“选举”某人做“贼”的行为，就是侵权行为。在这里，行为人有侵害他人权利的违法行为，有受害人即被选出来的做“贼”的同学受到精神损害的客观结果，这种损害结果与行为人的违法行为之间有因果关系，同时，行为人在主观上还有过错。因此，行为人的行为构成侵权，行为人应当承担精神损害赔偿责任。

这种侵权行为究竟侵害的是什么权利？事实很清楚，侵害的就是两位同学的名誉权。名誉是一种对特定人的品行、才华、能力、素质等各方面的客观的社会综合评价。法律保护名誉权，就是保护社会上的每一个人都能够保持自己的这种社会客观评价，不使社会对自己的这种客观评价因为他人的行为而降低。两名同学本不是偷钱的“贼”，而是遵纪守法、安分守己的学生，他们有权保护自己的这种社会评价的“值”维持在稳定的水平上。由于选“贼”的行为，两名同学被误认为“贼”，因而使其这种社会评价的稳定的“值”大大降低，因而名誉受到了损害。这种侵害名誉权的行为，是严重的侵权行为，由于发生在学校，又是有组织进行的，其性质更为恶劣，损害结果更为严重。

构成侵权行为，就要承担侵权责任，以救济受害人的损害。这种民事责任，实际上是一种民事法律关系，即侵权损害赔偿的民事法律关系。侵权行为发生以后，在加害人和受害人之间产生损害赔偿权利义务关系。受害人是损害赔偿的权利人，有权向侵权人请求损害赔偿；加害人是损害赔偿的义务人，有义务赔偿受害人的损失，满足其权利的要求。受害人可以直接向加害人行使权利，也可以通过向法院提起诉讼，请求法院依法判决加害人承担民事责任。现在教育局对行为人仅仅作行政纪律处分予以行政制裁，实际上只是对加害人在行政上进行了制裁，并没有对受害人的民事权利受到损害这一问题作出处理，受害学生的权利并没有得到恢复。这是远远不够的。

这里还涉及一个问题，就是谁是这一侵权行为的加害人？是单一的侵权行为，还是共同侵权行为？这些问题确实值得在理论上进行探讨。

直接组织实施这一行为的老师，是当然的侵权行为人。那位班长，那位副校长，对侵权结果的发生是不是有责任呢？还有那些进行投票“选举”的同学，是不是也有责任呢？依据法理，那位班长和老师，是有共同过错的，因为是班长建议老师进行“选举”的，构成共同侵权行为。参加选“贼”的同学实际上也是共同加害人，因为这一行为是大家共同实施的。问题是选“贼”有直接的组织者，对参加者可以不论，但应当说清楚法理，使同学们知道这是一种侵权行为，不是可以任意实施的，因而受到教育，不再跟着干傻事。那位副校长呢，在接受了老师“交”来的被选出的“贼”之后，不仅不为受到侵权的同学做主，反而指责这两位学生，让他们拿出证据来证明自己没有偷钱。这就等于他也认为选出来的“贼”就是贼。这种行为也是对这两位同学名誉权的侵害，构成侵权行为。不过，副校长的行为与老师和班长的行为不是一个行为，因为没有共同的过错，因而是单独的侵权行为。如果追究民事责任，这三个人的行为都构成侵权，他们都应当承担民事责任。副校长的行为，老师的行为，都是职务行为，依照《侵权责任法》第34条第1款规定，用人单位的工作人员因执行工作任务造成他人损害的，由用人单位承担侵权责任。这个案件也应当这样处理。

当然，民事权利和民事诉讼权利都是权利人自己的权利，行使不行使，是由自己决定的，他人不能干涉。两位同学是不是追究侵权人的民事责任，追究哪个侵权人的民事责任，完全由他们自己决定。但是法律给了他们这种保护自己权利的权利，可以通过行使自己的权利，来保护自己的名誉，保护自己的人格和尊严。因此，两名同学可以自己决定，究竟应当怎样办。

恰好，就在刊载这篇报道的下方，报纸有一个醒目的标题，内容虽然与这个案件无关，是一个偶然的巧合，但是意思与这个案件有很直接的关系。这就是：

“去法院告他！”

# 对某公司侵害名誉权案件的初步看法

某公司针对《第一财经报道》的记者和编辑提起的名誉侵权诉讼，向记者个人提起巨额民事赔偿诉讼，而且通过财产保全的方式查封了记者的全部个人财产，这在社会上引起了强烈反响。案件正在审理中，不能妄加评断，但是就已经发生的问题提出一些看法，大概也无妨。因此，我提出以下意见仅供参考。

## 一、原告直接起诉记者和编辑作为被告是否正确？

某公司不起诉报社，而是起诉记者和编辑，这一做法是不是正确，意见是明确的，就是应当起诉新闻媒体作为被告，不应当将记者和编辑作为被告起诉。当然，从诉讼上说，原告起诉谁，不起诉谁，是他的权利。但是，究竟应当列谁为被告，法院还是要进行审查的。如果被告不适格，法院就会更换被告，或者通知原告更换被告。如果原告不更换被告，法院可以驳回其起诉。因此，仅仅说某公司起诉记者，也并不好说就怎样，因为法院还没有审理。问题是，起诉记者，索赔金额极为巨大，并且采取财产保全措施，查封记者个人的财产，这些做法都是极为少见的。从中可以看出，原告好像是有一个潜在的意图，就是针对记者和编辑本人。应当注意的是，无论哪个国家，如果记者属于一个媒体，那么这个记者就是这个媒体的成员，其采访、报道的行为就是媒体的行为。这是一个通例。而编辑，绝对的是媒体的成员，他的工作，就是媒体的工作，是职务行为，而不是自己的行为。对于记者和编辑的职务行为，某公司却采取这样的手段提起诉讼，显然不是一个正当的诉讼行为。

对此，还是要看看最高人民法院的司法解释。最高人民法院《关于审理名誉权案件若干问题的解答》第 6 条规定："因新闻报道或者其他作品引起的名誉权纠纷，应根据原告的起诉确定被告。只诉作者的，列作者为被告；只诉新闻出版单位的，列新闻出版单位为被告；对作者和新闻出版单位都提起诉讼的，将作者和新闻出版单位均列为被告，但作者与新闻出版单位为隶属关系的，作品系作者履行职务所形成的，只列单位为被告。"记者是新闻媒体的工作人员，其履行职责的行为，就是新闻媒体的行为。即使是按照最高人民法院《关于审理人身损害赔偿案件适用法律若干问题的解释》第 8 条规定，法人或者其他组织的工作人员侵权，在诉讼中也只列法人或者其他组织为被告，不列工作人员为被告。记者和编辑的行为是职务行为，他们在执行职务，即使构成侵权，其侵权责任也只能由新闻媒体承担，而不能由个人承担。这是侵权行为法的规则，当然不是所谓的记者的事实"豁免权"。

颠倒这样的关系，在名誉权的新闻侵权诉讼中，"受害人"不起诉新闻媒体，反而起诉记者和编辑本人，并且在对记者和编辑所在媒体的通告中，专门指出并没有起诉媒体，好像就是要针对记者进行“报复式”的起诉，可见原告在主观上并不是善意的。

## 二、对记者个人进行财产保全，查封其个人财产是否正确?

原告在提起一个具有给付内容的民事诉讼时，请求进行财产保全，法院应其请求裁定对被告的财产进行查封，是有法可依的。但是，应当看到的是，对于个人的诉讼，提出天价的索赔请求，并且对个人查封天价的财产，是从来没有过的。作为法院，应当对原告的财产保全请求进行审查，即使是需要进行保全的，也必须为被告生活留出必需的财产，不能使被告的生活陷入困境。对于一个新闻侵权的诉讼案件，无论怎样，也不会赔偿天价的数额，对此，法院应当有一个起码的判断。未经斟酌，就作出这样的财产保全裁定，法院是不慎重的。这样的做法伤害了大众的感情，也限制了当事人的财产权利。

## 三、作为企业，面对媒体的批评应当持何种态度?

在新闻侵权问题上，我赞赏美国侵权行为法提出的一个观点，这就是给媒体留出“喘息空间”。这个概念，说的是对媒体应当适当宽容，不要动辄就追究媒体的侵权责任。这是因为，媒体承担的是公共监督的责任，媒体通过新闻批评进行舆论监督，促进社会进步，即使存在某些不够妥当的内容，也应当适当容忍，这就是为了对社会进步负责。我也曾经提出一个观点，就是名誉权应当适当“瘦身”。当前，我们的名誉权观念过于膨胀了，人们经受不起批评。名誉权的“瘦身”，就是要人们经受得起批评，哪怕是言辞激烈的批评，也不要动辄以侵害名誉权作为“挡箭牌”来拒绝批评。“喘息空间”和名誉权“瘦身”这两个观点是一致的，就是对媒体的批评要宽容。任何一个人，任何一个大企业，都应当这样，欢迎批评，通过接受批评，改进自己的工作。即使是媒体的批评过于严厉，只要不是恶意诽谤、中伤和诋毁，就不应当反对。

这正是给媒体以“喘息空间”和名誉权“瘦身”的含义所在。民法机关在制定侵权责任法时，也正在研究是不是要规定新闻侵权的责任，就媒体要承担的责任，要作出限制性的规定，以此保护媒体正常的、正当的新闻批评。同时，我还主张，应当规定恶意诉讼的侵权责任，对于无正当理由，无诉权而恶意起诉，造成被诉人的财产损害及精神损害的，应当责令其承担侵权责任，予以侵权法的制裁。

## 四、对某公司诉讼事件的进展推测

在本案的诉讼中，由于事实并没有调查清楚，目前的报道并不是法律确认的事实，因而我无法确认记者的报道是不是侵害了原告的名誉权。不过，根据现在的媒体对事件的报道情况观察，记者对某公司的报道似乎并没有达到已经构成侵害原告名誉权的程度。

这几天媒体进行的报道，体现了社会公众对事件的关注，以及对这一诉讼事件的不满。不过，既然原告已经起诉，法院也已经受理，通过诉讼程序解决纠纷，就应当相信法院会严格依照法律的规定进行审理，尽管目前所采取的诉讼措施有些不当，将编辑直接列为被告更是违反最高法院司法解释的规定，但是，这些问题都有适当的程序解决，不必担心。应当看到的是，我国法院审理新闻侵权案件已经积累了相当丰富的经验，学理的探讨也相当深入，对于本案的审理并没有特别的困难，相信法院会处理好的。

## 网上侵权案的是与非

网民对自己在网络上的言行究竟要不要承担法律责任？这是很多网民关心的问题，也是法律工作者关心的问题。南京市鼓楼区人民法院依据大量的证据证明的事实作出一审判决：网名为“大跃进”的网民俞某的侵权事实成立，俞某被判向原告张某（网名为“红颜静”的网友）在西祠网站上赔礼道歉，并赔偿其精神损害赔偿金 1 000 元。

原告张某是一个漂亮女孩，网名“红颜静”，主持管理了 e 龙网站社区站点里的一个文学板块。被告俞某以“大跃进”

为网名，在e龙网站上网活动。某日，张、俞等网友们在南京聚会交流，并打牌娱乐到深夜。回家之后，张某打开电脑，发现刚刚还在一起玩的俞某以“大跃进”的网名在公开板块上发出侮辱她的帖子，称“红颜静”是网上的“交际花”，以及一些不堪入耳的言语，内容极为低下。张某当即回帖要求对方不要乱写、侮辱他人。在此后的几个月时间里，“大跃进”毫无收敛之心，在西祠胡同的“交叉线”等公开板块上发表了大量的帖子，侮辱“红颜静”，声称“我和‘红颜静’有一腿”。同时“大跃进”还以另一网名“华容道”的名义发帖，对“红颜静”进行侮辱和诽谤。

在法庭上，原告及其代理人当庭出示证据证明原、被告的网友关系和被告进行诽谤的事实。被告主张自己不是“大跃进”，并否认侵权事实；同时指出，网络是一个虚拟空间，网民与网民间的对骂乃至侮辱，与面对面的对骂、侮辱有着本质的区别，因为是虚拟的，所以不构成侵权。法官出示了证明“大跃进”和“华容道”的IP地址及使用的为被告家庭电话号码，以及上网次数、时间等证据。法庭经过合议认定，被告在明知对方网名和真实身份的前提下，在网站的公开板块上发帖，对原告进行人格侮辱和诽谤，故侵权事实成立。网络和网名虽含有虚拟的一面，但并不虚幻，网络的虚拟只是针对空间而已，每一个网名都是一个活生生的人的代称。据此，法院作出上述一审判决。

我作为一名网络法律人，是支持法院的这一判决的。

诚然，网络是一个虚拟的世界，人们在这个虚拟的空间中，享有更为充分的自由，可以与网友进行更为广泛的交流。但是网络世界是现实社会的延伸，而且在网络世界活动的网民就是实实在在的现实中的人，并不存在绝对虚拟的网络主体。正是在这样的前提下，网民在网络世界中进行活动，也必须遵守现实社会的法律，在网络社会中实施在现实社会中违反法律的行为，同样构成侵权行为，情节严重的，还可能构成犯罪，要承担刑事责任。本案被告明知原告的网名和现实生活中的身份，在网络上对其进行人格侮辱和诽谤，侵害了原告的名誉权，应当承担侵权民事责任。

对于这一判决，有很多对立的意见。针对这些意见作出解说，或许能够说明本案判决的是与非。

争论之一：一方主张网络是虚拟的，与现实生活不同，网上的事情应该网上解决；另一方主张网络是现实的延伸，当然要遵守现实的法则，当在网上解决不了的时候自然应该拿到现实中来解决。

应当看到的是，网络是虚拟的，但是网站和网民都是现实中的主体。在网络社会中，最基本的主体就是网站和网民。网站是经过注册的实体，要由现实中的人或者公司来经营。网民也是现实中的人，并非虚幻的人物。在虚拟的空间中，虽然在一般情况下没有人或者很少有人知道某一个网民的具体身份和地位，但是，网民不是虚拟的主体，而是具体的自然人。一个网民可能会有几个网名，或者几个网民共用一个网名，但不论怎样，都是有人在使用这个网名，不存在没有现实社会地位的网民。正因为如此，网站和网民必须在网络行为中遵守国家的法律，不能因为网络是虚拟的空间而违反国家法律，侵害他人的权利。“网上的事情应该网上解决”的主张是不现实的，因为网络只是社会的一个部分，网络没有自己的法律，没有自己的法庭，网络纠纷无法在网上解决，只有在现实社会中，用现实社会的法律予以解决。

争论之二：一方主张网络是自由的，任何人都有发表自己见解的权利，如果因为言论不利于自己而闹上法庭，会使网络自由受到损害；另一方则认为自由总是相对的，没有绝对的自由，在网络上也要遵守相应的法规。

诚然，任何自由都是相对的。自由的相对性的含义就是，任何人在行使自己的自由、权利的时候，都必须尊重他人的权利，不得以行使自己的自由、权利为借口而侵害他人的权利和自由。这是维护社会秩序的基本规则，也是任何主体行使权利和自由必须遵守的准则。如果认为自由是绝对的，是不得限制的，这个社会的基本秩序就没有办法维持，人的基本权利也就不能得到保障。在网络社会中，很多人往往认为网络是一个自由的空间，可以任意所为，不受法律的约束，因而可以张口骂人，甚至无中生有，对其他网友进行攻击、谩骂、诋毁、诽谤或侮辱等。这是网络中十分恶劣的风气，也是破坏网络秩序、败坏网络风气的一种恶劣做法。发表见解和诽谤他人是有原则的区别的。正常发表见解，在任何时候都是允许的。如果以谩骂和诽谤的方式发表见解，并且针对特定的他人，就是侵权行为，应当承担侵害名誉权的民事责任。这样的行为恰恰是破坏网络空间自由和侵害公民权利的行为。因此，净化网络空间，也是当前网站和网民的重要责任。

争论之三：一方主张原告自己也有和被告一样的行为，骂不赢就告上法院是很卑鄙的；另一方认为无论原告是什么人，她都有权利用法律来保护自己。

对此，应当有是非观念。在任何发生争执的行为中，都有是非曲直。从报道的本案案情看，是被告首先对原告进行诽谤，实施侵害原告名誉权的行为。原告在受到了诽谤之后，在网站上发表意见，要求被告不要再实施这种行为了，是维护自己权利的行为，是应当肯定的行为。其间，如果原告自己的言辞有不当之处，在一般情况下是应当谅解的；如果情节严重，或者在此之前原告对被告也有类似的行为，同样构成侵权行为，被告也可以起诉她，请求法院判令其承担侵权责任。在法律面前任何人都是平等的，都平等地受法律的保护。任何人在权利受到侵害时，都同样受到法律保护。

争论之四：虚拟的 ID 究竟有没有名誉权？因为会有一个 ID 多人共用，或者一个人使用多个 ID 的情况。

我认为，ID 即为网名，实际上是与自然人的笔名、艺名、别名属于同样性质的东西，都受姓名权的制约和约束。在网名上，特别地体现了自然人对于自己姓名的支配权利，他（她）可以自由地决定自己的网名，使用自己的网名，变更自己的网名，而不受更多的拘束。一个人使用几个网名，是姓名权中命名权的体现。一个网民不管使用几个网名，它的主体都是不变的。几个人使用一个网名，是网名的重合。对此，都有相应的法律或者法理调整。

提出虚拟的 ID 究竟有没有名誉权的问题，是对法律不理解。名誉权不是网名享有的权利，而是民事主体享有的权利，即自然人享有的人格权。网民都是自然人，当然享有名誉权。网名所标表的主体，就是网民，是自然人。侵害网民的名誉权，就是侵权行为，就要承担侵权的民事责任。

争论之五：一方认为被告的言辞不构成诽谤或者侮辱；另一方主张被告的言辞构成诽谤或者侮辱。

对于这个问题，应当从侮辱和诽谤的基本定义出发来确定。诽谤是无中生有，捏造事实，诋毁他人人格；侮辱是将现有的缺陷或其他有损于人的社会评价的事实予以扩散，使人蒙受耻辱。对特定的人实施这样的行为，使第三人知道，就构成对名誉权的侵害，就要承担民事责任。本案的被告在网络中所散布的言辞，属于诽谤的性质，对原告的名誉构成侵害。法院判决被告赔礼道歉并赔偿精神损害赔偿金，是完全正确的。

争论之六：一方认为如果原、被告在现实中不认识，就不构成侵权；另一方则主张即使原、被告在现实中不认识，实施侵权行为也同样要负法律责任。

我赞成后一种主张。无论在现实中原、被告是否相识，并不影响对侵权责任的认定。对素不相识的网民进行人身攻击、侮辱诽谤，只要能够证明属实，都可以认定为侵害名誉权。其依据就是网民都是现实社会中的主体，都享有名誉权，受到法律的同等保护。

## 犯罪嫌疑人的民事权利也是权利

其实，写下上面这个题目我都觉得可笑，因为这是一个没有疑问的事实，在法律上是再清楚不过的命题了。可是在现实中，这却是一个极为重要的问题。因为在现实生活中确实存在不尊重犯罪嫌疑人的民事权利的情况，也确实存在严重侵害犯罪嫌疑人的民事权利的事实。“用刑事手段解决民事纠纷”这种少数办案人员经常使用的“行之有效”的做法，就是其中之一。面对这样的现实，我在写下《犯罪嫌疑人的民事权利也是权利》的标题时，就觉得一点都不可笑了。

什么叫“用刑事手段解决民事纠纷”？说到底，就是在处理民事纠纷时，先找到对方当事人刑事犯罪的借口，把人抓起来再说。既然对方当事人身陷囹圄，丧失自由，甚至性命难保，人就再也不会为一点钱而百般辩解，不仅是“犯罪嫌疑人”自己，就连他的亲人也要“慷慨解囊”，花钱“捞人”，以免牢狱之灾。这时候，什么样的纠纷不能解决？什么样的民事抗辩理由还有意义？什么样的权利不能牺牲呢？在这种情况下，再加上由于“犯罪嫌疑人”被关押，因而在民事诉讼中就采用公告送达、缺席判决的极端方法，所谓的“犯罪嫌疑人”的民事权利以至于民事诉讼权利，统统都没有意义了。

可是，这样的做法是违法的！刑事诉讼和民事诉讼的基本分野，就在于两种诉讼的目的不同。刑事诉讼的目的在于查明犯罪嫌疑人的犯罪事实，对其实施刑罚制裁或者查实犯罪嫌疑人没有犯罪，还其以清白。而民事诉讼的目的在于解决民事纠纷，保护民事权利。因此，两者具有严格的性质区分。用刑事手段解决民事纠纷，就是非法地用公权力干预私权利，侵害私权利。这是严重的侵权行为。

其实，我在前边的阐释中使用了两个概念，一个是犯罪嫌疑人，另一个是“犯罪嫌疑人”，这是不一样的。前者是有真正的理由怀疑某人具有犯罪嫌疑，需要进行刑事侦查，而后者则是借口“调查犯罪嫌疑”而“醉翁之意不在酒”，在乎通过非法的强制手段逼迫被调查“犯罪嫌疑”的人违心接受某种民事承诺。就民事权利的保护而言，这种做法显然十分恶毒。

无论是犯罪嫌疑人还是“犯罪嫌疑人”，他们都是民事主体，都享有民事权利和民事诉讼权利。当然，被关押的犯罪嫌疑人或者所谓的“犯罪嫌疑人”有些权利也会被限制，例如人身自由权，以及基于人身自由权而发生的民事权利，例如与配偶的同居权、生育权，以及亲自实施民事行为的权利，都会受到限制。但是其他民事权利和民事诉讼权利都没有被剥夺或者被限制，法律应当予以保障。无论是继承权、婚姻自主权、财产所有权、著作权、专利权，还是在诉讼中应当享有的所有的权利，都不能被非法剥夺和限制。事实上，即使是已经被判处徒刑，进行劳动改造的罪犯，他们的这些权利也应当得到保障，不得被非法剥夺和限制。即使被关押，无法亲自行使这些权利，他们也可以委托代理人代替他们行使权利。

显而易见，“用刑事手段解决民事纠纷”，借刑事诉讼的强制措施限制民事当事人的民事权利，以“取得取保候审”条件作为诱饵，诱使民事当事人违心地处分自己的民事权利，甚至违法适用公告送达和缺席判决的诉讼方法达到非法的民事目的，更是严重的侵权行为。无论是政府机关，还是借用政府机关职权的民事当事人实施这样的行为，都是卑鄙的、恶毒的，是严重违反法律的，必须予以纠正。受到这种行为侵害的受害人应当依法主张自己的权利，反对这样的行为，保护自己的权利。司法机关也应当为这样的“犯罪嫌疑人”伸张正义，宣告“用刑事手段解决民事纠纷”的行为是违法行为，宣告在被胁迫的情况下当事人签署的协议是无效的协议，宣告借机采取公告送达和缺席判决的民事诉讼行为是严重的程序违法行为，所做的判决是应当撤销的，以此保护他们的权利，制裁这样的违法行为，维护正常的民事秩序和民事、刑事诉讼秩序，切实保护犯罪嫌疑人或者所谓的“犯罪嫌疑人”的民事权利和民事诉讼权利。

## 开展一次隐私权的“解放运动”

最高人民法院《关于确定民事侵权精神损害赔偿责任若干问题的解释》在对人格权进行司法保护方面，是一个有着极为重要意义的司法解释文件。对此，我在一些文章和谈话中已经充分地说明了这种意见。但是，这个司法解释关于隐私权的解释却是不够准确的，很值得商榷。因此，关于隐私权的话题，尽管已经说了很多，却还是有话要说。

关于隐私权，这个司法解释第 1 条第 2 款是这样说的：“违反社会公共利益、社会公德侵害他人隐私或者其他人格利益，受害人以侵权为由向人民法院起诉请求赔偿精神损害的，人民法院应当依法予以受理。”按照这一说明，同时结合这一司法解释第 1 条对人格权保护的内容排列，可以明确地看出，司法解释机关不认为隐私是一种具体人格权，只能是一种具体的“人格利益”，对于自然人的隐私保护，只能按照“其他人格利益”的保护方法进行。

在隐私权于世界各国得到普遍承认，中国公众对隐私权的认识和热情极度高涨的今天，司法解释对这一具体人格权采取这样不冷不热的态度，实在是大煞风景，令人遗憾。

其实，司法解释机关对隐私权的这种态度是由来已久的。《民法通则》没有规定隐私权是一种具体人格权，这是立法上的一个失误，已经成为人们的共识。1988 年，最高人民法院在贯彻执行《民法通则》的司法解释中，对此规定了一个重要的补救措施，即规定以书面、口头等形式宣扬他人隐私或者捏造事实公然丑化他人人格……造成一定影响的，应当认定为侵害公民名誉权的行为。这种对隐私权进行间接保护的司法解释，在当时是人格权司法保护的一种进步，在一定程度上补充了立法的不足。但是，这种对隐私权的保护方式是十分不完备的，这也就使我国司法保护隐私权存在着先天不足。

此后，司法解释仍然沿着这一思路，在保护隐私权的问题上走着老路。1993 年，最高人民法院公布《关于审理名誉权案件若干问题的解答》，进一步明确规定，对未经他人同意，擅自公布他人的隐私材料或以书面、口头形式宣扬他人隐私，致他人名誉受到损害的，应认定为侵害他人名誉权。这一解释从形式上看，是比 1988 年的解释有所进步，但是在实质性的问题上，没有丝毫变化。

直到作出该司法解释的时候，司法解释仍然没有确认隐私权是一个独立的人格权，只是认为它是一种没有独立地位的“人格利益”！

说到这里，人们不禁要问：隐私权，究竟怎么了？为什么就不能得到权威机关的确认呢？

应当说，隐私虽然是一个存在了几千年的老问题，这是在人们知道将自己的隐私部位用东西遮蔽起来的时候，就产生了的观念；但是，真正提出将隐私作为一种人格权来认识并加以法律保护，却只有120多年的时间。1890年，美国学者路易斯·布兰蒂丝和萨莫尔·华伦在哈佛大学的《法学评论》上发表了第一篇有关隐私权的文章，随后，这一权利受到了社会各界特别是法律界的重视，星星之火，有了燎原之势。在现代社会，隐私权已经成为自然人捍卫自己人格尊严，保护自己根本的人格利益的最重要权利之一。在当代社会，人们无法想象，如果没有隐私权，没有对隐私权的严格法律保护，人们该怎样生活？那无异于将人的衣服剥光，放在广场上进行展示！

如果说，将隐私作为“人格利益”来保护，是因为我国的法律还没有确认隐私是一种具体人格权的话，那么应当认为这样的理由并不充分。在我国的法律中，不乏对隐私的规定。最早的规定就是《民事诉讼法（试行）》规定对涉及隐私的案件不得公开审理。这一规定的时间比《民法通则》的制定时间还早4年多。就是在《民法通则》颁布实施以后，《未成年人保护法》《妇女权益保障法》《残疾人保护法》和《消费者权益保护法》等法律，也都对隐私作出了规定。例如，《未成年人保护法》第39条规定："任何组织或者个人不得披露未成年人的个人隐私。"如果说这些法律规定隐私权只是规定"隐私"二字而没有加上一个"权"字，那么，我国法律在规定人格尊严、身体权、人身自由的时候，也都没有加上这个"权"字，为什么对人格尊严、人身自由和身体权就可以解释为"人格尊严权""人身自由权"和"身体权"呢？而且将人格尊严解释为"人格尊严权"本身就与法理不合！可见，这种主张作为解释将隐私只确认为一种"人格利益"的理由，显得很苍白，没有足够的说服力。如果不是对隐私权有偏见，就没有更好的理由作出说明。因为不是法律对隐私权没有规定，而是人们对法律关于隐私权规定的理解有误。

我不是对隐私权情有独钟，也不认为隐私权就比其他具体人格权更为重要，而是对将隐私权的地位人为地加以降低，在一个司法解释的条文中，将同样的人格权分出三六九等，把隐私权置入"另册"，不承认其为具体人格权的做法，感到不理解。我为隐私权大加呼吁，就是想在隐私权的司法保护上，引起人们更高程度的重视，起码应当将其与其他各种具体人格权一视同仁，而不是作为一个不受人待见的"童养媳"或者"受气包"。因此，我还是要呼吁，要展开一次"解放运动"，通过这个"运动"，将隐私权真正从"人格利益"中解放出来，名正言顺地还其"人格权"的本来面目和法律地位，使每一个人的隐私权都能够得到像其他具体人格权一样的公正待遇，受到同等的司法保护。

好在2009年12月通过的《侵权责任法》终于在其第2条第2款的规定中加上了“隐私权”，隐私权终于在中国的法律中“理直气壮”地出现了，隐私权终于迎来了“解放”的那一天。

## 八小时以外的监督和隐私权保护

在加强廉政建设中，很多单位都提出了加强对干部八小时以外的活动进行监督的廉政措施。加强这种监督的理由，就是干部在八小时以内，有机关和领导的监督，一般不会发生什么问题。在八小时以外，对干部没有这些监督，一切活动由自己决定，失去了组织的控制，因而是最容易出现问题的。加强这方面的监督，使干部在八小时以外也有监督，干部自己也知道了在八小时以外也要被监督，因而促使自己加强自律，对于防止发生腐败行为是有积极意义的。

很多单位实行这样的制度。例如在每周或者每月，干部要向组织汇报自己在这一时期的活动情况，公开自己的行为，使组织掌握干部的活动情况。有的要求干部的家属做“贤内助”“廉内助”，把家属请到机关，进行培训，要求家属对干部加强监督，共同搞好廉政建设。我到过基层单位，参观过干部写下的廉政日记，记录每天下班后做了什么，例如买菜、做饭、上网……不一而足。据说，这些活动的效果还是很好的。

关于这样的监督活动，我有三点看法：

第一，干部要接受监督是对的。就是八小时以外，也要接受监督。所谓的干部，通俗地说，就是执行国家和政党权力的工作人员，国家和政党的权力是通过这些干部的行为行使的、实现的。因此，干部实际上就是掌握权力的人。既然是这样，对干部就必须加强监督，因为没有监督的权力就会发生腐败。在工作的时间内，组织应当对干部进行监督；在工作之余，监督也是必要的，因为很多腐败行为、不正当行为，就是干部在业余时间实施的，甚至主要是在业余时间实施的。加强八小时以外的监督，从原则上讲没有错，而且接受监督是干部应有的义务，不能拒绝任何时间的正当监督。

第二，对干部进行八小时以外的监督，要特别注意保护干部的隐私权。干部也是公民，依法享有自己的隐私权，其隐私权不能够被非法侵犯。隐私，就是与社会公共利益无关的私人活动、私人信息和私人空间。对于这三个方面的隐私，任何权利人都有不受他人侵犯的权利。侵害他人的隐私权，就构成侵权行为，对干部同样如此。对干部进行八小时以外的监督，往往会涉及这三个方面的隐私利益，如果不加以特别的注意，容易侵害干部的隐私权。例如，对干部跟踪、盯梢，监听干部的电话，非法搜集干部的私人信息，对干部的住宅进行监控，将得到的干部的私人情况进行非法传播等，都是非法侵害干部隐私权的行为，是非法监督，构成侵权行为，要承担侵权损害赔偿责任。在对干部进行八小时以外的监督中，绝对不能采用这样的方式进行。

第三，廉政建设主要还是靠干部的自觉和自律。绝大多数干部是好的，是能够廉洁自律的。他们甘愿清贫，忠于职守，廉洁奉公，尽职尽责地做好本职工作。对于这些干部，就是不加任何监督，他们也不会出问题。对那些不够自觉的干部，监督可以起到警钟的作用，使他们警醒，自觉勤政廉政。对那些不自觉的，甚至利用职务敛财、干坏事的干部，仅仅靠一般的监督不能起到太大的作用，一定要靠法律的威慑力，震慑、教育他们，触犯刑律的要依法制裁，决不宽容。因此，廉政建设，一是依靠干部廉洁自律，二是靠警钟长鸣，三是靠依法惩治。三个方面配合起来，反腐败就有希望了。

还要说到的一个问题就是，不能总是拿“公众人物”说事儿。有些人强调对干部进行监督，就说干部是“公众人物”，因为公众人物没有隐私权。这是一个不正确的观点。一方面，不是什么人都是公众人物，只有领袖、明星等才是公众人物；另一方面，公众人物也有隐私权，只是受到一些限制而已，只要不是与社会公共利益相关，公众人物的隐私也要受到尊重和保护，同样不得非法侵害。

## 八小时以外：党员干部的隐私权也要受到保护

对党员干部进行监督，是十分必要的。即便在八小时以外，也是如此。但是有一个问题，就是无论在什么时间，怎样进行监督，被监督对象的隐私权都要受到保护。

隐私权是什么？隐私权就是自然人保有和维护自己的隐私不受非法侵害的人格权。隐私权的主体是作为民事主体的自然人，包括一切自然人。党员干部也是自然人，也是民事主体。在市民社会，党员干部与其他自然人一样，都平等地享有隐私权，都受到民法的同等保护。

隐私是什么？隐私是与社会公共利益或者公众利益无关的，当事人不愿他人知道或者他人不便知道的私人信息，当事人不愿他人干预或者他人不便干预的私人活动，当事人不愿他人侵入或者他人不便侵入的私人空间。私人信息是关于自己的一切资讯、资料，例如私人电话号码、年龄、收入等；私人活动是与公众无关的个人行为，如私人交往、私人去向等；私人空间则是个人独处的私人活动领域，例如卧室、书包和日记等。可见，隐私的范围是极为广泛的。但是有一点，隐私必须是与公共利益无关、与公众利益无关。如果上述内容涉及社会公共利益或者公众利益，那就不再是隐私，也就不受隐私权的保护。

从隐私权的主体和具体内容看，对于党员干部的监督，当然不能使其隐私权受到损害。但是有两个问题需要注意，这就是：第一，党员干部，特别是高级别的党员领导干部，由于肩负着特殊的使命和职责，具有公众人物的地位，在隐私权的保护方面，公众人物的隐私权保护会受到适当的限制，这是为了保证其公正、严肃地履行公职。第二，党员干部的私人信息、私人活动和私人空间往往与公共利益和公众利益有关，凡是与其有关的内容，均不受隐私权的保护。

因此可以得出结论：对党员干部八小时以外的监督，涉及隐私权的保护问题，应当遵循以下原则：第一，党员干部应当接受监督，即使在八小时以外也是如此；第二，党员干部也是自然人，其隐私权也受到法律保护，任何组织和个人都不能以监督为名，侵害党员干部的隐私权；第三，党员干部的隐私权保护受到适当的限制，这涉及对党员干部监督范围的问题，如果党员干部的隐私涉及公共利益和公众利益，尤其是高级别的党员干部涉及这方面的问题，则必须接受监督，不能以隐私权的保护为由而予以拒绝。

## 名人隐私权与公众知情权

隐私权是一项人人都享有的权利，生而固有，无须他人授予。名人同样是人，当然也享有隐私权。

不过，名人的隐私权会受到一些制约和限制，其中之一，就是受到公众知情权的约束和限制。

在一般情况下，隐私权所保护的，是每个人与公共利益无关、与公众利益无关的私人信息、私人活动和私人空间。这就是说，隐私权所保护的也不是绝对隐私，只要个人的私人信息、私人活动和私人空间涉及社会的公共利益或者公众利益，那就不能认为是正常的隐私，并不受到法律的保护。因此，无论何人，隐私权所保护的都是与社会公共利益和公众利益无关的那些隐私。

名人当然也是如此。名人同样是人，在享有隐私权的问题上是一样的，在隐私的限制上也是一样的。这就是说，如果一个名人在私人信息、私人活动和私人空间方面，涉及社会公共利益或者公众利益，那也是要受到限制的，这些内容也是不受隐私权的保护的。比方说，名人偷税，名人进行非法活动，名人吸毒或者贩毒等。对于这些私人活动，就不能借口个人隐私而主张权利受侵害，而只能接受司法机关的调查，在调查清楚之后，符合刑法规定的犯罪构成要件的，应当被定罪；符合行政违法行为要求的，应当接受行政制裁。对此，没有任何两样的待遇。

除此之外，名人的隐私权还要受到公众知情权的限制和约束。公众关注，往往解释为公众知情权。当一件事情涉及公众的兴趣，为广大的公众所关注的时候，公众就对其享有知情权。公众知情权可以对抗个人的隐私权，尤其是公众人物的隐私权。这就是，在名人的隐私权和公众知情权二者的冲突中，由于公众的数量大，利益集中，因而进行利益衡量的结果，就是法律倾向于维护更多人的利益。

最为典型的是美国的希尔案件。几名歹徒闯进费城居民希尔家中，将一家三人捆绑、威胁，最后逃离。一名剧作家将这个经历写成了戏剧，在美国公演。在到费城演出之前，一位记者采访了希尔，并且根据采访写出了报道，在杂志上刊登。希尔认为这侵害了他的隐私权，诉讼到法院，法院判决不构成侵权，因为这涉及一个戏剧的故事，公众希望知道它。为了满足公众的知情权，法院判决希尔对此不能主张隐私权，因此牺牲个人的隐私权。

这仅仅是一个一般的人的情形。如果是一个名人，他的隐私如果涉及公众的知情权，那么对这种涉及隐私的问题的报道，也不应当认为是侵害个人的隐私权。

## 对要求“贤内助”监督廉政的三点疑问

将妻子称为“贤内助”，是丈夫对妻子的功劳的一种赞美和肯定。可是，这里是不是有一点贬义，大概也值得研究，为什么妻子就得是“内助”？为什么丈夫就不能是“内助”？提出这样的问题，大概女权主义者最为欢迎了。不过，本文要研究的不是女权问题，而是配偶是不是有义务为对方的单位监督自己的配偶是否廉政的问题。

强调廉政建设，很多人和单位都挖空心思想出各种招数进行监督，其中一条就是让干部的亲人进行监督。最近又有司法机关隆重推出“干警家属联系卡”。据说，该卡架起了司法机关和司法干警家庭的“联系桥”，共同监管司法干警“八小时”外的活动。司法干警家属联系卡设有：对司法干警交友情况是否满意、其是否经常晚上外出，以及节假日是否经常不与家人在一起等项联系内容，并设有家属意见栏、家属签名、单位地址、邮政编码以及联系电话。有关领导人还说，卡片将司法干警的管理从八小时以内延伸到八小时以外，社会上请吃请喝等不正之风问题往往发生在八小时以外，“贤内助”帮助司法机关监督干警，就能够更好地防止司法干警受不良风气影响。

这种想法无疑是好的。妻子和丈夫共同生活，或者丈夫和妻子共同生活，相互最了解、最熟悉，把廉政建设延伸到八小时以外，延伸到家庭之中，也是落实廉政建设的一种措施。

可是，也有几个问题需要研究。

其一，司法干警是不是也享有隐私权？司法干警是一种职务，一种工作。如果从民法上说，干警都是民事主体，从宪法上说，干警都是公民，都有独立的法律地位和法律人格，都享有法律规定的各种权利。最起码的，是都享有隐私权。司法干警交友、晚上外出、节假日不与家人在一起，哪一件不属于隐私范围，哪一件不受隐私权保护呢？既然如此，为什么妻子或者丈夫作为“贤内助”，就要对享有隐私权的对方进行“监控”，要“刺探”这种隐私呢？从严格的意义上说，这不是侵权吗？隐私权对于每一个人都是必要的，为什么就可以将司法干警的隐私权“置之度外”？

其二，司法机关依据什么可以支配干警的“贤内助”？在民法上，人人地位平等，不存在任何隶属关系。在行政法上，上级可以支配下级的行为；在企业或者其他单位，领导可以支配员工的行为。如果没有行政法的关系，没有单位或者企业的隶属关系，无论什么人或者什么机关，都不能支配他人的行为。同样，司法机关可以支配干警的行为，但是却不能支配干警的“贤内助”的行为——尽管他或者她很“贤”。司法机关将对自己的干警的约束和监督，作为义务强加给干警的“贤内助”，是不是也违背法律、超越了自己的职权？

其三，在所有的民事法律关系当中，亲属之间的亲情关系是最为亲近的关系，尤以配偶之间的关系为甚。法律确认亲属之间的地位，确认亲属之间的权利义务关系，就是要维护亲属之间的亲情关系，维护社会的稳定。即使就某些亲属之间的犯罪行为，法律一方面鼓励大义灭亲，另一方面也主张“亲亲相为隐”，就是在《证据法草案专家建议稿》中，不是也写明了近亲属之间可以拒绝做证吗？如果全面地建立亲属之间的监督制度，把监督自己的配偶的行为作为“贤内助”的标准甚至义务，那么，这种具有社会最亲密关系的亲属之间、配偶之间的亲情还能不能继续维持下去呢？这大概也是一个值得怀疑的问题。

过去讲，父子之间应当父慈子孝，兄弟之间应当兄宽弟忍，夫妻之间应当举案齐眉，讲的都是亲属之间的亲情。如果过于强调亲属之间的监督义务，尤其是妻子做“贤内助”就一定要监督好自己的丈夫，丈夫做“贤内助”就一定要监督好自己的妻子，这不能说没有积极意义，但是以上三个问题，真的值得思考。如果弄得不好，“贤内助”变成了“仇内助”，大概有违法律的精神。我看，强调亲属之间的相互监督是好的，但是，第一，监督不要侵权，更不要鼓励亲属之间侵害对方的权利；第二，监督不要越权，不是隶属自己的员工，不应当对其指手画脚；第三，监督不要损害亲属感情，不要因为强调监督而破坏了家庭团结和亲属之间的亲情。

## 也说公众人物的权利保护

余秋雨的又一场官司，将前一段渐趋平静的关于公众人物的权利保护问题的讨论又掀起了一个“高潮”，很多人都在讨论公众人物的权利保护问题。是呀！不管余秋雨的官司的结果是什么，讨论一下这个问题，总还是有些意义的。不是有些司法机关在审理公众人物的权利保护纠纷案件中，总是拿不定主意吗？说说清楚，大概还会有很大的好处呢！

公众人物，是人格权及其保护中的一个概念，是民法的概念，同时也是新闻学的概念。民法研究的是，公众人物在民法上究竟享有什么样的权利，对他们享有的权利究竟应当怎样保护，换言之，对于公众人物的某些权利进行限制，究竟要限制到什么样的程度。

我们在起草《民法典草案专家建议稿》的时候，写了一个关于公众人物的条文，这就是人格权法编草案第 55 条："为社会公共利益进行舆论监督，可以披露社会公众人物的有关隐私。""被监督人不得就此主张侵害隐私权。"这个建议稿发表在中国人民大学民商事法律科学研究中心主办的《民商法前沿》上。在此之前，曾经还有一个更为细致的条文草案，详细地界定了公众人物这个概念，就是"领导人、艺术家、影视明星、体育明星、社会活动家等"。当然，说的这些都是专家的意见，并不是法律的规定，而且在全国人大常委会审议的民法草案中，也并没有规定这一内容。我们在《中国媒体侵权责任案件法律适用指引》第 44 条中对于公众人物作出了界定，内容是："公众人物、公务人员、与公益事业相关者与社会秩序、公共利益密切相关，须置于公众的监督之下，其人格利益在法律保护上应当适当克减，但超出必要范围的，应当承担侵权责任。""公众人物是指自愿进入公众视野的有一定知名度，对社会意见的形成、社会议题的解决、社会成员的言行等有重大影响的人。媒体对公众人物的报道以不损害人格尊严为底限。"

“公务人员是指依法履行公职、纳入国家行政编制、由国家财政负担工资福利的工作人员。媒体对官员的报道以与其职务相关的信息为限。”“与公益事业相关者是指在事关公共利益的企业或组织中担任重要职务的人。媒体对与公益事业相关者的报道应严格以公共利益为限。”不过，这总还是专家的意见，是学理解释。

应当明确的是，公众人物也是人，是民法规定的民事主体中的自然人。公众人物这种主体，他们的人格没有缺陷，不存在任何形式的人格缺损，具有完全的民事主体资格。因此，公众人物应当享有一般的民事主体（当然是自然人）所享有的全部民事权利。对此，不得有任何含糊之处。

但是，为什么还要讨论甚至还要规定公众人物的概念，以明确与其他一般的自然人的不同之处呢？原因在于，尽管公众人物与其他自然人是一样的民事主体，但是他们的知名度超过常人，或者承担的职责涉及公共利益或者国家利益，他们的行为关乎国家、社会的利益或者公众知情权，因此，人们对他们的关注和观察程度就远远地超出对一般的自然人所关注的程度。正因为如此，这里就涉及两个问题，一个是国家利益和公众利益，另一个是公众知情权。前者表明，如果公众人物的行为关系到国家利益或者公共利益，那么无论这种行为多么隐私，也一定要让人民知道，让人民监督，否则就会损害重大利益。后者则是为了满足公众的知情权而牺牲公众人物的部分权利内容。不论前者还是后者，都是为了满足或者实现更大的利益，而牺牲作为极少数的公众人物的某些权利中的利益。这是法律在利益冲突面前不得不作出的一种权衡和选择，是不得已的事情。这和公众人物也是自然人、也享有一般的自然人的权利一样，仅仅是在这样的情况下，法律决定让他们作出一定的牺牲，让他们适当容忍对其权利所造成的某些损害。

现在要说明的问题是，对于公众人物的权利保护究竟要求他们牺牲多少，他们究竟要容忍到什么程度。应当注意的是，我们在起草公众人物的概念的时候，是在“隐私权”一节中规定的。这说明什么？这说明涉及对公众人物的权利限制，主要是在隐私权中才存在。此外，关于肖像权的保护，也要受到些许限制，这就是公众人物的肖像权有时候也要受到一定的限制。不过，这种对公众人物肖像权的限制并不只因为他们是公众人物，还因为他们的肖像涉及新闻性的活动，正因为具有新闻性而使对其肖像的使用不具有违法性。因此，涉及公众人物的权利限制的，其实就是隐私权和肖像权，并不包括其他权利，例如名誉权、姓名权、人身自由权、生命权、健康权、身体权等人格权，都没有限制一说。

还要说明的是，即使是公众人物的隐私权和肖像权受到一定的限制，也不是说公众人物就不享有这样的权利，公众人物同样享有隐私权和肖像权这两种权利。受到限制的，仅仅是涉及国家利益、公共利益以及公众知情权的那些隐私利益和肖像利益。只有这些人格利益，在涉及公共利益、国家利益以及公众的知情权的时候，才不受保护。公众人物的其他隐私利益和肖像利益，则同样受到法律的保护。对此，不应当有任何疑问。如果认为公众人物因为是公众人物，其权利受到损害也不予以法律保护，那才是真正的对法律的误解。其结果必然是出现法律的不平等、权利的不平等、人格的不平等。这不是现代社会的法律观念。

所以，要说清楚，公众人物也是人，也享有所有人所享有的所有权利，其中仅仅是某些权利要受一定的限制而已，千万不可认为只要是公众人物，其人格权利就不受任何法律保护。

## 相关隐私权的保护及其他

柳某诉《作家文摘》报社的官司，涉及民事主体的相关隐私的保护以及其他有关问题，就此我发表一些看法。

柳某是著名音乐家刘某的前妻。20 世纪 60 年代，刘某的学生李某喜欢上了他，双方发生了婚外恋。柳某制止，遂和刘某发生争执，最后离婚。近 20 年后，刘某去世，李某在国外接受采访，在国内媒体上发表访谈录，谈到了他们之间 18 年的婚内婚外情，其中涉及柳某的隐私。柳某诉至北京的法院，起诉该报社侵害其隐私权和名誉权。

这个案件中最主要的问题，就是支配个人的隐私同时又涉及他人的隐私，究竟应当怎样进行法律协调。这就涉及相关隐私以及保护的问题。

要说清楚这个问题，还得从具体问题上说起。有人给我提出，“第三者”有没有权利讲自己的故事？这涉及的是隐私权主体的范围问题。需要明确的是，任何人都有自己的隐私权，也就是说，隐私权是每一个自然人固有的权利，是生而固有的权利，并不会因为一个人犯有什么过错或者什么罪过或者做过什么不体面的事情或者什么都没有做过是一个好人而不同。隐私权是人的支配自己的隐私的权利，愿意隐瞒就隐瞒，愿意公布就公布。这是对隐私权最真实的也是最通俗的解释。但是有一个界限：隐瞒自己的隐私、守卫自己的隐私，不得违反公共利益，向你调查犯罪行为而你借口隐私而予以隐瞒，就不是隐私权的问题了；宣扬自己的隐私、诉说自己的隐私，不得侵害他人的权利。这是原则。所谓的“第三者”，就是与有婚姻关系的男女发生恋情或者性关系的人，“第三者”的行为违反婚姻法规，但不是极为严重的违法行为。那么他或者她讲述自己的故事，当然是对自己的隐私的支配，是行使隐私权的行为。

自己的与公共利益无关的私人信息、私人空间和私人活动，属于自己的隐私，自己有权维护和支配。这是没有任何问题的。但有的时候，自己的隐私是与他人的隐私相关联的，例如所谓的“第三者”的隐私，就一定会涉及“第一者”“第二者”的隐私，讲述其中一个人的故事，就会涉及另外两个人的隐私。我把它叫作相关隐私，这是以前别的学者没有使用过的法律概念。相关隐私就是涉及两个以上的人的隐私的隐私。“第三者”讲述自己的故事，必然会涉及相对应的另外两个关系人的隐私，弄得不好就会发生侵权后果。

说到这里要提到的是，有的人提出“家庭隐私”这一概念。这是一个不存在的概念，不是法律上的概念。在法律上，究竟谁享有权利，应当严格限制在享有民事权利能力的民事主体的范围内，不具有民事权利能力的主体不享有民事权利。一个家庭可能会有自己的“集体的隐私”，但是，由于家庭不是民事主体，不具有民事权利能力，所以它不会享有“集体隐私权”，对这种所谓的“家庭隐私”，法律也不予以保护。

而我所说的相关隐私的概念，是民事主体之间有着共同内容的隐私。对于这种隐私，不是由一个隐私权来保护的，而是由各个人自己的隐私权来保护的。对于涉及自己的那一部分隐私，自己有权进行支配和保护。同样，对于一个家庭的隐私问题，也就是家庭成员的相关隐私，不会设立一个“家庭隐私权”去加以保护，而是由各个家庭成员作为主体，享有自己的权利，由自己进行保护。看起来“家庭隐私”的说法与相关隐私的说法差不了多少，但实际上是有区别的。

那么，与相关隐私有关的民事主体对于属于自己的那一部分隐私是不是有权进行支配呢？回答是肯定的！任何人对于自己的隐私都享有支配权，讲述自己的故事，支配自己的隐私，都是在行使自己的权利，不会受到非法干涉和干预，如果受到干涉和限制，也是侵害隐私权。但是有一条原则，这就是任何人在行使自己的权利的时候，不能牺牲他人的隐私，不能侵害他人的权利。在相关隐私中，一个人行使自己的隐私权，支配自己的隐私，应当按照这个原则很好地保护其他相关人的隐私，使有着相关隐私的关系人不因为行为人行使自己的权利而受到侵害。如果行为人在行使自己的隐私权支配相关隐私时，没有尽到保护相关隐私的关系人的隐私权不受侵害的义务，那么他就要承担侵权的责任。因此，我把这种保护义务叫作对相关隐私关系人的保护注意义务。行为人应当以高度的注意程度谨慎行事，未尽这种保护义务，造成相关隐私关系人的权利损害的，应当承担侵权责任。

看来，从“第三者”有没有权利讲述自己的故事这个问题入手，我已经说清楚了相关隐私以及保护义务的问题。这时候，还可以把这个问题进一步深化，再提出四个问题进行讨论。

第一，以别人写给自己的书信为依据写的回忆录，能不能进行涉及他人的隐私的描写？回答应当是肯定的：当然能！别人写给自己的信，如果只涉及两个人之间的隐私，双方对此都愿意公开，那么一方写回忆录，说到这些信中涉及的隐私问题，不会造成侵权的结果。如果对方不同意公开，一方却硬要写出来，那也是对相关隐私关系人的侵害，也构成侵权。如果这封信或者这些信还涉及第三人的隐私，那就不仅仅要征求对方的意见，还要征求涉及的第三人对于相关隐私的意见了。如果不征求对方和第三人的意见也行，那就要处理好，凡是涉及对方和第三人的隐私问题都要处理好，不能泄露他们的隐私，违反相关隐私的保护注意义务，造成对方或者第三人的隐私权损害的，都构成侵权。

第二，对于相关隐私进行描写有可能构成侵权，那么什么样的内容是不能说的？怎样处理才能不侵权呢？这里的原则是很清楚的，那就是行使自己的权利时，不能侵害他人的权利。相关隐私涉及他人的隐私权问题，想要公布隐私的人负有保护的注意义务，这个保护的注意义务与作为隐私权的义务主体的不可侵义务是一致的，都要求严格的不作为。涉及他人的隐私，处理的时候一定要征得他人的同意。没有征得他人即隐私权人的同意，则不能就这样的隐私进行描写，进行描写也必须隐去他人的隐私，只能暴露或者公布自己的隐私部分，除非将他人的隐私部分处理好，不使他人的隐私受到损害。

第三，如果说公众人物需要让渡一部分隐私，那么他们的家人的隐私权是不是也要受到限制呢？从原则上说，公众人物的隐私权受到一定的限制，准许为了公共利益和公众利益而牺牲他们的一部分隐私利益。这仅仅是就公众人物而言，对他们的家人是不应当同样对待的。但是有一点，如果公众人物的隐私是相关隐私，涉及其家人的隐私，如果仅仅是因关注公众人物的隐私而涉及其家人的隐私，一般情况下是应当忍受的。如果侵害是严重的，则可以追究侵权责任。

第四，在对已经去世的名人的回忆中，应当如何“保护”他们的隐私呢？这就涉及死者人格利益的保护问题了。死者的人格利益受到保护，不得非法侵害。他们的人格利益受到侵害，法律确认其近亲属作为保护人有权进行保护，以及在权利受到侵害后提出追究侵权责任的请求。涉及死者的隐私利益的处分，应当征得死者近亲属的同意。未经死者近亲属的同意而擅自公布死者隐私的，可以构成侵权责任。有人提到这叫作“先人的名誉保护”，这是不准确的。如果叫作“先人”，那就是指祖先，而祖先是没有辈分限制的。法律保护死者的人格利益，以死者的近亲属仍然在世为限。这就是，死者有近亲属的，就依法予以保护；死者没有近亲属了，法律对死者人格利益的保护期限就结束了，不再保护了。如果对死者的人格利益支配是为了公共利益需要，例如用公众人物的姓名命名学校，则为正当使用，不构成侵权。在死者的隐私问题上，如果也有这样的需要，不能认为是侵权。

## 性骚扰：真的无法制裁吗?

有据可查的性骚扰案件，现在已经有了好多件。全部盘点，只有少数是原告胜诉，其他多数是原告的诉讼请求被驳回。就是胜诉的案件，法院也有不支持精神损害赔偿诉讼请求的，而仅仅确认性骚扰的事实，判决被告向原告赔礼道歉。

如果单纯从案件的数量看，性骚扰案件的胜诉率确实不高。

面对这样的情况，人们不禁想到一个问题：对于性骚扰，真的就无法制裁了吗？

有的记者采访我，我开始时满有信心地说，性骚扰的案件在法律上没有障碍，原告败诉主要是证据问题。现在，我认识到我的看法失之偏颇，因为在实体法上同样存在严重的问题。不是法律本身的问题，而是对法律的理解问题。假如法官对性骚扰的法律问题有了正确的理解，制裁性骚扰，保护性利益受到侵害的受害人的权益，并不是一件太难的问题。

制裁性骚扰的法律适用问题当然很多，但是最主要的是界定性骚扰行为的性质，明确法律制裁性骚扰行为所保护的权利客体。

侵权责任法是保护人的民事权利的法。研究对一个侵权行为的制裁，首先就要解决制裁这个侵权行为保护的是什么权利或者利益，这个侵权行为的性质是什么。对于这个问题，现在对于性骚扰行为的性质和制裁性骚扰所保护的权利客体的说法主要有以下几种：一是侵害人格尊严，二是侵害名誉权，三是侵害身体权，四是侵害性自主权，五是侵害其他人格利益，六是不知道侵害什么利益保护什么利益。这些认识，都是媒体提到的，也都是有据可查的，绝非我的杜撰。看来，法律认识上的不明确，倒真是制裁性骚扰的最大障碍。面对上述学说和主张，不少法官和当事人大概都会一头雾水。

性骚扰行为侵害了人格尊严，这是不言而喻的。但是，在有具体的法律规定来界定一个侵权行为的时候，就不应当引用人格尊严这样抽象的法律规定作为其法律基础，因为所有的人格权保护问题，都涉及人格尊严问题，以侵害人格尊严界定性骚扰，帽子太大。

性骚扰是侵害名誉权吗？有的法官就是这样解释的："性骚扰并非明确的法律概念，可以归属于名誉权的范畴"。对此，我表示惊讶并难以理解。名誉是对一个特定的民事主体的综合性、客观性的评价。法律保护名誉权，就是保护这个评价不受侵害。因此，诽谤、侮辱就成为侵害名誉权的主要行为方式。可是，性骚扰是对人的客观评价进行侵害吗？不是！性骚扰侵害的肯定不是对人的评价，如果是评价受到侵害，最简洁的标准就是将有损于他人名誉的言辞对第三人公布。可是，性骚扰最主要的方式是手嘴并用，既说又做，行为隐蔽，并且一般不会在第三人面前进行。正因为如此，性骚扰的证据难以取得，胜诉的概率不大。如此说来，性骚扰绝对不会是侵害名誉权。将性骚扰界定为对名誉权的侵害真是笑话，是一个常识性的错误。

在已经胜诉的某法院判决的一件性骚扰案件中，原告起诉提出的理由之一是侵害其身体权。提出性骚扰是对身体权的侵害是有道理的，因为性骚扰的行为多数是行为人对被侵害人的身体隐私部位或者性感部位进行触摸，破坏了身体的形式上的完整性，构成对身体权的侵害。可是，一方面，有些性骚扰并不是侵害身体权，而是语言挑逗和语言骚扰，并没有接触到受害人的身体，无法认定为侵害身体权；另一方面，性骚扰侵害的一定是受害人的性的利益，而不是身体利益，用侵害身体权界定性骚扰的侵害客体和行为的性质，显然不当。

依照我的看法，性骚扰侵害的就是性自主权。性自主权是自然人自主支配自己性利益的具体人格权。它表明，自然人人人都享有性的利益，只要达到一定的年龄，自然人就有权对自己的性利益进行自主支配，任何人不得干预和侵害。对不具有承诺能力的人，或者对具有一定的性承诺能力的人违背其意愿，强制性地对其进行性方面的侵扰，不就是对性自主权的侵害吗？试想，制裁强奸罪的法律基础不就是违背意愿暴力对妇女进行性侵犯吗？它所保护的不就是性自主权吗？可是，很多人，不，是太多的人，在认定强奸罪时承认性的权利，可是在涉及民法的问题时，就犯了糊涂，坚决否认存在性的权利，否认性自主权。我认为，对于性骚扰行为的制裁，就应当按照侵害性自主权处理，界定其行为的性质，予以法律制裁，以保护受害人的利益。

很多人担心，性自主权当然可以被认定为一个具体人格权，但是民法没有规定，总还是不能就此认定性骚扰的行为性质。我当然不同意这种观点，理由就是人格权不存在法定主义的问题，并不像《物权法》那样奉行物权法定主义，并非只有法律规定了的具体人格权才是人格权，没有法律规定的人格权或者人格利益，同样要被依法保护。但是我可以妥协，这就是，如果实在不能以对性自主权的侵害界定性骚扰的行为性质，则可以引用最高人民法院《关于确定民事侵权精神损害赔偿责任若干问题的解释》关于侵害其他人格利益可以请求精神损害赔偿的规定，界定性骚扰行为的基本性质，这当然是最准确的认识。

因此，我建议，法官在认定性骚扰案件的性质时，就认定行为人侵害了他人的其他人格利益，据此确定精神损害赔偿责任和其他侵权责任。

至于弄不清楚侵害的是什么权利、保护的是什么利益的观点，肯定也不会对性骚扰行为有明确的认识，当然也就会对其制裁不利。其结果，大概就是性骚扰的行为人窃喜，对其他没有被控告的性骚扰者是一种鼓励，而对更多的受害人来说，则是一个巨大的打击。

2005 年修正的《妇女权益保障法》第 40 条规定："禁止对妇女实施性骚扰。受害妇女有权向单位和有关机关投诉。"这个条文的前一句是禁止性条款，说得挺有力量的，但是后一句说得太没有水平了，难道对性骚扰行为就仅仅是投诉吗？为什么不规定如何制裁呢？其实还是让法官挺为难的。因此，还是向《侵权责任法》第 6 条第 1 款规定要说法，即实施性骚扰行为，造成受害人性自主权受到侵害的，只要行为人有过错，就让他承担侵权责任！

法官有责任改变这种状况！

## 其他人格利益：保护人格利益的弹性条款

随着社会的进步，人们对自己权利的保护是越来越重视了。尤其是对人格权，人们从不认识到认识深刻，从不在意到非常在意，就完成了这样的进步过程。君不见，一个保护民事主体人格权的精神损害赔偿制度，十几年前，知道的认其为洪水猛兽，不知者不知其为何物。到了今天，人格权和精神损害赔偿两个概念，几乎人人耳熟能详。人们动辄就说："我告你精神损害赔偿！"痛快淋漓的一句话，说明了人格权的重要和大众对人格权的认知水平。

在这里，既有立法的功劳，更有司法的功劳。司法机关在立法的基础上，对宣传人格权、保护人格权所做的努力，应当记在这功劳簿上。2001 年最高人民法院颁布《关于确定民事侵权精神损害赔偿责任若干问题的解释》，就是这样一件功德圆满的事情。

在最高人民法院《关于确定民事侵权精神损害赔偿责任若干问题的解释》中，有一个引人注目的条款，就是第1条第2款在“违反社会公共利益、社会公德侵害他人隐私或者其他人格利益，受害人以侵权为由向人民法院起诉请求赔偿精神损害的，人民法院应当依法予以受理”的规定中，作出了侵害“其他人格利益”起诉精神损害赔偿应予受理的规定。

这一个“其他人格利益”的条款，是这个司法解释中最具伸展性、包容性的一个弹性条款，也是中国司法保护人格利益的一个重大的突破。

从立法技术上讲，在任何法律、法规、司法解释的制定中，都要运用好弹性条款，使立法的条文具有包容性，使之不致有所遗漏。众所周知，法律总是从不同的角度规范生活现象的，由于社会生活现象太复杂、太丰富，人们对它的认识和了解总是太有限，因而任何法律要想做到穷尽生活现象都是不可能的，因此，就要制定弹性条款，把尚未认识的、尚不了解的社会生活现象，立法者还不愿意公开指出的某些内容，概括在弹性条款当中。这个“其他人格利益”的规定，就是运用了这种立法技术，将应当依法予以保护的人格利益全部包容进去。

从立法内容上讲，这个弹性条款最基本的作用，就是概括了对人格利益保护的未尽事宜。这就是，任何人格利益，凡是没有明文规定的，只要需要依法保护，都可以概括在这个概念里。例如没有规定的性自主权，还有当今经常说到的生活安宁权、知情权等，这些没有成为具体人格权的人格利益都可以概括在这里面。因而可以说，司法解释中的这一弹性条款的规定，使中国司法对人格利益的保护，扩展到了从来没有过的新的范围，同时，也使这种对人格利益司法保护的范围，几乎是非常全面的了。从这个意义上说，这一弹性条款，确实是在保护人格利益方面的重大突破。

关于其他人格利益这一弹性条款的实体内容，可以归纳为以下三个方面：

第一，有一些在立法上没有规定，但是在理论上认为已经具有具体人格权性质的人格权，可以概括在这一弹性条款里面。例如，性自主权在理论上和实践上都被认为是自然人的最重要的人格权之一，立法也给予确认：《刑法》和行政法都作出明确的规定，通过对行为人予以刑罚和行政处罚的制裁，来对受害人的这一权利加以保护。可是，这个重要的民事权利，在民事立法中却没有予以确认，没有规定保护手段。这不能不说是立法上的一个疏漏。把性自主权归纳在其他人格利益之中，就可以依照这一弹性条款的规定，予以民法保护（有一点遗憾的是，如果将性自主权独立加以规定，将会更有意义）。

第二，对于一些有可能上升为具体人格权的人格利益，例如生活安宁权、知情权、声音权、形象权等，应当概括在这里。关于知情权，现在讨论得很多，很多人认为这是一个最有可能成为一个具体人格权的人格利益。还有电话骚扰、门缝广告等行为，都被认为是侵害生活安宁权的侵权行为。有了这个其他人格利益的弹性条款，就可以将其概括进去。对这样的诉讼，法院应当受理，予以司法保护。

第三，对于其他人格权和上述人格利益无法包括的人格利益，也可以概括在其他人格利益之中，依法予以司法保护。

有了这三个方面的内容，可以说，根据这个司法解释的其他人格利益的弹性条款，中国的司法对于人格利益的保护几乎是无所不包的。这正是这个司法解释的重大贡献。编纂民法典要考虑把这个司法解释中的精华进一步提升，使之成为法律条文。

在理论上还有一点疑问，这就是，上述其他人格利益所概括的绝大多数内容，正是一般人格权的主要内容，而人格尊严恰恰是一般人格权的核心内容。司法解释把人格尊严和其他人格利益分开，在理论上似有不妥之处。

司法解释是给法官做的，同时也是给大众做的。我们大家都是民事主体，都享有自己的人格权和人格利益。对于其他人格利益所概括的内容，我们都应当了解和掌握，知道自己怎样行使这种人格利益，怎样保护这样的人格利益。当侵权行为侵害了这些其他人格利益的时候，我们就能够拿起武器，保护自己。这不是更重要的吗？

# 第三讲 物权法篇

## 鼓励创造财富的“旋律”

民法学界通过紧锣密鼓的工作，终于在 2007 年 3 月 16 日通过了《中华人民共和国物权法》。显而易见，这部法律已经走进了我们的社会生活，发挥着重要的作用。我有幸成为制定这部法律的参与者，为能够制定这样一部法律而感到振奋。

那么，《物权法》究竟是一部什么样的法律？它体现的是一种什么样的主题？对此，很多人并不清楚，应当加以说明。

如果说，《物权法》是一部辉煌的“乐章”，那么，鼓励创造财富就是这部辉煌“乐章”的“主旋律”。

何以见得？

民法，是一部人法，是调整和规范人与人之间民事法律关系的法律。大而言之，民法调整和规范的是人身关系和财产关系。《物权法》作为民法的一个重要的组成部分，调整和规范的是基于财产而发生的人与人的关系，那就是特定的财产归谁所有，谁可以运用这样的财产继续创造财富，创造的财富又归谁所有，其他人对这样的财富采取什么样的态度。《物权法》在这些制定的规则之中体现的基本精神，就是鼓励个体创造财富，从而摆脱贫困，走上富裕之路。这不正是鼓励创造财富的辉煌“旋律”吗？在这么辉煌的“旋律”面前，人人都应当感到振奋。

资产阶级在其走上政治舞台的时候，就在他们的旗帜上写上了“私有财产神圣不可侵犯”的口号。在公有制面前，人们否定这样的口号。可是，如果从历史唯物主义的角度出发，实事求是地评价这个口号，不难发现其中的积极因素。因为这个口号的一个基本内容，就是鼓励创造财富。我的一位朋友是一位在物权法理论上颇有造诣的学者，他说了一句话，就是“请尊重财富进取心”。这句话讲得非常好。在前面的那句口号里，就包含着这句话的内容。在公有制面前，当然不能片面强调私有财产的不可侵犯，但是可以推而广之，那就是无论是私有财产还是公有财产，都神圣不可侵犯。在这样的原则之下，鼓励国家、鼓励集体、鼓励个人积极创造财富，确立为国家、为集体、为个人创造财富都是极为光荣的事业，尊重每一个人的财富进取心，不正是我们所要努力实现的共同富裕的目标嘛！

曾几何时，创造财富并没有受到鼓励，而是受到制裁。在那个已经被淡忘的年代，贫穷是“革命”的象征，富裕是“资本主义尾巴”，必得割除而后快。插队的时候，我也看到过很多这样的场景。为度年荒，农民偷偷摸摸开上一点荒地，种上一点杂粮，一旦被发现，青苗必定被铲除，开荒者必定被批判。农民就是多养一头猪，多养几只鸡，也是“资本主义尾巴”，必须彻底割除，否则就是“资本主义复辟”。在这样的意识形态指导下，谁人敢言“财富”二字？谁人敢说鼓励创造财富？谁人可能会尊重他人的财富进取心？其实，这也正是迟迟没有制定《物权法》的根本原因。

现在好了。

国家坚持公有制为主体、多种所有制经济共同发展的基本经济制度，鼓励人们创造财富，鼓励大家通过合法途径过上富裕生活。创造财富不再是耻辱的，而是光荣的，创造的财富不再是“尾巴”必须割除，而是依法确认创造的财富的所有权，并且依靠自己的财富作为资金，继续创造财富。不论这样的财富是国家的、集体的，抑或个人的，总之都是社会的。依靠这些不断积累的财富，就会民富国强，称雄于世，建设一个强大的社会主义国家。这正是其中的内容之一。

这样的一部“乐章”，难道不可以说是辉煌吗？这部“乐章”鼓励创造财富的“旋律”，当然也是辉煌的“旋律”，完全可以和社会的主旋律相融合，奏出最华美的音乐。

## 《物权法》的远看与近观

经历了14年的立法过程，《物权法》终于走进了人民群众的生活当中。这十几年来，特别是最近两年来，经过激烈的争辩，《物权法》好像被更多的人所接受，但是，还有更多的人对《物权法》究竟是什么样的法律并不真正了解。当年起草《合同法》的时候，虽然也有很多概念大家不了解，但是《合同法》是干什么的，大家都知道。可今天通过的《物权法》，多数人并不知道这个问题。因此，我想到一句话，“草色遥看近却无”。远远看去，人人都知道有了《物权法》这部法律，但是细细观察，大多数人又不知道它是什么法律，当然也不知道什么叫作物权。

为什么远看《物权法》，大家都知道这部法律，真的是要感谢巩献田教授，由于他对《物权法》的反对，引起了《物权法》是否合宪、是否违反社会主义基本原则的大争论，使《物权法》的概念深入人心，差不多使全国人民都知道了正在制定的《物权法》，都知道了有一部法律就叫作《物权法》。在我所接触的朋友、同事中，很多人（当然都不是搞法律的专业人士）都说，如果没有巩献田以及相关的讨论，他们也不知道有一部《物权法》。因此，由巩献田教授引起的讨论，实际上是一次《物权法》的普及“运动”，使《物权法》深入人心。至于《物权法》是不是违宪，是不是违反社会主义基本原则，已经辩论清楚了，《物权法》已经被人民所接受，这是一个重大贡献。

可是，为什么近观《物权法》，却有更多的人不知道物权法究竟是什么法律，究竟与每一个人的生活和生产有什么联系呢？事实上，在我们每一个人（包括自然人和法人）的生活和生产中，到处都有物权存在。可以说，我们每一个自然人都需要衣食住行，每一个法人都需要生产经营，如果离开了物权，对维系自己生存和发展的财富和经济基础不享有法律规定的物权，就肯定无法生存和发展，无法进行经营活动。因为任何人的生存和发展，都离不开物质条件，离不开物质财富。例如，对于那些归属于自己支配的财产的物权，人们享有的就是所有权；对于自己居住的建筑物的物权，就是建筑物区分所有权；对于夫妻共同所有的财产的物权，就是共有权。而对于利用他人的财产，例如利用国家的土地进行建筑开发，利用集体所有的土地进行耕种、建设住宅，这些物权分别是建设用地使用权、土地承包经营权、宅基地使用权，都是他物权。如果购买商品房贷款需要抵押，这个物权就是抵押权。《物权法》规定的每一个物权，都是我们必须具有的权利，因为这些物权就是我们的财富的"保护神"。而《物权法》就是规定人民享有这些物权并且提供保护的法律。

疑问是：为什么这样习以为常、须臾不可离开的物权和物权法紧密地伴随着我们的生活和生产，而我们却对《物权法》

和物权那么陌生呢?

依我所见，出现这个问题的主要原因在于，我们国家没有物权法的传统，人们不习惯用物权的观念来观察我们的生活和生产，不习惯用物权的规则去规范我们的生活和生产。在我国古代的法律中，也有关于财产的规定，也有土地权属、房屋权属的法律规定，也有典、当、抵押、质押等物权的规定，但是，它们都不叫物权，规定这些权利的法律也不叫《物权法》，而是叫作律或者令，并且刑民不分，混杂在一起。近代变律为法，《大清民律草案》和《民国民律草案》以及《民国民法典》规定了物权法，但是，新中国成立之后，废除了国民政府的法律，就又没有《物权法》和物权的概念了。在 1986 年制定《民法通则》的时候，规定了财产所有权以及与财产所有权有关的财产权，本来就是物权的概念，但是却回避了这个物权的概念。因此，我国人民与物权和物权法的概念相距遥远，没有这样的思考习惯。当《物权法》突然出现在我们面前的时候，细细观察，真的很难理解，一下子很难接受它。这也说明，研究民法、研究物权法的专家学者的工作还没有做好，没有让这些与人民群众息息相关的物权和物权法深入人心。

《物权法》的远看和近观有此不同，说明我们没有物权法的习惯。随着《物权法》的颁布实施，它已经成为正式法律了，我们要学习它、熟悉它、掌握它，从不懂到懂，从生疏到熟练——我们的民族必然要经历这个过程。

为了缩短这个过程，作为专门研究物权法的专家和学者，我们应当把物权法和物权化作“天街小雨”，慢慢地让它滋润人民的“心田”，成为人民群众所熟知的法律，真正能够用它保护自己赖以生存的物质基础，让人民能够生活得更幸福。

## 衷心赞美《物权法》第85条

民法典是一部大法，一般要有两千多条，多的有三千多条。相比之下，我们的《民法通则》就够“通”的了，只有156个条文，“通”了全部的民法。好在还有《婚姻法》《收养法》《继承法》《合同法》和《担保法》，再加上现在刚刚通过的《物权法》，总和起来，大概有一千多个条文了。这些条文算不算多？如果和中国的法律相比，当然很多，但与其他国家的民法典相比，其实并不算多。

有一个问题，就是那些三千多个条文的民法典，也不能够穷尽民事生活的方方面面，总要有民法典没有规定进去的民事生活现象。对于这些民法典没有规定的民事生活现象，司法应当怎样处理？国外民法典通常的处理规则，是在民法典中规定：民法有规定的依照规定，没有规定的依照民事习惯，没有民事习惯的依照法理。《法国民法典》第4条还进一步规定，任何法官不得以本法没有明文规定为由而拒绝审判。可见，即使是三千多个条文的民法典，保不齐也有没有规定的问题，需要依据民事习惯或者法理作出裁判。因此，这是民法典适用的一个基本规则，就是“有法律依法律，无法律依习惯，无习惯依法理”。由此而论，法官没有不能处理的民事纠纷。

直至今天，我们的民法从来就是不健全的。即使今天有了《物权法》，民法规范大致上好像齐全了，而实际上还有很多方面是没有法律明文规定的。同时，我们的立法奉行“宜粗不宜细”，即使在大致齐备的民法规范中，其细节上的规则仍然相当缺乏。况且我们还没有制定出一部统一的民法典。由此看来，我国民法更应该确立“有法律依法律，无法律依习惯，无习惯依法理”的民法适用基本规则。只有这样，才能够保证人民法院能够审判所有的民事纠纷。

可是，我国的民事法律包括《民法通则》，从来没有确定这样的民法适用基本规则，在司法实践中也没有确立这样的规则。多数法院和法官奉行的是，只要法律没有明文规定的民事纠纷，就不敢作出裁判，因此使这些纠纷任其发展，无法得到司法裁判的裁决，受到侵害的权利无法得到司法保护。几年前，我曾经在《检察日报》上发表过一篇文章，说的是一个侵害“悼念权”案件，法院判决公开认为，法律没有规定对这样的权利如何进行保护的方法，本院无法依据法律作出裁判，故判决驳回原告的诉讼请求。这样的做法对不对，读者会有自己的判断。

我们欣喜地看到，《物权法》第 85 条第一次作出了可以依照民事习惯作出裁判的规定。这一条文说："法律、法规对处理相邻关系有规定的，依照其规定；法律、法规没有规定的，可以按照当地习惯。"这是新中国成立以来我国民事法律第一次规定可以适用民事习惯作出裁判。例如，《物权法》和《民法通则》都没有规定越界枝丫根系的相邻关系规则，但是，我们可以根据习惯确定这样的纠纷的处理办法：辽宁省本溪市某地农民院中种有百年大树，根系延伸至邻居家房屋下，不仅将其屋墙拱裂，且将火炕拱裂，烧火冒烟，造成损害。法官根据习惯，判决将越界根系切断，并且予以适当赔偿，妥善处理了这一纠纷。这就是一个适用习惯处理相邻纠纷的典型案例，是对《物权法》第85条的一个诠释，也是我们赞美这一条文的一个例证。

当然，这一条文确定的仅仅是处理相邻关系的法律适用规则，并不是一个普遍适用的规则，但是这是一个好的开头。既然有了这样的民法适用规则，接下来，在制定中国民法典的时候，就可以把它写进去；在民事司法实践中参照这一规则，在法律没有规定的时候，可以依照民事习惯进行裁判。因此，《物权法》第85条真的是一个极有价值的条文，因为它规定了一个极有价值的民法适用规则。

可见，肯定《物权法》第85条的法律价值并不是我们赞美它的根本目的，更重要的是应当将其推而广之，使之成为一个普遍适用的民法规则。我想，根据《物权法》第85条规定的经验，可以在以下三个方面将其推而广之：

第一，制定民法总则的时候，应当规定这一民法适用规则，在民法总则的显著位置规定，民法的法律适用，有法律依法律，无法律依习惯，无习惯依法理。只有确立了这个原则，我们的民法典才能够概括所有的民事生活现象，覆盖全部民事生活，避免挂一漏万。

第二，在民事立法中应当特别重视对民事习惯的调查。近几十年来，我们的民事立法没有做到这一点。在清末民初制定民法典的时候，人们曾进行过大规模的民事习惯调查。那时候的调查报告，在今天仍然有借鉴的价值。对此，当我们要作出一项新的民事法律规定的时候，应当进行广泛的民事习惯调查，掌握民情和习惯，使我们的民法规则更符合社会实际情况。

第三，在司法实践中，应当特别重视民事习惯的应用。法官应当增加自己的阅历，更多地掌握民情和民事习惯，在成文法没有规定的情况下，敢于并且能够依据民事习惯作出判决。很多人怀疑，如果准许法官依据习惯作出裁判，会不会鼓励法官滥用裁判权，违法办案？事实上，如果法官想要违法办案或者枉法裁判，即使没有规定适用民事习惯裁判的规则也是没有办法的，他照样敢于违法办案或者枉法裁判。法官依法办案，在没有法律明确规定的时候，依照民事习惯作出裁判，不是鼓励违法裁判，而是更好地依法办案，为人民解决纠纷。

为此，我为《物权法》第 85 条叫好，并衷心地赞美它！

## “堵”改“疏”：改革小产权房法律调整方法的另一种思路

> 于是九州攸同，四奥既居，九山刊旅，九川涤原，九泽既陂，四海会同。六府甚修，众土交正，致慎财赋，咸则三壤成赋。
>
> ——《史记·夏本纪》

小产权房，一般是指在农村集体所有的土地上，未经政府有关部门合法批准建造，无法定房产管理机关颁发房产证或无合法产权证明的房屋。对于小产权房的开发、建设、买卖，政府一贯采取严厉整治的立场，但并未有效遏制，小产权房仍在发展中，难以从根本上解决。对此，应当依照《中共中央关于全面推进依法治国若干重大问题的决定》的要求，对现行土地管理法律政策进行改革，将对小产权房采取“堵”的方法改为“疏”的方法，从根本上改变目前这种困难、尴尬的局面。

### 一、对小产权房采取多管齐下“堵”的政策并未收到预期效果

依照现行法律规定，建设销售小产权房是违法行为。多年

来，对于清理整治小产权房，全国各地的态度都十分严肃，严格清理，采用行政、刑事、民事多管齐下的方法进行“围追堵截”，但收效甚微。

## （一）采用行政方法进行小产权房的清理整治难见成效

国土资源部办公厅、住房和城乡建设部办公厅于2012年和2013年连续下发《关于坚决遏制违法建设、销售“小产权房”的紧急通知》等文件，要求各地政府对在建、在售的小产权房坚决叫停，严肃查处。在清理整治过程中，各地政府有关部门都遇到了较大障碍，难见成效，小产权房的数量有增无减，难以统计。面对阻力，政府无法全面清理，彻底整治。在采用行政办法清理整治小产权房效果不佳的情况下，很多地方政府认为，对于小产权房的清理工作，必须采用更为有力的法律调整方法，才能够收到明显效果。

## （二）对小产权房建设、销售采用刑事手段解决效果不好

有些地方政府主张采取严厉的刑事手段，对小产权房开发、建设、销售中违法性质严重、情节恶劣、获利巨大、影响较坏的行为定罪判刑，惩戒违法者，教育大多数，为清理整治扫除障碍。有些检察院也向法院起诉有关小产权房的刑事案件，主张法院追究违法者的刑事责任。最高人民法院曾在有关答复意见中，提出了部分开发建设买卖小产权房的行为构成非法经营罪，但可不认定为情节特别严重（即量刑不超过5年）

的指导性意见。

法院对小产权房建设、销售引发的刑事案件适用罪名，一是适用非法转让、倒卖土地使用权罪，最大的问题，是将农民转让自己享有的土地所有权、使用权的行为认定为犯罪，所有权人转让对自己所有的土地的用益物权，怎么就构成犯罪呢？二是小产权房建设、销售本身并不存在合同诈骗，除非是开发者将小产权房冒充商品房销售，构成对购房者的欺诈。三是非法经营罪，如果制裁开发商的非法经营行为，则值得探讨，但对农村土地所有权人和使用权人，不能以此予以制裁。四是对于小产权房的建设者、销售者偷漏税金的，以偷税罪治罪。事实上，对涉及小产权房建设、买卖的违法行为采用刑事手段定罪判刑予以整治，没有适当的《刑法》根据，也没有收到预期效果。

### （三）适用民法处理小产权房纠纷难度大且无法解决根本问题

目前涉及小产权房的民法调整，主要集中在法院应否受理对小产权房纠纷的起诉、小产权房买卖合同的效力认定、小产权房的确权以及小产权房的继承等问题上，纠纷类型复杂，法律适用难度大。问题是，即使对这些小产权房的民事纠纷都能够处理并平息纠纷，也都属于治标不治本的办法。例如关于小产权房的确权问题，有的是当事人试图通过诉讼确认自己对小产权房的所有权，使其对小产权房的权属合法化；有的在离婚诉讼中主张分割小产权房的使用权；有的要求分割、继承小产权房的使用权等。这些纠纷所涉及的根本性问题是农村集体土地的权属及权能的问题，这个根本性的问题不解决，即使对这些纠纷都处理了，也无法从根本上解决问题。

## 二、对小产权房形成以及清理整治遭遇法律难题的深入思考

从总体上说，小产权房是中国独有的法律问题，因而对其进行清理整治以及法律调整，应当从中国的历史和发展的角度进行研究。

第一，我国目前在农村土地权属问题上的基本态度，包括《物权法》和《土地管理法》等的法律规定，并非完全合理、科学，存在较多问题。现行法律用集体所有权和土地承包经营权、宅基地使用权等物权，规范农村土地的权属问题，再加上《土地管理法》的限制，使农民对于自己的土地在集体所有权的权属下，没有完整的支配权和使用权，这是不完整的所有权。当前，为数众多的农民抛家弃子、背井离乡到城市打工，与农民对这种土地权属制度缺乏热情有重大关系。

第二，目前，国家把土地的建设性开发和使用完全交由各级政府控制，当需要用农民的集体土地进行开发、建设时，须通过国家的低价征收而后高价转让，使建设用地使用者取得建设用地使用权，政府从中将征收农民土地和转让国有土地之间

的巨额利益据为己有，而农村集体经济组织作为所有权人，不仅只得到少量的征收费用，无法获得土地转让的主要利益，更重要的是使农民从根本上丧失了土地所有权。这种不合理的土地权属制度，侵害了农民作为土地所有权人的合法权益，造成农民对转让土地应得和实得利益之间的巨大落差。因此，农民作为集体所有土地的物权人，其反感和失望是完全可以理解的。农民集体组织或者村镇管理者对农村集体土地进行小产权房开发建设，试图获取比较完整的土地权利的转化利益，有其合理性。

第三，在民法上，阻碍小产权房政策疏通的最根本问题，是《物权法》在第 4 条规定了所有权平等保护原则之后，又在第十二章中规定建设用地使用权主要是指国有土地上设立的用益物权（第 135 条），在集体土地上设置建设用地使用权须遵守《土地管理法》的规定（第 151 条）。而《土地管理法》规定集体土地只可以设立乡村建设用地使用权，且不可以进行流转。这正是小产权房产生的根本原因，也是无法根治小产权房问题的症结。这样的法律障碍不排除，小产权房的问题就无法根本解决。只有准许在集体土地上可以设立能够流转的建设用地使用权，才能从根本上解决小产权房的问题。

第四，在上述情势之下，社会舆论并不谴责农村集体经济组织及乡镇管理者利用集体土地进行小产权房的建设、销售行为，反而持同情、支持态度，对政府垄断土地性质转化利益的行为倒是持反对态度，异议颇多。对小产权房的清理整治工作之所以阻力较大，这是一个重要原因。

第五，小产权房的数量并非少数，购房者亦数量众多，如此庞大的群体对清理整治小产权房的政策均有抵触情绪，且利益攸关，不适当的过激政策将会产生严重的群众抵触情绪，影响社会稳定。

由于以上原因，国家对有关小产权房采取的总体上“堵”的政策（即清理整治工作）并不适当，应当进行彻底改革，依照《物权法》第 4 条规定的“国家、集体、私人的物权和其他权利人的物权受法律保护，任何单位和个人不得侵犯”的所有权平等保护原则，以及《中共中央关于全面推进依法治国若干重大问题的决定》的要求，对集体所有权平等对待。否则，既不能得到城市群众的拥护，也不能得到更为广泛的农民阶层的支持，还违反现行法律规定，给农民的集体土地所有权以及其他物权造成更大的伤害。

## 三、对小产权房应当采取“疏”的方法因势利导实行根本改革

对小产权房的法律调整实行“堵”改“疏”，将对小产权房的清理整治改为合理疏导，将其纳入法治轨道，让其健康发展，不仅会改变目前国家对小产权房的政策困境，而且会推动房地产市场良性发展，降低房价，使更多的人居者有其屋，保

障民生，促进社会健康发展。

《中共中央关于全面推进依法治国若干重大问题的决定》指出："健全以公平为核心原则的产权保护制度，加强对各种所有制经济组织和自然人财产权的保护，清理有违公平的法律法规条款。"按照这一要求，进行小产权房"堵"改"疏"重大改革的基础，就是公有制之间的物权为"平权"，都是公有制的土地，不能有国有物权高于集体物权的不公平现象的存在。而实际上，国有土地上的建设用地使用权与集体土地上的建设用地使用权的不平等、不公平，是造成小产权房存在的根本原因，是国家所有权对集体所有权以大欺小，这是不公平竞争。"堵"的结果，就是农民丧失土地，而政府却因此获取绝大多数的土地转让利益，使农民的集体所有权被"合法"侵害，没有体现《物权法》规定的所有权平等保护原则。

"堵"改"疏"这一重大改革的根本点，就是实行国家所有权与集体所有权的平权，准许在集体土地上设置可以流转的建设用地使用权，将在集体土地上设置建设用地使用权时发生的巨大利益的主要部分留给农民，并且是农民保留土地所有权，政府通过税收的办法提留相应的利益，实现利益均衡。

具体办法是，法律应当准许在农民集体所有的土地上设定可以流转的建设用地使用权，将采用征收集体所有土地由国家设置建设用地使用权的办法，改革为集体经济组织可以直接与建设用地使用者签订建设用地使用权的转让合同，但须经过政府批准，并且依法纳税。这样，就能够将在农村土地上设定用益物权的自主权还给农民自己，并且将转让用益物权所发生的利益大部分交给农民。政府采用审批和税收的办法，控制农村土地的不适当利用，并通过税收手段保障政府的收益。

按照这样的设想，实现这一重大改革的主要问题是：

第一，农村集体经济组织作为物权人，与建设用地使用人直接进行建设用地使用权的交易，改变农村集体经济组织享有所有权的土地只能通过征收为国有土地，国家取得所有权后，由政府与建设用地使用人进行交易的现行办法。其根据是，农村集体经济组织作为农村公有制土地的所有权人，有权在其土地上为他人设置用益物权，并获得相应的利益。否则，两种公有制的所有权有高有低，就不是平等的物权，就是歧视农村集体经济组织的土地公有制度，限制农民的所有权，造成“有违公平”的后果。

第二，农村集体经济组织与建设用地使用人之间通过合同转让的标的，不是农村土地所有权，而是建设用地使用权。要改变的是，并非只有在国有土地上可以设置建设用地使用权，在农村土地上同样可以设置这一用益物权。应当废止《物权法》和《土地管理法》对在农村集体土地上设置建设用地使用权的限制，使在农村土地上设立的建设用地使用权与在国有土地上设立的建设用地使用权处于平等地位，具有同等的权能。这样，既解决了农村土地用益物权的可转让性，也解决了农村集体经济组织保留自己的对土地所有权人身份的问题，使其仍然是土地所有权人，不丧失自己的土地。

第三，农村集体经济组织转让其建设用地使用权，须经政府审批。为避免农村集体经济组织为了眼前利益，将农村耕地改变为建设用地，破坏保护耕地的政策，农村集体经济组织转让其建设用地使用权，须经政府的严格审批，不仅要符合保护耕地政策，还须符合城镇化改造的统一规划。只有获得审批许可的，农村集体经济组织才可以与建设用地使用权的受让人签订建设用地使用权转让合同，转让其权属，否则不发生建设用地使用权转移的效果。

第四，对于农村集体经济组织转让其建设用地使用权的方式和价格等，仍然采取“招拍挂”的方式，通过市场确定转让价格，而非由政府独自做主。

第五，转让建设用地使用权的所得利益通过税收均衡分配，主要利益应当由农民享有，政府依法征税。由于建设用地使用权的转让通过农村集体经济组织与建设用地使用人直接交易，转让土地使用权的利益都由农村集体经济组织所享有，进而分配给全体农民，保障农民土地用益物权流转所获得的利益归土地所有权人享有，他人不可从中获益。国家利益则通过征收税金的方法保障，通过税收这一杠杆，既能够控制交易，又能够保障国家的税收。

这样的改革，使农村集体经济组织与建设用地使用人成为农村土地建设用地使用权的直接交易者，发生的利益并没有被政府“盘剥”，主要利益归属于土地所有权人；而政府通过税收，仍然保证获得相应的利益，而不是将巨额利益归属于自己。依法纳税是交易者的法定义务，政府依法征收交易的税金无可厚非。因此，这是解决小产权房问题的一种釜底抽薪式的改革。从此，小产权房的问题就不会再发生，已经发生的小产权房问题也会据此找到好的解决办法。

## “自动续期”的核心价值是一次取得，永久使用

目前在温州发生的 20 年住宅建设用地使用权的续期问题，将《物权法》第 149 条规定的住宅建设用地使用权期限届满“自动续期”留下的立法留白问题，提前暴露出来，促使立法者直接面对这个问题，争取尽早解决，以增强人民群众对国家物权制度的信心。在编纂民法典分则时，有了一个解决这个问题的机会。在对《物权法》进行整合、修订，编入民法典分则作为“物权法编”时，对这个问题能够在充分讨论的基础上，做好顶层设计。提出的具体解决办法是，一次取得，永久使用，使住宅建设用地使用权成为一个永久性的用益物权，与《物权法》规定的宅基地使用权的性质相一致。这样的设计，

不仅可以使《物权法》遗留的这个问题一劳永逸地得以解决，而且会为编纂民法典分则提供亮点，获得人民群众的赞成和拥护。

## 一、解决这个问题的关键在于摆正人民群众利益与政府利益的关系

必须看到的是，在住宅建设用地使用权期间届满的续期问题上，采取何种办法解决的实质，就是怎样协调人民群众的利益与政府利益的问题。如果仅从理论上分析，政府没有自己的利益，政府的利益就是人民群众的利益，因为土地公有就是全民所有，土地增值，获益的是人民群众，因而两者的利益是一致的。但是，实际上并非如此。人民群众的利益总是具体的利益，是每一个业主对土地权属的利益，而政府的利益则比较抽象，是政府拥有更多可支配财产的问题。因此，政府利益与人民群众的利益尽管是统一的，但是仍存在对立的方面。在这样的问题上，政府应当尽可能地让利于民，让人民群众能够得到更多的实惠。《侵权责任法》和《消费者权益保护法》规定，在侵权人应当承担的对受害人的民事责任与对政府承担的行政责任发生冲突时，侵权人优先承担民事责任，以保护受害人的利益，牺牲政府的利益，这一点体现了政府让利于民的思想。应当将这样的原则进一步扩展，延伸至在土地权益中政府利益与人民群众利益的协调中，一以贯之，就能够更好地造福人

民，让人民群众获得更多的实惠，民事权利得到更好的保护。

## 二、确定“自动续期”一次取得、永久使用核心价值的法律依据和客观依据

就温州的住宅建设用地使用权期满续期问题进行的大规模讨论，基本意见趋于一致，对保障民生多有裨益。不过在讨论中，学者忽略了一个更为重要的问题，即没有真实地解释《物权法》第149条第1款所规定的住宅建设用地使用权期间届满“自动续期”的核心价值何在。我认为，“自动续期”的核心价值，在于住宅建设用地使用权为一次取得、永久使用的用益物权。

住宅建设用地使用权的70年期间届满之后自动续期，续多长的期，是否要收费，如果要收，是收费还是收税。这些都是重要问题，是必须解决的问题。但是，在研究《物权法》留下来的关于第149条第1款自动续期的悬而未决问题时，更重要的是要解决《物权法》通过“自动续期”的规定，究竟要送给人民群众的是一种什么样的物权，即业主取得的期间届满即自动续期的住宅建设用地使用权，究竟是一种什么样的用益物权？换言之，自动续期的住宅建设用地使用权究竟是有期限的权利，还是无期限的权利？如果通过这次讨论能够解决这个问题，就会使这次全国性的讨论具有了最大的价值。

我想通过这次讨论要解决的最重要的问题是：住宅建设用

地使用权的自动续期的核心价值，就在于住宅建设用地使用权通过自动续期，而成为一种一次取得，即永久享有的用益物权。我提出这种意见的依据是：

第一，从“自动续期”的文义逻辑上推论，自动续期的权利具有永久性。何为届满自动续期？一种理解是，一个存有期限的权利，当其期间届满，就能够自动地展期，使该权利继续下去，再也不受期间的限制。续期的本来意思，应当是续展一定的期限，但是，当一个权利的期间届满时，法律规定其自动续期，且未规定续展的期限为多久的，这个期限应当是永久的。这个解释符合文义逻辑的要求。另一种理解是，如果一个权利续展的期间还有期间，例如30年或者40年，那么，70年届满自动续期，再续期30年或者40年的期间又届满，当然还得是自动续期，并且会永续下去，结论仍然是无期限，即永久性。无论采用哪一种来理解自动续期的概念，都会得出权利永久性的结论。因此，当一个有期间的权利被规定为期间届满自动续期，这个自动续期就意味着该权利变为永久性的了。

第二，从立法者规定自动续期的本意推论，住宅建设用地使用权作为永久性的权利在其立法本意之中。立法者规定住宅建设用地使用权期间届满自动续期，目的在于“保障老百姓安居乐业”。安居乐业一词源于《汉书·货殖列传》：各安其居而乐其业，指有个安定的住处和固定的职业，安于所居，乐于所业。让老百姓各安其居，就必须让其有一块固定的土地建房居住，不能因为权利的变更而流离失所。对于老百姓享有的住宅建设用地使用权尽管规定了期间，但是通过自动续期而使其成为永久性的权利，才能够保障老百姓各安其居而乐其业，实现立法者的立法目的。否则，老百姓不能安其居而乐其业，就无法实现立法者的立法目的。可见，只要住宅建设用地使用权是有期间的，人民群众就不能安其居，也不能乐其业。

第三，“有恒产者有恒心”的价值观，要求自动续期的住宅建设用地使用权是永久性权利。“有恒产者有恒心”，是制定《物权法》过程中最常说的一句话，也是立法者规定“自动续期”的目的之一。房屋等建筑物并非真正意义上的恒产，只有土地才是恒产。任何一个人只要在地球上生活，就必须生活在土地上，因而不论对建设住宅的土地享有的是所有权还是使用权，都是必须永久地享有的。只有享有了永久性的土地权利，公民才能够建立永久生活、永续利用的恒心。如果仅有建筑物的所有权而不享有永久性的土地权利，无论如何也不能让人民群众有恒产，也就无从建立守家、创业、爱国的恒心。在此必须明确一个基本的事实，即业主买房，实际上一并买到了该住宅所有权和住宅建设用地使用权。这就是，开发商在卖房时，是把建筑物所有权的价钱和住宅建设用地使用权的价钱加到一起出售的。而这个事实实际上是被大大地误导了。我们通常都说是买房，而不说是买地，这是不正确的。而有些民法学者也认为我国业主购买商品房，是买房而不是买地，这更是严重地误导了群众。只买住宅所有权，不能实现“有恒产者有恒心”，只有买地，才能够实现这个价值观。

第四，客观现实规律要求住宅建设用地使用权通过自动续期成为永久性权利，因而使房地一体相互协调。目前的住宅建设用地使用权和住宅所有权，一个是 70 年，另一个大体的“寿命”是50年左右。50 年后房屋翻修，尚在土地权利的期间之内；翻建之后，土地权利如果不能自动续期，房屋所有权就会受到危害，只有自动续期，才能够使住宅权利与土地权利相协调。因此，土地权利为永久性权利，就为住宅的不断翻建提供了条件，形成房地一体，永续使用。

## 三、确定“自动续期”一次取得、永久使用核心价值的重大意义

基于以上分析可以看到，对于“自动续期”的规定，尽管立法者认为“如何科学地规定建设用地使用权人届时应当承担的义务，目前还缺少足够的科学依据，几十年后，国家富裕了，是否还要收土地使用金，应当慎重研究，物权法以不作规定为宜”，但是从中能够推出住宅建设用地使用权就是一种永久性的用益物权这样的科学结论，并且这个结论是受到全体人民群众欢迎的，是广大人民群众热切盼望的。

确定住宅建设用地使用权期间届满“自动续期”的核心价值是一次取得、永久使用，其重大意义在于：

首先，确定住宅建设用地使用权是一种永久性的用益物权，而不是一种有期限的用益物权。应当看到的是，当初设定住宅建设用地使用权期间，借鉴的是香港的土地制度，即香港的土地使用权最长是99年或者在其之下。这是因为，香港当时在英国租借期内，土地为女王所有，由于受租借期的限制，土地使用权的期间最长不能超过100年。换言之，香港的土地权利的期限是受租借地的制约。中国实行土地公有，在客观上并没有对住宅建设用地使用权设定期间的必要。因此，设定我国的住宅建设用地使用权为永久性用益物权，有现实的客观基础，并且与我国的城市土地归国家所有这一制度相适应。

其次，将住宅建设用地使用权解释为永久性的用益物权，能够使几亿人安其居而乐其业，有恒产而有恒心。如果一个国家的公民居住在一个没有切实保障、具有期限性的用益物权的土地之上，是无法安其居而乐其业的，也因无恒产而对自己的国家无法建立恒心。有了一种永久性的用益物权作为土地权利的保障，即使自己没有土地所有权，也能够让自己安心地居住，快乐地从业。因此，住宅建设用地使用权的永久性，具有极端的必要性和迫切性。

最后，与农村土地权利状况相适应。我国农村土地归农民集体所有，在公有制基础上建立的农民的宅基地使用权，就是永久性的用益物权。在城镇，土地归全民所有，在此基础上，城镇居民的住宅建设用地使用权与农民的宅基地使用权相对应，也应当是永久性的用益物权。如果说，农民的宅基地使用权有特殊性，是农民在“入社”之前本来就属于自己私有的，那么同样，1982 年之前，城镇居民的私有房屋的土地也是私有的。在这样的基础上，无论是农民还是城镇居民，在住宅的土地上，都应当享有一种永久性的土地用益物权，二者相互协调，构成统一的住宅的土地使用权体系，使我国的物权体系更为完美、更为和谐。

有的学者不同意这样的意见，理由是，建设用地使用权作为在他人之物（国家或集体的土地）上所设立的权利负担，自应有期限限制，否则建设用地使用权有沦为土地所有权、导致土地私有化之嫌。这样的担忧是没有必要的。将住宅建设用地使用权界定为无期限用益物权，一是尊重了国家公有的土地制度，二是由于住宅建设用地的特殊性，三是农村的宅基地使用权同样也是实行公有制，也是没有期限的。鉴于这样的理由，将住宅建设用地使用权界定为无期限的用益物权并无不当，也与现行法律相契合。

## 四、确立住宅建设用地使用权为永久性用益物权的法律后果

“自动续期”的法律规定，使住宅建设用地使用权成为城镇居民永久享有的用益物权，而其法律后果应当怎样确定，也是一个重要的问题。依我所见，住宅建设用地使用权作为永久

性的用益物权，就是一次取得、永久使用，具体的法律后果是：

第一，权利人永久享有住宅建设用地使用权，不仅自己享有，而且可以由其继承人继承，永续享有，使这一权利真正成为民事主体的恒产，不再有所谓权利期间的担忧和限制。

第二，永久使用，意味着无论是权利人还是其继承人，都永久地享有该用益物权，可以依法在该土地上行使权利，对土地进行充分利用，例如对于建筑物，可以在法律规定的范围内进行改建、翻建，使该用益物权范围内的土地得到永续的利用，使权利人依法行使权利得到保障。

第三，一次取得，意味着业主花一次钱购买住宅建设用地使用权，今后永远不再需要缴纳出让金，也不必续签建设用地使用权出让合同。在讨论中有人认为，在自动续期时，权利人还应当与土地权利出让人续签合同，重新约定期间等。这是不必要的，自动续期就意味着是“自动”而不需要再签合同。

第四，作为一个永久性的用益物权的权利人，在从政府手中购买住宅建设用地使用权之后，即享有一次取得而永久使用的权利，他（她）应当对土地所有权人尽到相应的义务，即应规定永久性住宅建设用地使用权的依法纳税制度，权利人应当依照该法律依法纳税。依照通例，作为私有土地所有权人，应当向国家依法纳税；在将住宅建设用地使用权确定为永久性用益物权后，权利人当然也应负有这样的义务，从而确立永久性使用国家土地的法定纳税义务。

上述这些讨论《物权法》第149条规定的住宅建设用地使用权期满自动续期的意见和结论，对于保障我国公民的物权，保障他们安居乐业，使其建立对国家的信心和恒心，都具有极其重要的意义，立法者和政府务必予以高度重视。

## 奥运冠军的财产是否为夫妻共同财产？

一场关于奥运冠军的财产归属问题的争议，在一位奥运冠军与其配偶之间展开。争执的焦点，就是奥运冠军所获得的财产，在奥运冠军与其配偶离婚时，能否作为夫妻共同财产分割？奥运冠军的配偶能否获得应属于夫妻共同财产中的自己应当得到的那一份？

分歧的意见是：有的认为，奥运冠军所拥有的财产，是国家对一位奥运金牌得主的嘉奖以及社会各界对奥运冠军的首肯，是给奥运冠军个人的一种回报。其配偶没有付出，不尽义务，不能分享这部分财产。因此，奥运冠军所得到的奖章、奖品、房产、礼品等，只能归奥运冠军一人所有。相反的意见认为，作为夫妻，付出是有特定含义的，是相互的。奥运冠军的配偶支持奥运冠军的事业，不得不面对夫妻分居两地、不能正常生育孩子的现实，不能说没有付出。况且，法律规定的夫妻财产制是夫妻共同财产制，夫妻婚后所得一切财产都是夫妻共同财产。因此，奥运冠军所得的财产不能全部归属于奥运冠军自己所有。

法院的判决认为，国家相关部门及社会有关人士对奥运冠军给予奖励与捐赠，是对奥运冠军为国争光的褒奖，也是其长期克服困难、刻苦训练的回报，所获得的奖励与捐赠系合法收入。但就婚姻法规定而言，上述奖励和捐赠款项在无特定指向归奥运冠军个人所有时，夫妻在婚姻关系存续期间所得的奖金与获赠财物应认定为夫妻共同财产，归夫妻共有。在离婚分割该部分共同财产时，应考虑财产的来源、婚姻关系存续时间的长短、夫妻关系具体状况以及今后治疗运动员伤病等因素，合理分割。在这个案件的具体分割时，考虑财产的来源主要系原告多年奋斗荣获奥运冠军后而取得，同时双方婚后共同生活时间较短，长期互不履行夫妻义务，原告作为运动员有可能进行伤病治疗等因素，故原告可分得夫妻共同财产的70%，被告分得30%。鉴于奖励的金牌等具有人文含义和特定身份关系的因素，可推定为让奥运冠军纪念和收藏，应归原告个人所有，被告要求分割其余财产的要求，不予支持。

法院的判决基本是正确的。但是，这一判决的基本理由，还需要进一步阐释。对此，主要涉及两个法理问题。

第一，关于荣誉权中的财产利益的归属问题。

按照法律的规定，荣誉权不仅仅是对国家、组织、单位等对个人突出表现给予的褒奖所享有的权利，还表现为对得到的荣誉包含的物质利益所享有的权利。在一般情况下，荣誉主要是组织对个人的积极的、正式的评价，荣誉所体现的物质利益，则是荣誉的附属部分，是对获得荣誉的人的鼓励和激励。这就是通常所说的精神鼓励和物质鼓励。前者是荣誉权的主要内容，后者则是荣誉权的附属部分，这两者都是荣誉权的组成部分。例如，奥运冠军的称号，就是关于荣誉评价的部分，奥运冠军所获得的物质奖励，则是荣誉所包含的物质利益。

一个人获得荣誉，如果这个荣誉同时包含上述两个内容的，这两部分内容同时属于荣誉权人所享有，任何人不得侵害。国家法律保护荣誉权人的权利，确认荣誉及其利益的归属，任何人损害荣誉权人的荣誉称号，侵占或者损害荣誉利益，都构成侵权行为，应当承担相应的民事责任。

从这个意义上说，奥运冠军因为获得奥运冠军而得到的财产，属于奥运冠军本人的财产，其享有所有权，任何人不得侵害。

值得研究的是奥运冠军因为获得冠军而得到的捐赠以及广告收入的归属问题。毫无疑问，这样的收入也是奥运冠军的合法收入，但是分析起来，这种收入是否与荣誉本身所含有的物质利益具有同样的性质呢？

诚然，这种收入与奥运冠军的称号不无关系。如果奥运冠军没有获得奥运冠军的称号，奥运冠军可能不会得到这样的收入。但是，如果将这种财产与奥运冠军所获得的物质奖励同等对待，那就犯了一个错误。因为这种收入不是荣誉本身所具有的荣誉利益，而是与荣誉物质利益相区别的一种正常的财产收入，这与其他人接受捐赠、制作广告获得的收入是一样的收入，因而应当作为一般的财产收入对待，而不能认作奥运冠军所获得的荣誉利益。如果奥运冠军是一个单身贵族，这些财产归属其自己所有，在法律上没有任何问题。法律保护私人财产的所有权，奥运冠军的财产当然包含在其中。

第二，奥运冠军与配偶离婚时的共同财产分割问题。

奥运冠军与配偶离婚，与任何人的离婚一样，没有区别，都要遵守《婚姻法》的规定，按照《婚姻法》规定的财产分割规则进行。首先，按照《婚姻法》的规定，我国实行夫妻共同财产制，任何夫妻结婚以后，如果没有特别的约定，其婚后所得的一切财产都属于夫妻共同财产。其次，如果夫妻在财产问题上有特别的约定，则按照约定处理，例如约定分别财产制，就应当按照分别财产的规定处理，夫或妻所得财产归自己所有。

奥运冠军的离婚财产分割问题，还是有一定的特殊性的，主要就是因奥运冠军荣誉所得的财产和因获得奥运冠军而得到的其他财产分割问题。对此，我认为可以遵守三条规则。

一是与奥运冠军有特定身份关系的财产，归属于奥运冠军所有。例如奖励冠军的奖牌、奖杯等物品，虽然也是财产，但是由于具有特定的身份关系，不能作为夫妻共同财产分割。奥运冠军的配偶如果也主张作为夫妻共同财产分割，则无理由，不应当支持。

二是奥运冠军由于获得荣誉称号而得到的其他财产，在夫妻没有特别约定的情况下，属于夫妻共同财产，应当参加共同财产分割。诸如奖金，以及没有特定身份关系的奖励物品如房屋、礼品等，都属于夫妻共同财产，应当进行分割。对此，奥运冠军主张这些财产为自己所有的个人财产，不得作为夫妻共同财产分割，也是没有道理的。

三是奥运冠军接受捐赠、做广告等获得的合法收入，在夫妻没有特别约定的情况下，属于夫妻共同财产，在离婚时应当进行分割。其中的一般性收入，自无问题。就是那些具有一定身份关系的物品，例如捐赠的刻有奥运冠军名字的贵重物品，由于不是荣誉本身的物质利益，而是他人赠与，因而应当作为一般的收入对待，认定为夫妻共同财产，参加分割。分割的方法，物品可以归属于奥运冠军，但是要做一定的折价，以其他财产折抵其配偶应当得到的份额。

## “留置”入学通知书：应承担何种责任？

今天要说起一件令人气愤的事情。这件事，本来我已经在《南方周末》上“说三道四”了一番，但是意犹未尽，因此，不妨听我再说一遍。

话说湖北省荆州中学特色班学生杨叔勋，学业优良，但是一时家里出现困难。杨叔勋参加高考，一举考中沙市大学工艺美术系。该校填发入学通知书，要求杨叔勋到该校报到。

这是改变一个人命运的关键时刻！从小就对前途抱有美好希望的杨叔勋，凭着这一纸入学通知书，就能够跨入大学的门槛，实现自己成为一名大学生的梦想，从此改变自己的命运。但是，他的这个梦想破灭了。毁灭他的这个黄金般梦想的不是别人，而是他的老师。

他的老师王姓，是荆州市荆州区的政协委员。三年前，他看好了杨叔勋这位学生，亲自推荐杨叔勋作为美术特招生进入该校特色班。但是，杨叔勋家庭贫困，使他没有交纳 2 040 元的费用，学校扣留了杨叔勋的毕业证书，作为“留置物”。

学校的这种行为还不能摧毁杨叔勋的大学梦。王老师接下来实施的行为，才使杨叔勋的大学梦彻底破灭了。王老师也不是一个坏人，他对杨叔勋的家庭贫困给予理解，杨叔勋的高考报名费，就是王老师垫付的。然而，就在学校将杨叔勋的大学录取通知书转交给王老师让其送交杨叔勋的时候，他却将这份寄托希望和梦想的高考录取通知书隐藏起来，致使杨叔勋在一年多的时间里，根本不知道自己考上了大学，甚至不知道自己高考的分数。其原因，就是王老师将杨叔勋的高考录取通知书作为担保杨叔勋清偿 2 000 多元债务的“留置物”予以扣押，并且不说明情况。直到一年多以后，杨叔勋的父亲在向王老师索要杨叔勋的毕业证书时，才知道了事情真相。而在这个时候，杨叔勋已经远在千里之外的广州某餐馆打工，每天在不停地刷着盘子。

这就是《南方周末》对这一事件的报道。

听到了这一令人震惊的消息，读者都会提出疑问：究竟是谁给了这位老师“留置”杨叔勋高考录取通知书的“权利”？

对于这样的事情，则有不同的看法。这个学校有的老师认为，这种事情基本上属于一个老师的道德和职业操守的范畴，还谈不上法律责任。而学校由于不知情，应该没什么责任。

果真如此吗？

否！从民法的角度考量，学校和老师还真的就要承担民事责任。别忙，且听我慢慢地对这一纠纷所涉及的法律关系进行分析。

学校对这个问题是不是有责任？不知情就没有责任吗？问题不能这样看！在学校为考生送交大学录取通知书这一问题上，其性质属于委托的民事法律关系。在现行的大学录取工作中，惯常的做法都是录取的大学委托考生的母校为其送交录取通知书，或者由邮局邮寄。这个大学采用的就是这种委托方式。学校收到了委托送交的录取通知书，就形成了委托关系，学校就成了一个委托合同的当事人，负有安全、及时送交的义务。学校将通知书交由王老师送交，可以从两个方面认定：从一个角度上看，这是一个转委托的合同，学校转委托老师送交；从另一个角度上看，老师送交的行为是执行委托合同，是学校履行委托合同的具体行为，是学校履行委托合同义务行为的继续。这两个方面的认定，以后一种分析更为准确。因此，依据这种观点观察，老师的行为实际上还是学校的行为，应认定学校在执行委托合同中没有完成应尽的履行义务，属于违约行为。尽管学校对王老师的行为不知情，但是基于这一委托法律关系所负的义务，它应当承担责任，其过失，就是对任用老师的失察。

王老师的行为就更为严重，显然是借用“留置”的概念，故意实施侵权行为。考生与学校的欠款关系，确实是一种债权债务关系，考生是债务人，学校是债权人，考生应当履行清偿债务的义务。但是，在这个债权关系中，不存在留置权产生的条件，没有发生留置权，债权人不能行使留置权。这是因为，产生留置权的条件是债权人依据原来存在的债权关系占有债务人的相关财产，而老师占有的“通知书”是在债权关系之外，况且其“留置”的也不是真正意义上的财产。老师在债务没有清偿的情况下，假借委托送交录取通知书的机会，“留置”这个通知书以及毕业证书，要挟其履行债务，就是以“留置”为由，侵害考生的权利，具有侵害考生权利的恶意，因而构成侵权行为。王老师借用“留置”的概念可能是无意的，但是侵害学生的权利则为故意。

那么，这种行为侵害的究竟是考生的什么权利呢？窃以为，这种行为侵害的不是一般的民事权利，而是最高人民法院司法解释所说的受教育权。现在的问题是：这个受教育权是不是侵权行为法保护的客体？我的看法是：其一，有现在的司法解释作为依据，可以认定受教育权是侵权法所保护的民事权利客体；其二，国外有这种依据宪法确认侵权行为所侵害的客体的先例。对于后者，在学术界有些争论，认为最高人民法院的这种解释有越权解释宪法之嫌。我不赞成这种意见，因为这种做法在国外是有先例的，即使是大陆法系国家也是如此。例如，德国在二战结束以后，基本法（即宪法）规定了“人的尊严”的权利即一般人格权，但是在德国民法中没有规定这一权利。德国最高法院在一个称作“记者投书案”的案件中，确认宪法赋予公民的“人的尊严”得为侵权行为的客体，由侵权行为法予以保护，并作出判决，成为具有法律效力的判例，成为保护一般人格权的法律渊源。因此，我们依据宪法对受教育权的规定，以侵权行为法对这一权利予以保护，是可行的。据此，可以认定老师的这种行为是侵害考生受教育权的侵权行为。

现在要说到对杨叔勋受到损害的权利如何进行保护的问题了。受害人要起诉，先要确定被告。这就是承担法律责任的主体，究竟应当是学校，还是老师，抑或是学校和老师？窃以为，从委托的法律关系看，学校应当作为行为主体，这是依据委托合同。从侵权行为上看，老师是侵权的主体。一个行为产生两个以上的请求权，就构成了侵权责任和违约责任的竞合，权利人享有请求权的选择权。如果杨叔勋选择违约法律关系起诉，就以学校为被告；如果选择侵权法律关系起诉，就以老师为被告，因为对老师的侵权行为学校并不知情，学校行为的性质是违约而不是侵权。

说到这里，我又想起了一个案件。锦州发生了一件事，与此很有些相似。一名高考考生的入学通知书是从邮局邮寄送交的。邮递员在将这个邮件送交考生所在村的时候，没有直接交给考生，而是交给了村委会的一位值班员。这位值班员由于疏忽，没有将这个邮件送交。过了几个月邮件才被发现，并被送给考生。这位考生一怒之下，将邮局和村委会以及这位值班员告上法庭；同时经过协商，录取这位考生的大学同情考生的遭遇，采取变通办法接纳这位同学入学，不过作为休学一年处理，待第二年开学的时候，再开始上学。对于邮局、村委会以及值班员，法庭判决根据各自的过错程度，承担原告的经济损失。

这个案件可以给人们很多启示。我们也呼吁各界包括接收这位学生的学校，能够采取变通的办法，使杨叔勋能够实现他的大学梦。我虽然也在大学教书，但是对大学考生的录取之道一窍不通，不知有何招数可使。

真正想一想办法，是不是还能使杨叔勋的梦想成真？

# 第四讲

## 债法篇

## 民法总则应当规定单方允诺是一种独立之债

单方允诺，是指表意人向相对人作出的为自己设定某种义务，使相对人取得某种权利的意思表示，于学理上亦称单独行为或单务约束。单方允诺构成后，即发生债的法律关系，与其他债权债务关系具有同样的性质，具有债法效力，因此单方允诺是债的发生原因之一，有关债的效力、瑕疵责任以及债的履行、变更和消灭等，均应当依照债法的一般规定确定。我国《民法总则》应当规定单方允诺是一种独立的债的发生原因，与合同、侵权行为、无因管理、不当得利并列，为我国债权的典型类型。

### 一、单方允诺之债的构成要件

一般而言，单方允诺的构成应当具备以下四个要件：

1. 表意人须作出单方意思表示。单方允诺是单方法律行为，不需要相对人对表意人的意思表示作出承诺即可成立，因而区别于合同行为。单方允诺的意思表示可以由表意人自己作出，也可以由其代理人作出，其后果都由表意人自己承担。

2. 表意人须承诺对方并不需付出对价。单方允诺的基本内容是为自己设定债务，而使相对人取得权利。因此，表意人在作出允诺时，必须明确承诺相对人在取得承诺的权利时，并不负担支付对价的义务，也不负担实施某种特定的行为的义务。如果一方允诺使相对人取得权利，同时令该相对人负担义务，则不构成单方允诺。

3. 表意人的允诺须向社会上不特定的人发出。单方允诺应当向社会上的不特定人发出，凡是符合表意人在单方允诺中所列条件的人，即可成为表意人的相对人，取得表意人所允诺的权利。如果将取得权利的人已经确定为特定的人，则不是单方允诺，而是合同行为。符合条件的特定人与特定的人是不同的：特定的人是表意人已经确定将某项权利授予某人，不构成单方允诺；符合条件的特定人，是符合允诺确定的条件的人，构成单方允诺。

4. 表意人的相对人应当特定或者能够特定。表意人在意思表示中允诺只对符合特定条件的人负担义务的，唯有符合该特定条件的人才能取得该项债权。这是由债只能存在于特定当事人之间的法律性质所决定的，因此，单方允诺的相对人必须特定或者能够特定。相对人没有特定或者不能特定的允诺，不构成单方允诺。

只有符合上述四个要件，方能构成单方允诺。

## 二、单方允诺的典型类型

单方允诺在现实生活中具有较大的适用空间，其中悬赏广告、幸运奖的设定等，是较为典型的单方允诺。

虽然悬赏广告的性质在学理上有契约说、单方法律行为说以及折中说等不同见解，但从立法史、域外立法例以及我国司法实践的立场看，单方法律行为说为通说，得到大多数学者与司法工作者的支持，故悬赏广告是最为重要、最为典型的单方允诺。所谓悬赏广告，是指广告人允诺对完成一定行为的人单方面负有支付报酬的义务，完成一定行为的相对人享有获得报酬的权利，而不需要完成行为的相对人作出有效的承诺。由于悬赏广告在民事生活中十分常见，所以对其加以法律规制显得尤为必要与迫切。

设定幸运奖，是指民事主体出于某种目的，设定幸运奖项，向随机选取的人给付一定物质利益的允诺。例如，电视台以摇身份证号码的方式选定幸运观众，旅游局设定当年第100万位外国旅游者为幸运旅客，百货商场以当天第一位顾客为幸运顾客，可以获得某种奖励等。幸运奖的获得者被选定之后，即在设奖者与获奖者之间产生以给付奖品或者奖金为内容的债权债务关系，获奖者取得幸运奖债权的请求权，有权请求取得设定的奖品或奖金。幸运奖与有奖抽彩不同，主要区别在于设奖人与获奖人之间并没有作为基础的合同关系，而有奖抽彩是在当事人之间存在合同关系的基础上，设定在合同当事人之中，抽取获奖者。所以，设定幸运奖这种单方允诺与射幸合同是不同的概念，设定幸运奖属于单方允诺，而射幸合同属于合同的范畴。

除了上述所提及的悬赏广告和幸运奖之外，其他符合单方允诺要件的行为，也都会产生债的法律关系，例如遗赠。再例如其他的单方允诺，如运送人允诺盲人可以免费乘车，则发生盲人享有搭乘运送人的车辆可以免费的权利；运送人、公园允诺老年人持老年证免费乘车、游园，也构成单方允诺，发生免费乘车、游园的关系。诸如此类，在民事交往与社会生活中并不鲜见，理应归位于单方允诺制度加以调整与规制。当前，尊重老年人的风尚已经确立，各地诸多企业都对老年人承诺各种免费的待遇，遂发生单方允诺之债，因而有必要对单方允诺之债进行规范。

## 三、单方允诺作为债的必要性与立法构建

虽然现代社会是契约社会，即以法律行为发生债的关系或者改变债的关系，除法律另有规定外，须由双方当事人缔结契约、共同商定。但是，鉴于社会生活的复杂性与多样性，以及社会观念和需要的不同，当事人单方为自己设定义务、自愿负

担因此所发生的债务，也是必要的、有益的，因而，法律应当对此特别作出规定，肯定单方允诺是债的关系发生的原因之一。肯定单方允诺是债的发生原因的根据，是意思自治原则、权利处分原则和诚信原则。按照意思自治原则，民事主体可以基于某种物质上或者精神上的需要，为自己设定债务，同时放弃对他方给付对价的请求。按照权利处分原则，民事主体享有在不违反社会利益和他人利益的前提下，任意处分自己的财产或者其他利益的权利。按照诚信原则，单方面为自己设定义务并允诺基于他人的权利，应当守信，对其允诺负责。因此，民事主体自愿为自己设定单方允诺而法律予以认可，具有充足的理由。

制定《民法总则》，应当认真考虑现有民法理论发展与社会实践需要，将单方允诺规定为独立的债的发生原因，与合同、侵权行为、无因管理、不当得利并列，为独立的债的类型。在构建单方允诺制度时，应当在参考域外先进立法例的基础上，结合我国本土立法、司法情况，构建适合我国民法制度，尤其是债法制度的单方允诺制度。

传统大陆法系国家均有关于单方允诺的规定。《德国民法典》虽然未将单方允诺制度作为一种独立的债之原因加以确立，但是却规定了单方允诺最为重要的类型，即对社会公众之单方允诺——悬赏广告。《法国民法典》第四编是“非经约定而发生的债”，包括第一章中的准契约和第二章中的侵权行为与准侵权行为，而其第 1371 条规定：“所谓准契约是指，人的纯属完全自愿的行为而引起的行为人对第三人的某种义务，以及有时引起双方当事人相互负担义务”，故应认为单方负担债务之意思表示若使得对方产生信赖，可以作为债之发生原因，这也表明了在法国单方允诺作为债之发生原因，是被立法所认可的。对于单方允诺规定最为细致的当属《意大利民法典》，其第四编“债编”的第四部分“非契约之债”中，对单方允诺进行了原则性规定，而第四章直接以“单方允诺”为标题，明确将单方允诺作为产生非契约之债的一种原因规定在债法之中。第四章共有 5 个条文，对单方允诺进行了比较详细的规定：第 1987 条规定了允诺的效力，即“在法律确认的情况以外（第 1322、1333、1988、1989、1992、2821 条），给付一方的允诺不产生拘束力”；第 1988 条规定了支付的允诺和债务的承认；第 1989 条规定了对公众的允诺；第 1990 条规定了允诺的撤回；第 1991 条规定了数个人的合作，即给付的履行。由此可见，《意大利民法典》已经构建了一整套关于单方允诺的体系，值得我国立法借鉴。

纵观大陆法系民法理论与立法例，为了弥补契约法之不足，单方允诺均已单独或者以变通方式，作为债的发生原因之一规定在债法中。我国应当顺应国际趋势，将单方允诺作为一种产生意定之债的原因规定在债法中。

就单方允诺的立法方式：首先，应该采用概括性规定确定单方允诺可以作为一种单独的制度存在，与合同、侵权行为、不当得利、无因管理等并列，作为债的发生原因之一；其次，应规定单方允诺之定义、方式以及单方允诺的典型类型；最后，应当就未尽事宜制定兜底性条款，即单方允诺之法律效果除特别规定外，应适用一般合同的有关规定。目前我国编纂民法典时，并不编制债法总则，对于债的类型除了合同之债和侵权之债单独规定之外，其他债的类型则规定在《民法总则》的民事权利一章，因此，《民法总则》应当对单方允诺之债作出一般性规定。

目前，《民法总则》虽然在第 118 条没有明文规定单方允诺之债，但是在条文中规定了“债权是因合同、侵权行为、无因管理、不当得利以及法律的其他规定，权利人请求特定义务人为或者不为一定行为的权利”这一债权的定义，其中也包含了单方允诺之债，因此，悬赏广告、幸运奖等单方允诺也构成债的类型之一，也算采纳了我们的建议。

## 高铁因故障延误的违约损害赔偿

据报道，2016 年 8 月 12 日，由北京西开往深圳北站的 G79 次高铁因发生停电故障而延误，车厢内上千人被困在将近 40 摄氏度高温的车内，共持续近 2 小时。据乘客描述，乘坐北京西至深圳北 G79 次高铁，不知什么原因，列车突然就停在了路上，停水停电，还不能开门，车内温度高达近40摄氏度，有几位乘客已经出现了虚脱现象。由于高铁停驶，且无法开门开窗，在密闭的空间内，人们只能靠脱衣解暑，乘客光着膀子还不停流汗，车上的矿泉水也全部卖完了。事后，铁路官方微博通报称，8月12日上午11点47分，因邯郸市供电公司管辖的辛肖线220千伏上跨京广高铁电力线脱落，造成京广高铁邯郸东至安阳东间设备故障，经全力抢修，下午14点7分恢复供电，列车运行秩序正在恢复。

对于高铁、动车因延误造成损害，铁路方面如何承担赔偿责任的问题，我的看法是：

第一，这种事故属于铁路运输合同中出现的故障延误，消费者进行索赔，应当依据《合同法》关于客运合同的有关规定。该法关于运输合同中的客运合同的规定，是处理列车延误造成旅客损害的法律依据。《合同法》第290条规定："承运人应当在约定期间或者合理期间将旅客、货物安全运输到约定地点。"违约损害赔偿责任，是合同一方当事人违反合同约定，给对方当事人造成损害，应当承担的赔偿责任。在高铁延误事故中，承运人即铁路一方违反了《合同法》的这一规定，造成了旅客的损害，构成违约责任。

第二，针对这次"大延误"，网络用户都主张铁路方面应当承担赔偿责任，但是究竟应当如何承担赔偿责任，依据何种理由，是必须厘清的。如前所述，铁路方面对延误后果造成的旅客损害，应当承担违约赔偿责任，具体理由是：

首先，高铁承运人一方，是客运合同的当事人，其所负的合同义务，就是准点、高速地把旅客安全送到合同约定的地点。现在没有准时，也没有高速，而是延误了两个多小时，因此构成违约，应当承担违约责任。

其次，按照前述的实际情况，事故发生的原因，是因邯郸市供电公司管辖的辛肖线 220 千伏上跨京广高铁电力线脱落，造成京广高铁邯郸东至安阳东间设备故障，因而高铁列车延误。对此，铁路方面可能认为造成延误是因第三人的原因，是供电企业的责任，而不是他们自己的责任，因而不予赔偿。这种主张不符合《合同法》的规定。对此，应当适用《合同法》第 121 条的规定，即："当事人一方因第三人的原因造成违约的，应当向对方承担违约责任。当事人一方和第三人之间的纠纷，依照法律规定或者按照约定解决。"这就是违约损害赔偿中的第三人原因。应当说明的是，对于第三人原因造成的损害，如何承担赔偿责任，《合同法》的规定和《侵权责任法》的规定是不同的。《合同法》的上述规定，是违约一方先承担赔偿责任，赔偿后可以向第三方追偿。《侵权责任法》第 28 条规定的是："损害是因第三人造成的，第三人应当承担侵权责任。"而造成实际损害的行为人不对此承担赔偿责任。因此，在违约责任中，第三人原因不是违约的免责事由，而是违约一方要先承担赔偿责任，赔偿之后向第三人追偿。按照《合同法》的这一规定，不论造成延误是何原因，因构成了延误的违约责任，铁路企业就要承担赔偿责任。铁路企业承担赔偿责任之后，可以与供电企业协商或者通过诉讼解决它们之间的赔偿问题。这个与旅客无关，铁路企业是承担违约赔偿责任的直接责任主体，向旅客负责。应当说明的是，《侵权责任法》关于高度危险责任的规定中，没有对高速运输工具损害赔偿的第三人原因作出规定，是否适用第 28 条规定，并不明确。因为产品责任、环境污染责任和饲养动物损害责任等是适用无过错责任原则的侵权责任，因第三人原因造成损害，都没有规定免责，而是承担不真正连带责任，承担责任后进行追偿。由此来看，高速运输工具损害也是适用无过错责任原则的，适用第 28 条规定免责，存在解释上的困难。铁路企业主张侵权责任依据《侵权责任法》第 28 条免除责任，也不容易成立。

再次，本次大延误，铁路企业对旅客究竟应当赔偿多少，并没有先例可循。我的看法是，应当按照《合同法》第 113 条规定确定，赔偿实际损失。不过，根据目前情况分析，就违约所致损失而言，似乎无法确定，因此应当确定一个比较合适的固定数额，承担赔偿责任。借鉴航班延误的做法，考虑到乘客在延误期间受到的损害和精神痛苦，我倾向于在 500～1 000 元人民币的范围内确定赔偿数额比较适当。

第三，有人提出，此次高铁大延误，不仅构成违约责任，也构成侵权责任，构成侵权责任与违约责任的竞合，应当适用

《合同法》第 122 条规定，由旅客选择适用侵权法或者合同法，承担侵权责任或者承担违约责任。对此，我的看法是，适用侵权法确定赔偿责任当然有优势，对保护旅客有利，因为侵权责任有精神损害赔偿，而违约责任没有精神损害赔偿。不过，从目前情况看，损害似乎还是在违约范围之内，如果旅客的健康权受到明显损害，例如因为中暑而健康受损，可以认定为侵权，构成责任竞合，请求人身损害赔偿和精神损害赔偿；如果旅客的健康权没有受到明显损害，还是应当根据违约责任确定赔偿责任，比较稳妥。

第四，这个高铁大延误的事件，公众对高铁、动车停电后不能开门、开窗也存在疑问。这个问题是高铁、动车的车厢设计问题，封闭的大轿车也存在这样的问题。目前有很多介绍一旦发生危机事故，乘客怎样破窗逃生的方法，但是在大延误的情况下，还达不到需要破窗逃生的程度，如何才能够保障旅客的生命、健康的安全，确实是一个重大问题。对此，政府有关部门应当督促企业，尽快采取必要措施进行改进，防范可能发生的危险。

## 网络交易致害消费者责任的法律适用

修正后的《消费者权益保护法》第 44 条确定了消费者通过网络交易平台购买商品或者接受服务，其合法权益受到损害的赔偿责任承担规则。自 2014 年 3 月 15 日修正案生效后，法院认真实施，取得了较好效果，同时也出现了若干问题需要进一步解决，弥补立法不足。

## 一、准确理解和适用《消费者权益保护法》第 44 条规定的责任规则

修正后的《消费者权益保护法》第 44 条是新增加的条文，是解决消费者在网络交易中购买商品或者接受服务受到损害问题的责任承担规则。对此究竟应当怎样理解，各级法院、法官和民法学者进行了广泛讨论，确定了正确适用该规则的做法。这就是：

第一，无论是网络交易中的销售者销售商品，还是服务者提供服务，对消费者合法权益造成损害的，销售者和服务者都应当自己承担责任。这是本条最为基本的责任规则，是责任自负规则的体现。

第二，在两种情况下，网络交易平台提供者要承担附条件的不真正连带责任：一是附约定条件，即网络交易平台提供者作出更有利于消费者的承诺的，例如平台提供者事先承诺先行赔付，消费者向其提出索赔请求的，平台提供者应当承担赔偿责任；二是附法定条件，即网络交易平台提供者在损害发生后，不能提供销售者、服务者的真实名称、地址和有效联系方式，消费者提出请求的，平台提供者应当承担赔偿责任。

第三，由于在上述两种情况下，网络交易平台提供者承担的赔偿责任是不真正连带责任，因而其在承担了赔偿责任之后，有权向销售者、服务者进行追偿，销售者、服务者应当向网络交易平台提供者承担赔偿责任。

第四，网络交易平台提供者明知或者应知销售者、服务者利用其平台侵害消费者合法权益，未采取必要措施的，应当与销售者、服务者承担连带责任，就销售者、服务者应当承担的责任份额享有追偿权。

以上说明的网络交易致害消费者的责任规则，在司法实践中得到了比较准确的适用，维护了网络交易秩序，促进了网络交易的发展，保护了消费者的权益。

## 二、《消费者权益保护法》第44条生效后在司法实践和理论研究中发现的问题

对于《消费者权益保护法》第44条规定的网络交易致害消费者的责任规则，在司法实践和理论研究中，人们也发现了一些特别值得研究的问题，并应当提出具体的应对措施。

一是本条规定的消费者的损害，是侵权行为造成的损害，还是产品欺诈、服务欺诈造成的损害。有些法院将产品欺诈、服务欺诈作为本条规定的损害，确定网络交易平台提供者承担惩罚性赔偿责任，这是否符合本条规定？

二是在该条规定的附法定条件不真正连带责任规则中，对

于所附的法定条件即“不能提供销售者或者服务者的真实名称、地址和有效联系方式”，应当怎样理解，存在不同意见。例如，在列举所附条件的三个内容中，关键部分是有效联系方式，网络交易平台提供者提供了真实名称和地址，联系方式也是真实的，是销售者、服务者备案的，但是销售者、服务者致害消费者后隐匿、逃逸并且换了电话号码，这样的情况究竟是否属于提供了有效联系方式，平台提供者是否还应当承担赔偿责任？

三是该条规定的责任承担规则，主要针对的是线上交易的销售商品以及部分线上服务的致害赔偿责任，特点是交易双方在线上背靠背进行交易，因此，需要网络交易平台提供者提供销售者、服务者的真实名称、地址和有效联系方式。在线上订约、线下提供服务的场合，并不存在背靠背的交易方式，服务者面对面为消费者提供服务，造成损害的，还应当适用该条规定确定网络交易平台提供者不能提供真实名称、地址和有效联系方式，须承担赔偿责任吗？

四是在网络交易中消费者购买商品受到损害，在条文中只规定了销售者和网络交易平台提供者承担责任，而这种情况属于产品责任，最主要的责任者是缺陷产品的生产者，但条文没有规定，那么，受害消费者是否可以向生产者索赔？网络交易平台提供者承担了赔偿责任，找不到销售者，是否可以向产品生产者追偿呢？

## 三、确定稳妥的网络交易损害赔偿责任规则，保护消费者权益

对于上述存在的问题，通过民法理论和司法实务的互动，目前人们提出了能够解决问题，并且能够很好地协调消费者、网络交易平台提供者和销售者或者服务者三者之间利益关系的责任规则。具体的做法是：

第一，在网络交易法律关系中，最重要的是要保护消费者的合法权益，同时，对于网络交易平台提供者和销售者或者服务者的权益也要妥善保护，特别是对于网络交易平台提供者，它是为网络交易双方当事人提供服务的，是网络交易的管理者、秩序的维护者，既要赋予其应当享有的权利，也要使其履行应尽的义务，承担相应的责任。

第二，网络交易致害消费者责任仅适用于消费者购买商品或接受服务遭受人身损害或者财产损害的救济，并不包括产品欺诈、服务欺诈的3倍赔偿和食品安全法规定的10倍赔偿等情形。

第三，法律规定网络交易平台提供者在消费者受到损害时，要承担附条件的不真正连带责任的基础，是销售者、服务者给消费者造成损害，他们自己应当承担自己的责任。只有在存在先行赔付承诺，或者找不到致害的销售者、服务者并且符合法律规定的条件时，网络交易平台提供者才承担赔偿责任，

在承担了赔偿责任之后，有权向销售者、服务者进行追偿。真实名称、地址的确定，只要是经过有权机关登记注册信息进行校验的名称、地址，就是真实的名称、地址；至于有效联系方式，应当包括销售者、服务者用于交易联系的所有联系方式，包含电子邮箱、即时通讯工具、手机号码等，只要平台能够提供上述联系方式，且能够证明卖家在经营中使用了上述工具的，即应当认为是有效联系方式。上述信息能够指向明确的被告，不影响消费者提起诉讼的，就应当认为交易平台提供者已经履行了提供信息的义务，而不应以无法联系作为承担责任的条件。2015 年修订的《食品安全法》第 131 条第 2 款规定："消费者通过网络食品交易第三方平台购买食品，其合法权益受到损害的，可以向入网食品经营者或者食品生产者要求赔偿。网络食品交易第三方平台提供者不能提供入网食品经营者的真实名称、地址和有效联系方式的，由网络食品交易第三方平台提供者赔偿。网络食品交易第三方平台提供者赔偿后，有权向入网食品经营者或者食品生产者追偿。网络食品交易第三方平台提供者作出更有利于消费者承诺的，应当履行其承诺。"这一条文补充了向食品生产者追偿的规定。这是非常正确的。

第四，在销售商品致害消费者的场合，应当特别注意《消费者权益保护法》第 44 条没有规定、但《侵权责任法》产品责任已经规定了的责任人的责任，这就是《侵权责任法》第 43 条规定的生产者的责任，以及第 44 条规定的有过错的运输者、仓储者等第三人的责任。一方面，受害消费者无法找到销售者索赔时，可以主张生产者承担赔偿责任；另一方面，网络交易平台提供者承担了赔偿责任之后，有权向生产者以及有过错的运输者、仓储者等第三人索赔，弥补自己承担不真正连带责任后受到的实际损失。

第五，消费者在接受通过网络平台提供的服务时受到损害的，如果是服务者和消费者面对面进行的服务行为，即“线上＋线下”的服务方式，消费者与服务者已经实际接触，消费者知道服务者的真实名称、地址和有效联系方式的，就不存在依照《消费者权益保护法》第 44 条规定由网络交易平台提供者承担不真正连带责任的条件，应当由服务者自己承担赔偿责任；如果网络交易平台提供者对于服务合同的平台服务存在过失，或者存在放任损害发生的故意，则前者网络交易平台提供者在过失的范围内承担相应的赔偿责任，后者则应当依照《消费者权益保护法》第 44 条第 2 款的规定与服务者共同承担连带责任。

## 《慈善法》规定的保护受益人和志愿者的侵权责任

《中华人民共和国慈善法》于 2016 年 3 月 16 日通过，并自2016年9月1日起正式生效实施。从通过该法的规格上可以看出，这是一个基本法，是一部大法。自该法公布以来，各界都在热烈评论，说明其价值和意义。我是研究民法的，自然要从民法的角度观察该法。我认为，该法第106条对于慈善服务的受益人、第三人和志愿者的保护是科学的、到位的，完善了《侵权责任法》的相关制度。

该法第106条规定："慈善服务过程中，因慈善组织或者志愿者过错造成受益人、第三人损害的，慈善组织依法承担赔偿责任；损害是由志愿者故意或者重大过失造成的，慈善组织可以向其追偿。志愿者在参与慈善服务过程中，因慈善组织过错受到损害的，慈善组织依法承担赔偿责任；损害是由不可抗力造成的，慈善组织应当给予适当补偿。"这一规定分为两个层次，适用侵权责任法的规则，对受益人、第三人以及志愿者所受损害，进行积极保护。

首先，《慈善法》的侵权法规范保护的是慈善服务的受益人、第三人。慈善组织在对受益人施以慈善救济时，二者成为法律关系的双方当事人，慈善组织以及志愿者在提供服务的过程中，由于其过失，造成受益人或者第三人损害的，构成《侵权责任法》第34条第1款规定的用人单位责任。依照《慈善法》第8条规定，慈善组织是指依法成立、符合慈善法规定，以面向社会开展慈善活动为宗旨的非营利性组织，可以采取基金会、社会团体、社会服务机构等组织形式。就志愿者而言，慈善组织是否为其用人单位，不无疑问，但是既然志愿者是为慈善组织提供劳务的，就与用人单位近似，因而可以适用用人单位责任的一般规则，即无论是因慈善机构自己的过错，还是因其工作人员或者志愿者的过错，在造成受益人或者第三人损害时，都应当由慈善机构承担侵权赔偿责任，以救济受害人的损害。此外，《慈善法》的该条规定还超出了《侵权责任法》第 34 条第 1 款规定，直接规定了“损害是由志愿者故意或者重大过失造成的，慈善组织可以向其追偿”，这是在《侵权责任法》起草中一直回避的问题，没有直接作出规定。《侵权责任法》的这一立法缺陷，被《慈善法》的这一规定所弥补，即损害是由志愿者故意或者重大过失造成的（不包括过失），慈善机构在承担了赔偿责任之后，就有权向其追偿。同样，如果是慈善机构的工作人员的故意或者重大过失造成的，慈善机构也有追偿权。

其次，志愿者在参与慈善服务过程中，因慈善组织过错使自己受到损害的，实际上构成工伤事故责任。由于志愿者不是慈善组织的员工，不能获得工伤事故责任的保护，因而有必要专门规定对受害的志愿者的救助责任。《慈善法》第 106 条规定的方法是：第一，凡是志愿者在参与慈善服务过程中受到损害的，均适用过错责任原则，慈善组织有过错的，承担完全的赔偿责任，保护志愿者；第二，造成志愿者损害，慈善组织没有过错，例如损害是由不可抗力造成的，慈善组织也不是完全没有责任，应当对志愿者给予适当补偿，以救济志愿者的损害。

从《慈善法》的以上规定可以看出，慈善法对于受益人、志愿者以及第三人的保护是全面的，志愿者自愿为慈善组织服务，用自己的爱心救助受益人，造福社会，是高尚的行为，特别值得鼓励。他们在为慈善组织服务的过程中，自己受到损害，慈善组织理应予以赔偿或者补偿。受益人尽管是慈善组织慈善服务的救助对象，但是不能使自己在因有关慈善组织的过错行为受到损害时而不能获得救济。至于第三人因此受到的损害，当然应当依法获得慈善机构的赔偿。《慈善法》第 106 条妥善地处理了上述利益关系，准确地确定赔偿责任，丰富了《侵权责任法》的内容，特别值得称道。

## 毕竟还有武秀君

妻子对丈夫的欠款是否有清偿义务？从法律的角度来看武秀君的故事，就会更理智地认识到农妇武秀君诚信行为的价值。

按照我国《继承法》的规定，被继承人去世后，其继承人可以继承其遗产，也可放弃继承。如果在一个人的遗产中，既有财产又有债务，那么，继承遗产就要继承债务。当然，继承的债务在清偿时，以继承人继承的遗产为限，超出部分继承人不再承担清偿责任。

武秀君的丈夫赵勇死亡时，留有300万元债权、270万元债务。这是在他们夫妻关系存续期间形成的债权和债务，因此是夫妻共同财产——其中一半是武秀君的债权和债务，另一半才是赵勇的遗产，应当由武秀君、赵勇的父母以及两个儿子继承，每人五分之一，继承债权就要继承债务。也就是说，从法律的角度看，这270万元的巨债并不需要武秀君一人全部偿还。但是，这个“实诚”的山里女人却毫不犹豫地一人全部承担下来，赖账不还的想法从来都没有动过。

事实上，在不讲诚信之风盛行的当代，故意欠钱不还的大有人在。为了逃避债务，为了不履行法院判决，他们想尽办法。而武秀君从她朴素的诚信道德观出发，始终在想方设法还债。她替夫还债的行为，具有十分现实的标杆意义。因为尽管可以用300万元债权来还债，但要想真正讨回这些债，难于上青天；她也可以像其他人那样赖账不还。然而，武秀君没有这样做！

她勇于承担债务，敢于主张权利，不失信于人。甚至在很多债权人放弃了债权时，她却千方百计找上门还债。当别人欠自己的钱很难讨回时，她却把新赚来的钱、好不容易讨回来的钱用来还债。

这就是以诚信为本的武秀君。

诚信，是中华民族的道德之魂。古代的人若不讲诚信，人所不齿。然而“一切向钱看”的观念，却使当代社会的诚信秩序被严重损坏。还好，毕竟还有武秀君，还有很多其他许多以诚信为本的李秀君、吴秀君、王秀君，等等。有了他们，重振社会诚信才有希望。

当然，要更有效地恢复诚信、保障诚信，光依靠道德远远不够，必须建立完善的征信制度。征信机构可以合法地收集个人和法人的信用资料，建立个人和法人的信用档案，并且依法提供给他人，以防失信行为发生。每一个个人和法人的信用状况都被征信机构记录在案，就是从制度上、社会组织上保障每一个人都要诚实守信。如果不诚实守信，就要吃苦头，就要承担不诚信的后果。征信制度就是这样一项极其重要的制度。

就像武秀君。她的诚信事迹记载在她的诚信档案中，任何人都愿意与她进行经济交往，她就会有更大的发展和收获；反之，一个人有了不诚信记录，就不会有人与他进行经济交往，他将会被社会抛弃。

有了制度做保障，必将出现更多的武秀君！

## 中介机构更应当讲诚信

中介亦称媒介，受契约双方当事人的委托，居间介绍双方订约、开展交易是也。

既然如此，中介机构一手托两家，当然更应当讲究诚信。如果不是如此，中介机构在双方当事人之间翻手为云、覆手为雨，坑蒙拐骗，无所不为，那还叫中介吗？绝对不会，因为那就是典型的欺诈、典型的诈骗、典型的经济犯罪行为！这样的中介与在光天化日之下公然进行抢劫又有什么区别？

民法历来将诚实信用原则作为债法的“帝王原则”，这说明诚信原则在债法领域的尊崇地位，它是最基本的原则。在民法上讲诚信原则，有两种最基本的含义：其一，就是民事主体在实施民事行为的时候，应当诚实守信，不欺诈，对对方负责，对自己负责，同时也对社会负责。其实这是进行交易活动的最基本的守则和规则。其二，诚信原则还有更为深刻、更为广阔的含义，这就是具有解释现行法律、补充法律规定不足、平衡法律适用后果的解释法、弹性法、补充法、衡平法的作用，法官可以依据诚信原则的基本规则，创造性地适用法律，作出符合公平、正义原则的民事判决。

在今天，对诚信的理解，绝大多数人仅停留在表层的认识层面，即对诚信原则的第一层次的认识层面，那就是交易活动的基本准则——诚实守信，不欺诈。如果民事主体能够做到这一点，诚信原则也不枉为中国民法中的一项基本原则。随着法律的发展和进步，以及国民素质和司法水平的提高，对于诚信原则更深层次的理解和适用，也会一步一步不断加深的。那时候，诚信原则才会受到普遍的尊重。

在一般的民事交易中，当然要讲诚信，要按照诚信原则的最基本要求从事民事活动。就从事中介活动的机构而言，由于其所具有的特殊性质，更应当讲究诚信，以诚为本，诚信待人，恪守承诺，把信用作为自己存在的生命线，在双方当事人之间斡旋，促使双方当事人缔结合同，不仅要使双方当事人“双赢”，还要使自己获利，实现“三赢”，甚至相对于社会大众而言，还要实现“四赢”。中介机构如果没有诚信作为基础，“双赢”“三赢”“四赢”都是不可能的，其结果必然是“双输”“三输”“四输”，即使中介机构一时可能“赢”了，但是其最终还是要“输”，一输到底！

可是就有那么一些中介机构，在居间进行斡旋、促使当事人进行交易、实施民事行为的时候，不讲诚信，只讲赚钱，只讲骗钱，法律规则、交易习惯都被抛到九霄云外，不仅侵害了当事人的合法利益，损害了公众的利益，更重要的是败坏了社会风气和交易秩序。对于这样的中介机构，一定要严加制裁，狠狠打击，让它一败涂地，输得一塌糊涂，促使其猛醒，永不再犯。如果还不能见到成效，那就干脆在实体上消灭它，使其不能在交易领域再兴风作浪，不能再坑害别人、坑害整个社会。

## 悬赏广告与政府守信

据报载，江苏省某县的一个镇发生了一起杀人案件，案发后犯罪嫌疑人逃之夭夭。该县公安局刑警大队副大队长汤志亮率队到安徽省某村布控，并向该村村长李发平通报了案情，称："如果犯罪嫌疑人在你们村出现，报案的给 5 000 元，抓到人给10 000元。"李发平后来抓获了犯罪嫌疑人，县公安局只给李发平发了 1 000 元奖金。李发平向法院起诉，请求县公安局依法履行悬赏承诺。该公安局否认其实施悬赏行为，汤志亮则认为他的悬赏只是一种玩笑，公安局不同意按照他的说法给付奖金。该公安局拒绝履行悬赏的承诺。

在媒体介绍的观点中，有的认为刑警大队副大队长的行为是行政行为，有的认为是民事行为；有的认为应当兑现承诺，有的认为不应当兑现承诺。但是大多数人赞成按照悬赏广告的意见处理，公安局应当兑现承诺。

我的看法是，分析本案应当循着以下思路进行：

第一个问题，副大队长的这种行为是不是职务行为。汤志亮是县公安局刑警大队的副大队长，不能说凡是他实施的行为都是职务行为。但是，他是带着公安局侦破案件的队伍去的，执行的就是侦破这宗杀人案件的任务。他到了李发平的这个村庄，跟李发平说了上边的话，这些话都是与破案有关的。因此，副大队长就破案所实施的行为都是代表公安局实施的，都是职务行为。说这种行为不是职务行为，是开玩笑，很不合理。难道副大队长率人抓回犯罪嫌疑人，是副大队长抓人而不是公安局抓人吗？

第二个问题，副大队长的行为是行政行为还是民事行为。

判断政府的一个行为是不是行政行为，有一个基本的标准，这就是，政府在实施这个行为的时候，与这个行为的相对人是不是具有行政管理与被管理的关系。有这种关系的，有可能是行政行为；没有这种关系的，肯定不是行政行为。江苏省公安局的刑警到安徽省去破案，对安徽的农民承诺破案给予奖赏，那江苏省的公安局与安徽的村庄和农民是不是有这种关系？显然没有！没有这种关系，江苏省的公安局在安徽省破案中的行为，能说是行政行为吗？假如说，这个犯罪嫌疑人就是安徽的人，在江苏省作案，逃回到了安徽，江苏省公安局的刑警来抓他，这种行为是行政行为或者说是刑事诉讼行为，因为这种刑事法律关系使江苏省公安局与这个犯罪嫌疑人之间具有了刑事管辖的关系，这是一种管理与被管理的关系。因此，可以认为，副大队长与李发平之间的行为，是一种民事行为，是具有民事权利义务关系的民事行为。

第三个问题，就是副大队长实施的民事行为的性质。副大队长向村长承诺破案给予奖赏，符合悬赏广告的基本特征，其性质应当是悬赏广告。那就是，悬赏人承诺不特定的人实施特定的行为之后，即给予行为人特定的奖赏。我们不管理论上对这种悬赏行为的性质是合同还是单方行为的争论，只就副大队长对李发平发出的承诺符合悬赏广告的基本特征来说，就应当认定他的行为是悬赏广告。有人提出疑问，悬赏广告应当向不特定的人发出，本案在这一点上有些不同，它是向村长发出的，因而具有相对性的性质。这种看法不对。副大队长到该村破案，向村长发出悬赏广告，就是“广而告之”嘛！这个村既没有报纸，又没有电视台，不向村长发广告，又有什么办法呢？

最后一个问题，就是对这个案件应当怎样办。副大队长的行为是职务行为，副大队长的行为是民事行为，副大队长的行为是悬赏广告，那么，这个案件怎样处理，还有什么疑问吗？没有了，就应当按照悬赏广告的权利义务关系处理。李发平已经实施了悬赏的行为，他就有权请求兑现承诺的奖赏。公安局已经得到了悬赏的行为成果，有什么理由不兑现自己的承诺呢？

说到这里，还有一个更为重要的问题，这就是政府守信。古代哲人说：“公生明，廉生威。”那“信”生什么？信则通。政府不守信，政令就不能畅通。今天公安局因为不兑现承诺悬赏的 9 000 元，那就失信于民，下回你再说什么，百姓还信你的吗？不信，就不会再按照你的意见办，就不再拥护你。这样，是财产损失的事大，还是百姓不再拥护你的事大呢？任何一个官员在“说”的时候都会选择后者，但是在“做”的时候，却常常按照前者办，因而也就丧失了政府的威信，百姓不再对你信服。法律明文规定的，副大队长已经公开承诺了的，最后说推翻就推翻了，这样的公安局还会有什么威信？什么样的政府也经不起这些官员的折腾。

由此，我想起了《曹刿论战》这篇古文中的一段话。当鲁庄公说“小大之狱，虽不能察，必以情”的时候，曹刿说：

“忠之属也。”忠的是什么，就是要忠于人民，忠于百姓。对百姓不忠，政令不能畅通，况且政府不就是人民的政府吗？面对这样的问题，这个县公安局的上级领导应当果断地下决心，先把出面打这种官司，背信于民，竟敢和百姓对簿公堂的官撤掉，然后拿上10 000元，用红纸封好，再做好一个大红的绶带，当众佩戴在李发平的身上，奖金同时奉上。这个官司还要打下去么？不要再打了！

## 荒唐的协议、荒唐的起诉应当得到败诉的结果

陈某和周某之间的协议，是一纸荒唐的协议；陈某因为周某“违约”而起诉，要求追究其赔偿责任，也是一个荒唐的起诉。因此，法院判决他的起诉得到败诉的结果，是理所当然的，完全在法理和情理之中。

现在的问题是，怎样理解判决陈某败诉的违反社会公德的理由。

在民法理论中，有一个重要的概念，也是民法的基本原则，就是公序良俗。它包括两个方面，一个是公共秩序，一个是善良风俗。公共秩序包括两个方面，一个是社会的政治秩序，一个是社会的经济秩序。前者是指保护社会主要组织即国家及家庭的公共秩序，后者是指调整当事人之间的契约关系，对经济自由予以适当的限制。善良风俗是指为社会、国家的存

在和发展所必要的一般道德，是特定社会所尊重的起码的伦理要求。前者是以秩序维护为核心，后者是以道德要求为核心，各有侧重。公序良俗原则最大的民法功效，就在于它能够填补法律漏洞，包含法官自由裁量的因素，具有极大的灵活性，因此，能够处理现代社会民事活动中出现的各种新问题，在保护公共利益和社会伦理道德，协调各种利益冲突，维护社会正义等方面，发挥极大的作用。因此，一般的民法典都用特别的条文进行规定，例如《法国民法典》第6条规定："个人不得以特别约定违反有关公共秩序和善良风俗的法律。"

在我国的民法中，包括在其他法律中，原来一般不使用公序良俗的概念，代之使用的是社会公共利益和社会公共道德。学者一般认为，社会公共利益的概念所代替的就是公共秩序，社会公共道德所代替的就是善良风俗。前者指代的是国家秩序和家庭秩序，以及社会的经济秩序；后者指代的是一般的社会伦理道德。尽管所表述的概念不同，但其实质内容是基本一致的，几乎可以说是相同的或者极为近似的民法概念。不过，《民法总则》已经规定了公序良俗的条款，第8条规定："民事主体从事民事活动，不得违反法律，不得违背公序良俗。"这样的规定是正确的。

我们回头来说本案陈某的行为。陈某与周某在网络上相识并谈恋爱，随之发展到约定各自离婚后结婚的程度。这种行为尽管违反《婚姻法》规定的婚姻当事人的忠实义务，但是现代社会具有极大的包容性，并不禁止这种不忠实的行为，只要不违反一夫一妻的法律原则，法律并不干预。因此，他们完全可以在各自离婚后结婚。但是，他们二位不仅约定要这样做，而且立下契约，明确约定违约责任。由于周某改变主意，不愿意离开自己的丈夫，擅自“违约”，因而陈某向法院起诉，要求追究周某的“违约”责任。这种契约，是荒唐的，是违反法律的。究竟怎样认定其违法性，就是因为它违反社会公共道德，即社会公德，也就是违背了善良风俗。违背善良风俗，就具有了违法性，就是违法行为。他们二人的这一协议，因为违反善良风俗而违法，所以没有法律上的效力。在这种情况下，陈某由于周某“违约”，而向法院起诉追究周某的“违约”赔偿责任，显然他不知道法律关于社会公德即善良风俗的规定。由于陈某是一个法盲，因而他的起诉也是一个荒唐的起诉，应当将其驳回。

公序良俗也是法官自由裁量的“武器”。如果法律没有明文规定，而该种行为又是需要法律制裁的，那么法官就可以适用法律关于公序良俗的规定，也就是社会公共利益和社会公共道德的规定，制裁这种违法行为。

## 质疑“父债子还”

说到“父债子还”这个命题，凡是懂得民法的人，肯定都不会同意。因为如果不是债务有合法的转移，父债不必子还。

可是，就是有这样倡导“父债子还”的。不仅要子为父还债，甚至还动员子的亲友、同事乃至儿子要卖血，来偿还父亲所欠的“债”。这样的倡导不是一般地说说完事，而是权威媒体在津津乐道。

最近，中央电视台在一个收视率很高的节目中，讲了这样一个“父债子还”的故事。

> 话说现役军人刘波得知自己的父亲因为赌钱输掉了5万余元，为偿赌债，贪污十几万元。刘波向有关部门举报，并动员自己的父亲坦白，使父亲认识罪行，接受制裁，减轻自己的罪责。然而，父亲有5万多元赃款无法退赔，这个沉重的债务就背在了刘波和他的母亲身上。刘波从部队复员回到家乡，千方百计地筹钱，但是仅仅靠他的努力，就是节省再节省，也达不到还清“父债”的目标。刘波的亲人不忍这一家人吃糠咽菜，他的战友和部队领导不忍刘波忍饥受饿，都慷慨解囊，无私捐助，但还是凑不够这笔“债”款。刘波毅然走向血站，决定卖血还债，只是由于不符合要求，才没有用自己的鲜血来为父亲还债。故事的结局是，刘波终于偿还了“父债”，父亲随后被减刑。

听了这个“带血”的“父债子还”的故事，没有人不为之心动。多么纯洁的心灵，多么崇高的境界——刘波以及他的亲人和同事、战友们！有的人还在媒体上为刘波的行为拍手叫好：“尽管你现在的地位低微，身无长物，但在那些身居要职高位、头戴花环桂冠却动辄贪污受贿千百万竟还请求留下一条命的蛀虫们面前，你是一棵傲岸的参天大树，而他们只是你脚下的一堆粪土；你是堂堂正正的一个大写的人，而他们则狗彘不如！”

可是，歌颂刘波的精神，这只是一个方面。从另一个方面考虑，是不是还有别的问题呢？例如就是开头所说的“父债子还”的是与非的问题。人们不禁要想一想，造成刘波这种悲惨状况的原因是什么？一个法治社会难道真的要提倡这样的“父债子还”吗？

在什么样的情况下，才要父债子还呢？

第一种情形，父亲去世，其子接受父亲的遗产，自然产生父债子还的后果。因为权利和义务的一致性，是一个法律原则。子女作为继承人享受了继承父亲遗产的权利，就要承受父亲生前所欠债务的义务。假如其子不接受父亲的遗产，其子自然不承受清偿父亲生前所欠债务的义务，不产生父债子还的后果。

第二种情形，父亲没有死亡，但是自己无力清偿债务，与其子协议债务转移，即将其负担的债务合法地转移给其子，双方协商一致，且债权人同意。在这种情况下，债务合法转移，其子应当为其父清偿债务。

第三种情形，父亲没有死亡，但是无力清偿债务，其子自愿承担其父的债务，其父也同意的，其子可以为其父清偿债务。

除此之外，大概没有“父债子还”的道理。

刘波的“父债子还”，不是第一种情形，因为刘波的父亲健在，还没有去世，不会发生因为继承父亲的遗产而为其父承担债务的事实根据。同时，也不是第二种情形，因为双方没有进行债务转移的任何协商，没有实施债务转移的法律行为，没有发生债务转移的法律后果。

那么，刘波为父还债，是不是第三种情形呢？

诚然，刘波以及他的母亲是自愿地为其父清偿贪污所欠“债务”的，其父是不是同意，不得而知。但是，刘波“父债子还”的原因是什么？是因为司法机关告知，只有为其父“还债”，其父才有可能被减轻罪责。正因为如此，刘波及其亲人才含辛茹苦，苦挣苦熬，为父还债。

从人情伦理上，是要称赞刘波的行为的。因为古代不是还有“卧冰求鲤”“老莱娱亲”“郭巨埋儿”的二十四孝吗？老莱子着斑斓之衣，为婴儿戏于亲侧，倒还是可以为之；卧冰求鲤，鲁迅认为可就有生命之虞了；至于郭巨为了幼子不与其母抢食，竟挖坑将儿子埋掉，实在是天理难容！刘波为父还“债”，善尽孝道，大概应属于“二十五孝”了。

但是，从法治的角度看，不仅这样的孝道不应当提倡，而且这也不符合现代法治社会的要求。

按照民法规则，债务未经合法转移，只能由债务人自己承担，他人没有为其承担债务的义务。债务人以外的任何人，包括债务人的亲属，没有经过合法的债务转移手续，没有义务为债务人承担债务。任何人将他人承担的债务强制或者半强制地让不是债务人的人来承担，都是违法的，其中也包括债务人的亲属。即使是那些所谓的“退赃”，也只能是犯罪人自己承担退赃的义务，其他人无论是其亲属还是亲属的朋友、同事和战友，都没有义务为他人的犯罪行为退赃。强制或者以其他任何理由“引诱”他人为犯罪人退赃，承担清偿债务的义务，都不符合法律的规定。

刘波父亲的贪污所得，没有用于家庭生活，在其父犯罪的时候，刘波还没有工资收入，只是在部队服役的一个战士。这些都排除了刘波为其父退赃的可能性——他没有任何法律上的理由为其父退还赃款，负担“父债子还”的义务。

最后要说明的是，追赃是为了挽回国家的损失，但应当依法进行，不能为了给国家挽回损失而使国家的人民遭受不应有的痛苦。如果以各种不正当的理由来挽回国家的损失，那肯定是违背国家意志的。理由很简单，如果是这样，那还能体现“三个代表”的重要思想吗?

## 砍树协议是合同未生效还是合同无效？

在我的民法网上，大家讨论了这样一个案例：

> 赵某与李某各承包一块相毗邻的土地，中间留有一条小路，各人在小路旁自己的承包地上栽上树。一日，双方约定将小路拓宽，各自将自己的树砍掉，签订协议后，赵某将自己的树砍掉，而李某拒绝砍树，为此成讼。问题是，这样的协议，究竟是合同未生效还是合同无效？法院能按这个协议判决吗？

对此，很多网友作了精彩的发言，各抒已见，讨论得很激烈。其中的问题在于，这个协议在协商一致以后，由于约定的砍树涉及法律的强制性规定问题，因而协议是不是有效，李某拒绝砍树是否构成违约，人们对此都有不同见解。

我就这几个问题作以下说明。

先说明关于合同成立和生效问题。

在《合同法》的规定上，从文字上看，关于合同成立和生效问题是很难理解的。原因是在原来的《合同法（草案）》中，是有一个条文专门写合同生效条件的，但是在后来正式通过时删掉了这个条文。现在没有了这个规定，就使《合同法》关于合同成立和合同生效的规定成为：

承诺生效＝合同成立＝合同生效

这样，就使人很难理解，合同成立和合同生效之间究竟是一种什么样的关系。既然合同成立就生效，为什么还要作这样的规定呢?

实际上，在合同成立和合同生效之间，是有一个时间界限的，有的时间很长，有的只是瞬间。其中包括三种形态：第一种，合同成立就生效，成立和生效是在同一个时间，或者是一个瞬间；第二种，合同成立以后，经过登记才生效的，这是一个较长的时间间隔；第三种，是合同成立之后，具备约定的或者法定的条件后才生效的，这也是一个很长的时间间隔。

一般的合同是第一种情况。合同的一般生效条件是消极条件，即合同内容的可行、合同内容的确定、合同内容的社会妥当性、合同内容的合法。合同成立以后，如果在这四个要件上都没有问题，就是具备了这样四个消极要件，合同就即时生效；不具备这样的消极条件之一的，合同就不生效。第二种就是法律规定的那种，法律、法规规定要登记才生效的，只有进行登记后，才生效。第三种是附期限、附条件合同，以及约定特定条件合同生效的合同。在另外两种合同成立后，不仅要具备上述消极条件，还要具备法定的或者约定的积极条件，才能够生效。这是新合同法与前三部合同法之间的不同之处。之所以这样，就是要体现鼓励交易的原则，而不是像过去的实践那样，合同稍有瑕疵，就宣告其无效；而是要尽力挽救那些已经成立但是欠缺生效要件的合同，使其不至于“死亡”，使其保持“生命力”。

合同不生效是不是就是无效？这也是一个重要的问题。

应当确认，合同不生效就是不生效，不是无效。合同无效，应当是具备法律规定的合同无效事由之一，以及法律规定的可撤销的合同权利人申请撤销并且已经过裁决、效力待定的合同未被追认为有效的合同。合同不生效，是没有具备合同生效的条件。不生效的合同，可以进行补救，让其生效。而合同被认定为无效后，就不能再使其“复活”。《合同法》将合同成立和合同生效区别开，其基本的用意就在这里。因此，合同成立但是没有生效，并不是合同无效。这是两个不同的概念。

那么，对于已经成立但是尚未生效的合同，法官是不是有权令其采取措施，完善合同的生效条件，使其生效呢？我认为是可以的。

这就是，合同已经成立但是一方没有履行协力义务，使合同欠缺生效条件，因而使合同没有生效，诉至法院，法官可以裁判一方履行该种义务，使合同生效。这种情况，如果仅仅单就讨论的这个案件来说，意义不大。但是对于双方当事人已经签订合同，并且已经履行了大部或者全部，现在一方想借口合同不具备生效要件而要反悔者，是有重要意义的，那就是补办手续，使合同生效，维持合同的效力。对于那些没有生效，同时也没有履行的合同，可以让不尽协力义务的一方当事人选择，究竟是承担赔偿的义务，还是补足生效的条件而继续履行合同。愿意选择后者的，当然可以继续补足合同生效的条件，进而继续履行合同。如果该方当事人坚持不选择后者，法官确实不能强令其补足合同生效条件，因为即使是有效的合同，当事人坚持解除的，也能够在承担违约责任的基础上解除合同，何况合同还没有具备生效的条件，还是未生效合同呢？

最后要说的，就是讨论的这个砍树协议。

这个协议的内容，不是砍树，而是扩道。如果仅仅是砍树，这个协议就不是合同了，因为自己砍自己的树，不涉及相互之间的权益问题。但是砍了树，扩宽了共同使用的道路，这才涉及双方的利益问题，因而这才是合同的内容。所以，这个协议是一个民事合同。由于这个合同的内容涉及行政许可的问题，没有办理行政许可，因而使这个协商一致已经成立的合同没有生效。现在一方按照未生效合同的约定自己砍了树，另一方不履行这个约定，使扩道不能实现，酿成纠纷，诉至法院。如果被告坚决不同意补办砍树的行政许可，那么，法院只有判决该方当事人承担对方当事人因此造成的损失了。

## “假一罚十”和“偷一罚十”的是与非

各界对众多商家规定的“偷一罚十”的争议不断。日前，广州中级人民法院对一起“偷一罚十”引起的纠纷案件作出了终审判决。陈某到广州某百货有限公司自选商场购物，在未付款的情况下，将一包价值120元的婴儿纸尿片带出商场，被商场工作人员发现。陈某当即表示认偷，按商场店规“偷一罚十”的要求接受罚款。法院判令该百货有限公司将1 200元“罚款”退还陈某，驳回原告陈某要求被告赔礼道歉、赔偿1万元的诉讼请求。

对该判决持反对意见的人认为，盗窃本身违法，所以“偷一罚十”只要得到双方认可，法院便不能从民法的角度判定其违法；药店可以贴出店堂告示“发现一粒假药奖励两万元”，商场为什么不可以“偷一罚十”？奖罚的手段不同，目的都是鼓励诚实买卖。因盗窃者的偷盗行为，在盗窃者与百货公司之间就形成了一种债务关系，当事人应当根据该法律关系的内容履行自己的义务。

对这种要求法院保护“偷一罚十”做法的意见，我是反对的。这还涉及另外一个类似问题，就是商家悬赏的“假一罚十”。我曾经在文章中对法院判决商家不兑现“假一罚十”承诺的做法，提出过批评意见。

“假一罚十”和“偷一罚十”，只差一个字，何以支持和反对的意见如此分歧？“假一罚十”和“偷一罚十”，究竟孰是孰非？

诚然，“假一罚十”和“偷一罚十”都是商家的行为，其出发点也都是为了维护商品交易秩序，然而，这两种做法存在着天壤之别。

"假一罚十"体现的是商家对自己出售商品的质量的保证和绝对信心，以及对广大消费者权益的极端负责任。从民商法理论上讲，这是一种悬赏行为，商家既然已经作出"假一罚十"的承诺，就要受到这一承诺的约束。消费者发现商家出售的商品有假，请求商家兑现其悬赏承诺，商家就应当按照自己的承诺履行民事义务，否则为违约。法院判决这种悬赏无效，只能按照原1993年《消费者权益保护法》第49条规定，承担1倍的惩罚性赔偿责任，显然是不正确的。①

"偷一罚十"却不是这样。

首先，"偷一罚十"不是单方民事行为，而是一种类似于格式合同的行为。这就是说，"偷一罚十"是商家发出的一种固定的要约，凡是进我商店的人，就被视为接受这种要约，作出了这种承诺。盗窃者实施"偷盗行为，在盗窃者与百货公司之间就形成了一种债务关系，当事人应当根据该法律关系的内容履行自己的义务"。然而，这是不正确的。按照《合同法》的规定，对格式合同的解释如果出现争议，应当作出不利于提供格式条款一方的解释。"偷一罚十"是一种单方意思表示，是商家提供的格式条款。双方当事人对这一条款的理解出现争议，当然要作出不利于提供格式条款一方的解释。这样，赞成

① 本文所说的案件发生在2001年5月，当时适用的《消费者权益保护法》还未修改。2013年该法已经修正，规定惩罚性赔偿责任的是第55条，增加赔偿的数额已是价金的3倍。

“偷一罚十”的意见就很难站得住脚。

其次，“偷一罚十”显失公平。民法的基本原则就是公平和等价交换。在赔偿的问题上，中国法律历来遵循大陆法系的习惯，采取补偿原则，即行为造成的损失是多少，就赔偿多少，而不是惩罚原则，在超过损失的数额之上确定赔偿金额。当然也有例外，这就是2013年《消费者权益保护法》第55条规定的商品欺诈和服务欺诈的惩罚性赔偿金，可以在价额之上再赔偿3倍。这样规定，是为了遏制商品欺诈和服务欺诈而采取的法律措施，目的是号召广大消费者同这种行为作斗争，以维护正常的交易秩序。在其他场合，没有法律的特许，不能采取这种法律措施。其根本原因，就是这一做法违背公平和等价交换的原则。即使接受“处罚”的人士是“自愿”的，也可以显失公平的理由，要求撤销这样的民事行为。

还有，“偷一罚十”违背处理偷盗者的基本原则。自古以来，偷盗者就受到道德和法律的谴责，国家制定了各种各样的惩罚措施对其进行惩罚。但是，对盗窃者的惩罚也必须体现公平的理念和法治精神，如果对盗窃者的惩罚不能体现公平原则和法治精神，那么盗窃者就很难受到良心的谴责，因而也难以真正悔悟，改邪归正。在中国古代，曾经有过对盗窃者处以双倍赔偿的做法。这就是《唐律·名例》“以赃入罪”条的规定：“盗者，倍备。”疏云：“谓盗者以其贪利既重，故令倍备，谓盗一尺，征二尺之类。”说的就是对盗窃者要征收两倍的盗赃，以示惩罚。但是到了宋朝，这一制度就名存实亡了。其原因是这一制度存在不合理之处，故“近来盗赃多不征倍，倍备之律，伏请不行”。直至今日，文明国家的刑法对盗窃罪的追赃，都是按照盗赃的数额进行的，可以另处罚金，但是不得征收超过盗赃之外的“赃款”。现在，假借单方民事行为、当事人协商一致等理由，要对盗窃者征以十倍的赔款，违背起码的法律常识，岂不是连古人还不如吗？

现在，“假一罚十”和“偷一罚十”的是与非，大概已经清楚了。“假一罚十”约束的是自己，商家可以自己作出承诺，当然还要践行自己的承诺，以警示自己，保护他人。而“偷一罚十”惩治的是他人，商家只是一个民事主体，从哪里来的这种可以惩治他人的权利呢？可见，对一件事情的认识，还不能简单地从情理上进行推论，而是要依据法律和法理进行分析，然后才能得出正确的结论。

## 公益捐赠要严格依法进行

巴金老先生捐赠的珍贵书籍惊现京城卖旧书的地摊，引起社会的强烈关注。事实上，公益捐赠存在的问题远不止此，还有更多的问题值得人们深思。

例如，接受国际捐助、捐赠的慈善团体，将接收的巨额赠款投资办厂、办公司，声称利用善款创造出来的新利润仍然继续作为善款，符合捐款人的救助目的，是“义举”。我在最高人民检察院工作的时候，就办过这样的案件，某机构将国际捐助的资金用于办公司，被审计署查处之后，还向法院、检察院申诉！我们不禁要问，这样的“义举”怎能保证捐款不会遭遇风险、受到损失呢？这肯定不是捐赠人的真实意图。如果捐赠人有这样的意图，他为什么不自己办公司赚钱再捐赠呢？

当然，也有另外的问题。很多个人、公司打着公益捐助、捐赠的旗号，大张旗鼓地进行“捐赠”“捐助”，上电视、登报纸，但是等到广告效应实现了，捐赠、捐助协议也就成为一张白纸。这是一种真实的欺诈行为，捐赠、捐助都不是捐赠人和捐助人的真实意图，真实意图倒是在追求其他。

此外，也有在接受捐赠后，受捐赠者相互之间发生财产争执，官司迭起的。例如，接受捐赠的病人死亡后，剩余的捐赠财产权属不明，成为争执的焦点，因而诉诸法院解决。

公益捐赠、公益捐助，是社会慈善事业，也是救助他人、救助弱势群体的庄严事业。国家重视这些重要的慈善事业，也通过立法规范公益捐赠行为。《合同法》在赠与合同一章中，就对具有救灾、扶贫等社会公益、道德义务性质的赠与合同，作出了不适用“赠与人在赠与财产的权利转移之前可以撤销赠与”的规定。立法机关专门通过《公益事业捐赠法》，对公益捐赠作出了明确的规定，明确公益捐赠的性质、捐赠的意义、捐赠双方当事人的权利义务。这些就是进行公益捐助、公益捐赠的基本法律准则。

说到底，公益捐助、公益捐赠发生众多的问题，既有捐赠者的原因，也有受赠者的原因，综合起来，还是有法不依，不严格执法的表现。

首先，必须将公益捐赠纳入法治的轨道，依法进行。《合同法》《公益事业捐赠法》对此都有明确的规定，凡是进行公益捐赠和接受公益捐赠的人，都应当按照法律的规定进行。订立捐赠协议的，就应当严格执行协议，履行自己应当履行的义务，任何一方都不能违反协议。借捐赠的名义实现广告目的的，是卑劣的行为，应当受到法律的谴责和制裁。

其次，应当明确捐赠或者捐助财产的权属。捐赠或捐助的财产的所有权属于接受捐赠或捐助的公益团体，受赠者或受捐助者必须按照捐赠或捐助的目的使用这些财产，不能挪作他用，更不能据为私人所有或者团体所有。对于捐助给个人的财产，应当明确财产的使用范围，超出使用范围的，也是侵权行为。例如，捐助病人的财产，病人死亡之后所剩财产，并不是个人的财产或者遗产，应当交给具有同样公益目的的公益团体，而不能据为已有。

再次，应当建立公益捐赠和捐助的纠纷解决机制，发生公益捐赠或捐助纠纷，诉讼到法院，应当依法受理，确立争议解决的原则和方法，尽快解决。

对于这些问题，有的法律已经作出规定，有的还需要法律进一步规范。将公益捐赠或捐助问题纳入法治轨道，出现的问题就容易解决了，就会建立一个良好的社会公益慈善事业发展的环境，使更多的需要救助的弱势人群得到有效的救助。

## “飞来的横祸”应当由谁赔偿？

央视“今日说法”有一个题目是：《飞来之祸》。说的是29岁的吕慧芳，湖北人，1994年到深圳打工，没想到在一次乘车时，竟被窗外飞来的寻呼机砸伤了眼睛。从此，她的左眼失去了光明。由于出租车没有停下来，事发当时没有抓到扔寻呼机的人，是谁扔的寻呼机不得而知。

事故发生以后，就谁来承担赔偿责任的问题，车主和司机都加以推诿，他们认为应当由扔寻呼机的人承担赔偿责任，受害人坚持要由司机和车主承担责任，多次协商都没有结果。最后，受害人起诉到法院，请求法院依法判决。

在对这个案件如何处理的问题上，有几种不同的意见。第一种意见是，应当由车主赔偿，因为出租车的所有人是车主，车主应当对自己所有的汽车在行驶中的事故承担赔偿责任。第二种意见是，应当由扔寻呼机的人赔偿，因为扔寻呼机的人是侵权行为人，他的行为与受害人的损害事实之间有直接的因果关系。第三种意见是，应当由车主和司机共同赔偿，因为车是车主的，车又是司机开的，二者共同承担责任合情合理。

一审判决认为，原告与被告之间的出租汽车客运合同成立。被告负有将原告安全地运送到目的地的义务。但由于原告和被告对于原告损害结果的发生都没有过错，因而本案应根据我国《民法通则》第132条规定的公平原则进行处理，由双方分担损失。其中原告自己承担40%，被告承担60%。车主汽车公司赔偿受害人39 000多元。

评论认为，这个案件判得很合理。对于出租车司机来讲，尽管是不可抗力或者意外事件，但在我们的保险事业和社会保障事业还不是很发达的时候，在出租车司机和乘客谁也没有过错，又找不到肇事者的情况下，比照这个公平责任，大家来分担损失，是办理类似案子比较合理的做法。

对于这个案件的判决和评论，似乎都有一些问题。在对这个案件进行分析的时候，如果站得更高一点，就会看得更清楚一些。

首先，这个案件的性质是运输合同的违约损害赔偿纠纷，不是侵权损害赔偿纠纷。在这里，要用一个最基本的标准来区分，这就是：在侵权纠纷中，双方当事人在纠纷发生之前，一般不存在相对性的法律关系。如果双方当事人在发生纠纷之前就存在与争议相关的相对性的法律关系，那就可能不是侵权纠纷，即使是侵权纠纷，也是侵权责任和违约责任竞合的纠纷。在本案中，双方当事人在争议发生之前，确有相对性的法律关系，并且这种相对性的法律关系就是双方争议问题的核心，那么，这种纠纷就是基于这种合同关系而产生的违约损害赔偿纠纷。这一点，判决和评论说的都是对的。

其次，双方当事人之间争议的既然是合同损害赔偿问题，那么，就不存在适用《民法通则》第 132 条和《侵权责任法》第 24 条规定，对损失要由双方当事人分担的问题。这种责令当事人分担损失的判法，属于适用法律不当。评论认为这个案件的判法是正确的，看来值得商榷。因为《民法通则》第 132 条是关于侵权责任的条款，是在《民法通则》第六章“民事责任”中的“侵权的民事责任”一节中规定的，且《侵权责任法》专门有规定。而合同责任，包括违反合同的损害赔偿是在这一章的“违反合同的民事责任”一节中规定的。这是两种不同的法律规定，适用时不能混淆。对违反合同的民事责任不能适用侵权责任的法律规定。

再次，既然双方当事人之间的合同关系是运输合同关系，按照运输合同关系的一般规定，乘客作为一方当事人，享有安全运送的权利。乘客在被运输过程中受到伤害，运输人应当承担赔偿责任。《合同法》关于运输合同的规定，并没有改变《民法通则》规定的原则，新旧合同法的规定是一样的。尽管这种伤害就出租车司机来说，是一种意外事件，但是，一方面这却是合同内容的应有之义，另一方面司机在运输中也确有一定的过失。按照运输合同的规定，在乘坐运输工具履行合同的过程中，乘客受到伤害，车主不是理应承担赔偿责任吗？还有什么要受害人分担损失的理由呢？还有一点，就是车主和司机的关系。运输合同实际上是乘客与车主签订的，因此应当由车主承担责任，而不是由司机承担责任。至于司机要不要承担责任，则是车主和司机之间的问题，不是本案解决的事项。

最后，也是最重要的，就是要确定法官在判决这个案件时的基本出发点，即应当引导社会向什么方向发展。评论说，为了保护出租汽车业的发展，可以认定这一事件是不可抗力。这种说法考虑了这个问题，可惜的是说得不准确。对于这种案件，法官要引导的，是如何保护乘客的利益，是乘客在乘坐出租车的时候，不受意外伤害的损害，人身安全不会受到威胁，即使是受到损害，也能够得到及时、足额的赔偿。这就是在这种案件中，要责令出租车公司全额赔偿，通过判决的警示作用，促使出租汽车公司和从事出租汽车行业的人，为保障乘客的人身安全要为乘客投保人身险，使出租车公司在平时支付一点费用，在自己应当给予乘客较大数额赔偿金的时候，能够将这一风险转嫁给保险公司。这才是法院应当采取的正确态度，才能引导社会向正确的方向发展。而且从这个角度出发，也是支持出租汽车行业的发展——因为如果乘客乘坐出租车连安全都得不到保障，那谁还敢坐出租车呢？

还要提到一点，就是不可抗力是一个法律的概念，是有其特定含义的，不能说什么是不可抗力，什么就是不可抗力。从某种需要出发，将不是不可抗力的事情说成是不可抗力，是不行的。

## 银行支付假币纠纷应当怎样解决?

日前，一起储户与银行间因支付假币而引发的纠纷被诉诸法庭。北京的魏女士以储蓄合同违约为由，状告建设银行北京市分行海淀区支行，要求判令被告赔偿原告被没收的假币 200 元，赔偿原告误工损失 5 000 元，精神损失 1 万元。

事情的缘由是：某日上午，魏女士到某银行分理处支取现金，随即到隔壁的另一银行储蓄所存入现金。两家银行相距不过 30 米，走过来不过 2 分钟。在储蓄所，从没打捆的整捆百元券中验出两张百元假币，号码相同。储蓄所为魏女士出具了假币收缴凭证。魏女士马上跑回分理处要求解决。魏女士说，我等了一个多小时，银行的一位女工作人员答复我，领导说这事我们解决不了，发现假币出了这银行的大门我们就不认了，这 200 元我们不能退。

魏女士抑制不住激动的情绪，说：“客户取了钱出了银行的门发现有假币，银行就不认不退，这是什么行规？这是加在普通储户头上的‘不平等条约’。”

就这个事情我想谈谈以下几个问题。

首先，我对魏女士的做法是支持的。做这种选择，要有一点勇气。在自己的权益受到损害的时候，有勇气提起诉讼，寻求司法保护，值得肯定。同时，这种诉讼又是对维护社会经济正常秩序、对广大储户的利益有好处的行为，因此这种诉讼行为就更值得赞同。类似的事情，还有以前发生的王女士状告白酒制造商的案件，也具有同样的意义。王女士的起诉，除了一般的赔偿外，主要的诉讼请求是要求在白酒的装潢上标上“饮酒有害健康”的警示。这种诉讼请求是完全有道理的，虽然没有得到法院的支持，但是这种诉讼行为本身已经提醒社会，应当重视这样的问题。这就是这类诉讼的社会意义。

应当看到，这种诉讼的难度是相当大的。最重要的，是原告对自己的诉讼主张的举证责任。在一般的诉讼中，贯彻的是“谁主张、谁举证”原则。原告主张银行支付的是假钞，就要证明这一事实。可是，在所述的情况中，怎么能够证明这一事实是成立的呢？我们可以确信，原告主张的一定是事实，因为一般人不会因为两张一百元的假钞向法院进行虚伪的诉讼。但是，更重要的不是让一般人相信这一事实，而是要让法官相信这一事实。而让法官相信这一事实，就要完全依靠证据。在目前的情况下，原告的这一举证责任是很难完成的。这就是客观真实和法律真实之间的矛盾。在客观上真实的东西，没有证据证明，或者没有充分的证据证明，法官就不会采信你的主张，就不能确认是法律上的真实，因而也就不会赢得官司。因此，关键的问题是原告要证明自己的诉讼主张能够成立。证据不足，再有道理的诉讼请求，也不会得到法院的支持。

问题回到这位女士说的那个问题，就是银行的这种“行规”是否合法？

应当说，原告说的那些理由都是有道理的，但是，现在还不能证明这种“行规”就是错误的。因为在付款问题上，银行都是提示储户要当面点清钱款。这一提示是十分必要，也是十分重要的。对此，银行在所说的“行规”上，已经尽到了职责。储户在接受钱款的时候没有当面点清，是存在过失的，出现了问题，就应当自己承担后果。按照民法的基本原理，当事人由于自己的疏忽而造成损失，应当自己承担，而不是让没有过错的对方当事人承担责任。

可是……

问题就出在这个“可是”上面。银行在提示储户应当尽到的注意义务之后，并没有对储户履行这个注意义务提供必要的条件。试想，在大庭广众之下，如果储户只是支取小额钱款，当面点清，并不困难，但是，如果储户支取的是几万、十几万乃至几十万的巨款，在这样的场合如何履行自己的注意义务？当众清点，岂不是要招来贼的“关注”？如果招来贼的注意，甚至事后被贼盯上，被贼“一网打尽”，银行是不是要承担责任？当然，银行还是不承担法律责任！然而，在道义上，银行难道不受到良心的谴责吗？可见，银行在这个问题上，确实是有欠缺的，其工作有改进的余地。

因此我说，这种诉讼尽管难赢，但还是有积极意义的。最直接的社会意义就是，促使银行改进工作。魏女士提出，银行应当在支付款项的场所增设用户使用的验钞机，为大户点钞提供合理、安全的空间，而不是让储户在大庭广众之下点验钞票，真正使用户在接受银行服务的时候，有安全感，以履行自己的注意义务，行使自己的权利，这样才不至于酿成新的纠纷。

我认为，法院在判决的时候，解决一下这个问题，就非常有社会意义了。但是按照现在的“常规”，判决不能够解决这样的问题。然而，也可以做一个司法建议，建议银行在这方面加以改进，既有利于广大用户，同时也使银行提高信誉，增加业务，更好地发展。

此外，还涉及一个问题，就是诉讼制度本身。我们现在没有这种公益诉讼制度。凡是诉讼到法院的案件，必须要有明确的原告和被告。可是有一些抽象意义的被告，不是具体的法人或者自然人，而是一类共同的主体，例如本案的银行，王女士起诉案件的酒厂；诉讼所要解决的，也是一些具有抽象意义的问题，例如本案的责令所有的银行增设验钞机和点款的安全空间，王女士案件提出的在白酒的标识上标注“饮酒有害健康”，等等，在这样的诉讼制度之下，就没有办法解决。二者恰恰是关系到更多人的利益的“大案件”，更需要解决。因此，是不是在诉讼制度上，要有一个根本的解决办法呢？

这也是本案给诉讼制度本身提出的一个重大问题。《民事诉讼法》修正后，增加了公益诉讼的程序。该法第55条规定："对污染环境、侵害众多消费者合法权益等损害社会公共利益的行为，法律规定的机关和有关组织可以向人民法院提起诉讼。"不过，这里规定的，只是法律规定的机关和有关组织可以提起公益诉讼，个人并不可以提出。对此，我有不同意见。事实上，只要是公益诉讼，并非只有机关和组织可以提出，其他个人也是可以提出的，这样才能够满足实际需要。

## 状告烟草公司，索赔有几分胜算？

一位记者就北京市致诚律师事务所状告烟草公司索赔案采访我。对这个案件究竟有几分胜算，我实在是没有把握。但是今天是世界禁烟日，为表明态度，还是要提出一些意见。

我觉得，北京市致诚律师事务所的这个行动是很有勇气的。作为一位法律人士，我很为他们的勇气所叹服。在现实社会中，总是有那么一些事物，一方面在宣传它的害处，另一方面却是很多人生活所必需的，这就引起生活中的一些矛盾和纠纷。现在的香烟包装就是这样，一方面是警告，忠告市民吸烟有害健康，另一方面烟草公司却在市场上继续出卖香烟，乐此不疲。科学研究表明，吸烟确实有害健康，这绝不是一句虚话，而是实话实说。因此，吸烟尽管是烟民的权利，但是社会的直接导向是尽量减少吸烟，减少损害，特别是减少对被动吸烟者的损害。这些律师采取这个诉讼行动，对社会有积极的、进步的意义。所以我支持他们的诉讼行为。

他们的诉讼行为究竟有没有胜诉的可能，这很难说。这里大概有这样几个原因。首先，是社会对烟草经济的依赖，完全禁烟，就会减少税收。其次，是在司法实践中没有先例，对于这种没有特定受害人的诉讼案件，我国的法院从来没有受理过，没有这样的经验。再次，在诉讼程序上没有相应的法律根据，律师作为一种利益的代表，可以支持诉讼，但是直接向法院提起诉讼，就面临一个原告资格的问题。最后，还有一些技术上的问题。怎样解决这些问题，是很大的难题。

对于第一个问题，就是要在烟草经济和消费者权益保护之间寻求平衡点。在这一点上，实际上有三方面的利益冲突。一是烟民的消费需求，二是吸烟对人民的危害，三是烟草经济的利益。可以考虑通过诉讼，让烟草公司拿出一部分款项，建立烟害赔偿基金，对确实能够证明是吸烟造成的损害的，就给予赔偿。这样，既能够保护依赖于香烟的烟民的权利，也能够使吸烟的受害者所受到的损害得到赔偿，同时还照顾了烟草工业的生产和国家的税收。

至于司法实践没有这样的先例问题，我的想法是，既然已经起诉了，法院不妨做一个探索，总之是民事诉讼嘛！先受理案件，然后进行审理。世界上不总是要有第一个吃螃蟹的人吗？吃了以后，吃坏了，今后就不吃了；吃的味道不错，就可以作为一项诉讼制度了，在修改法律时，就规定进去。总之是对人民有好处的事情，该办就办。有一位王女士，丈夫饮酒过量致死，她就提起诉讼，请求法院判决，由国家作出规定，白酒装潢也要像香烟包装那样，写上“饮酒有害健康”的警示。我是支持这位女士的主张的。但是，法院一审二审都判其败诉。这就是现实。能有多少人敢吃第一只螃蟹呢？

究竟应当由谁来作为公众利益的代表向法院起诉？这是一个大的问题，律师起诉，难点在于现行法律没有规定，理论上也不承认他们能够代表社会公共利益起诉。在美国，司法部也就是检察机关，是政府的代表，有权代表公众利益起诉。法国、德国等大陆法系国家也承认检察机关是公益代表人，也可以提起民事诉讼。中国的检察机关虽然不是政府的代表，但它是国家的法律监督机关，可以作为国家利益和社会公共利益的代表，提起这种代表公益的诉讼。这个意见在理论上是成立的，难点在于没有现成的法律作为依据。

还有两个细节问题，一是如何确认吸烟和病患之间的因果关系，二是对加害人的确定问题。也就是说，受害人起诉的难点在于，怎样证明自己的损害是由吸烟引起的，是吸哪个工厂生产的哪包烟引起的。按照现行的诉讼制度，原告负担举证责任，没有明确的被告，证明不了存在因果关系，即使法院受理了，也不能获得胜诉判决。在这方面，确实需要积累经验。有两个国外的经验可以借鉴。一个是推定因果关系，就是在特定的情况下，受害人在自己的证明达到了一定程度之后，对于没有现代科技手段就无法证明其因果关系的特别情况，可以推定这个行为与损害结果之间有因果关系，然后实行举证责任倒置。如果被告认为没有因果关系的，自己举证证明；被告能够证明的，予以免责；不能证明的，承担赔偿责任。另一个是共同危险行为，就是在数个被告都有可能造成该损害，但是不能确定是谁的行为造成了具体损害时，就让这些有造成该损害可能的人共同承担赔偿责任。在美国和日本，都有这样的典型判例。

在这个问题上，政府应当做控烟的责任人，尽管烟草经济的税收是大量的，但是，吸烟确实危害人民健康。政府是人民利益的代表，应当代表人民，做好控烟的工作。在索赔上，能够代表公益，支持受害人，通过诉讼实现索赔权利的，只有检察机关。最终对诉讼争议的裁决，对权益的保护，要通过法院的裁判来实现。在人民代表大会的监督下，“一府两院”只要发挥职能作用，就能够保护好烟民和被动吸烟者的权益。

2014 年 11 月 28 日，北京市第十四届人民代表大会常务委员会第十五次会议表决通过《北京市控制吸烟条例》，该条例自 2015 年 6 月 1 日起正式施行。该条例以“依法控烟，爱在身边”为主题，明确所有公共场所、工作场所室内区域及公共交通工具禁止吸烟，约定文保单位、体育场及部分以未成年人为主要活动人群的室外场所禁止吸烟。同时，基于保护妇女儿童的目的，该条例对室外禁烟区域作出更严格的规定，以未成年人为主要活动人群的场所，如幼儿园、中小学校、妇幼保健机构、儿童医院等均被列入室外禁烟范围。该条例还明确规定，个人不得在排队等候队伍中吸烟，禁烟场所的经营者、管理者也要肩负起禁烟责任，违者将受到处罚。该条例明确规定室内全面禁烟、禁止烟草广告、促销、赞助。《北京市控制吸烟条例》自 2015 年 6 月 1 日起正式实施，已经收到了很好的效果。

## 餐车发票案对公益诉讼的呼唤

法律硕士郝劲松在火车上用餐，因餐车不给开具发票而状告北京铁路分局。受理本案的北京铁路运输法院认为，原、被告之间形成饮食服务合同关系。旅客在火车餐车上用餐先付款点菜，服务员开具餐券，旅客用餐完毕凭餐券甲联索要发票为既有的服务惯例。被告已向原告提供了餐券作为服务单据，按照该服务惯例，原告须凭餐券甲联向被告索要发票。本案原告主张曾向被告索要过发票，应对该事实负有举证责任，但原告未能举出其索要发票的证据。因此，原告主张的索要发票事实不能成立，法院据此判决驳回了原告的诉讼请求。

如果这个案件是郝劲松向地方法院起诉的，地方法院作出这样的判决，我还比较信服。而这个判决是铁路法院作出的，而且是北京铁路运输法院判决的，因而我就怀疑它的公正性。为什么？有三点原因：第一，判决驳回的理由是原告没有证据证明自己曾经索要过发票，这是强词夺理，袒护一方当事人的手段比较低级；第二，从来旅客坐火车在餐车就餐，餐车都是不给开发票的，我们每一个人都有这种经验，不是法院一说惯例就是事实；第三，该判决公布之后，铁路主管部门便立即颁发文件，指示各级铁路机构，旅客在餐车就餐，一律要给开具发票。这三点说明什么，不是很清楚吗？

其实，本案即使是郝劲松败诉也是值得的，这就是通过他的诉讼，赢得了铁路部门发出了这个文件，保证了公众在餐车就餐取得发票的权利。如果没有这个败诉的诉讼，至今铁路部门的餐车也不会想着给乘客开发票。我曾经在媒体上说过，这就是铁路部门在公然逃税，且不说是不是保障了消费者的合法权益问题。因此，我说郝劲松的诉讼是一个具有公益诉讼意义的诉讼，极有法律价值。郝劲松也算为国家的法治进步作出了贡献。

不过，说到公益诉讼还真得较真。郝劲松的诉讼就是公益诉讼吗？我的意见是，这还不是真正的公益诉讼，只是带有公益诉讼性质的诉讼。最近几年，在法院起诉的真正的公益诉讼，最典型的是河南王女士起诉的案件。她的丈夫因喝白酒过量，酒精中毒致死。王女士在伤心之余，想到应当警示酒厂、保护世人，因此起诉当地的白酒厂，请求法院判令酒厂应当在白酒的装潢上，像香烟包装一样，作出“饮酒有害健康”的警示。她的这个诉讼完全是为了公共的利益、公众的利益，毫无私利可言，这才是真正的公益诉讼。由此，我们也看到了王女士的伟大和崇高！可惜的是，这个典型的公益诉讼，也像郝劲松案件一样被法院“扼杀”了，法院判决驳回了王女士的诉讼请求。我曾经劝说这样的法官，为什么就不动一动脑子，为什么对如此高尚、如此公益、如此有益于人民的一个诉讼请求，非要驳回呢？假如对这个案件作出一个肯定性的判决，我相信这一定是一个铭刻在历史上的典型判例！这个法官也就成了一位极有见地、极有远见的法官。

这里涉及一个什么样的诉讼是公益诉讼的基本定义问题。我说，公益诉讼一定是要包含着公共利益、公众利益的诉讼，而不是私人利益。我们现在的诉讼制度中，可以进行的都是有关私人利益的诉讼，是在私人的权利受到侵害或者需要法律的确认、保护时，才由有当事人资格的人提出诉讼请求。没有涉及个人的私人利益、私人权利问题，就不可以诉讼。因此，现行的民事诉讼可以说是私益诉讼。这也是我说郝劲松案件是带有公益诉讼性质的诉讼而不是真正的公益诉讼的原因。这个案件的公共利益，是包含在私益诉讼之中的，只有案件引发的社会意义才是公共利益。而真正的公益诉讼，必须是诉讼是为了公益，而不是为了私益。我盛赞王女士的白酒诉讼案是我国公益诉讼的第一案，说的就是这个意思，因为原告是为了公共利益，而非为了私人利益。

无论是郝劲松案件还是王女士案件，对法院的判决以及法官当然无可指责，原因就是法院要依照法律办事，而现在，《民事诉讼法》已经规定了公益诉讼程序，但是限制性规定还是比较多，仍然不能准许个人提出公益诉讼。司法改革进行了那么多时间，什么事情都可以进行改革，为什么这个公益诉讼就不能再进一步进行改革了呢？看来，有些司法改革还是着眼于其他方面，而涉及公众利益、公共利益的公益诉讼的改革，起码是没有那么紧迫，没有那么迫在眉睫。

当然，最要紧的，还是抓紧时机，尽快修改《民事诉讼法》，将公益诉讼制度明明白白地写进去，使之成为正式的法律制度，将谁是公益诉讼的诉讼权利人，公益诉讼应当如何进行审理，应当如何作出判决等，都一一规定好。那么，法官也就好办了，当事人也就有法可依了。王女士如果是一个合格的公益诉讼权利人，就可以理直气壮地提起白酒包装上应当加注“饮酒有害健康”警示的诉讼，郝劲松也可以直接以餐车必须给每一个消费者开具发票的诉讼请求提起诉讼了。

郝劲松、王女士等诉讼案件不断出现，使推进公益诉讼的呼声一浪高过一浪，公益诉讼已经成为社会的共识和大众的共同心愿。2012年修正的《民事诉讼法》已经规定了公益诉讼制度，但是不准许个人提出公益诉讼，还是值得斟酌的。

## 怀孕期间的女职工不得被解聘

银行女职员郭玉兰因高龄怀孕导致业务考试不及格，被解除了劳动关系。她问我们，这合法吗？

我说，郭玉兰的遭遇值得同情，法律应当有救济手段。

从表面上看，银行解聘郭玉兰好像并不违反法律，并不是在郭玉兰怀孕期间与其解除劳动关系，而是在其产假和哺乳期之后的正常工作期间。从法律上看，这好像并没有严重的问题。特别是在企业改制过程中，发生这样的事情，是可以理解的。

但是事实并不如此。我认为，这个问题并不在于与郭玉兰解除劳动关系本身，而在于解除劳动关系的原因和理由。

郭玉兰在银行组织的考试中，成绩不及格，因此，在其怀孕、生产和哺乳期过后，银行与其解除了劳动关系。这只是表面现象。在客观事实上，有几个问题值得研究：第一，考试期间，郭玉兰属于高龄孕妇，在这种情况下，她提出自己“缓考”，是有充分理由的。在这个过程中，银行领导表示具体情况可以考虑，因而没有给其发复习材料。可是，临近考试，领导又突然决定让其参加考试，一是根本没有考虑郭玉兰的身体状况，二是没有给其适当的复习时间，也没有复习材料，因此，这样的决定本身就不公平。第二，即使是考试不及格，也应当有转岗、培训、待岗等方法，使其有继续工作的机会。郭玉兰孕期考试不合格后，银行没有再对她进行培训或调整工作岗位，而是直接解除劳动合同，显然是没有将保护妇女的合法权益的法律原则放在应有的地位。第三，银行等郭玉兰的小孩满一周岁后再解除劳动合同，也违反地方法规的规定。《江西省女职工劳动保护实施办法》规定，不得以女职工结婚、怀孕、生育、哺乳为理由将女职工辞退、解聘或转为待聘人员，也不得在女职工休假期满后不安排回原岗位工作。

这些都说明，该银行与郭玉兰解除劳动合同的做法是违反法律、法规的，仲裁委员会应当支持她的要求。

这个仲裁案件反映了一个很重要的问题，就是应当将女职工的权益保障作为全社会的职责。现实的问题是，对妇女的权益保护，绝大多数人都是放在口头上，是说给别人听的，实际做起来并不是那么回事。郭玉兰的案件只是一个缩影，更多的妇女权益保障问题，无不说明上述论断的准确性。就说妇女就业问题，有多少企业、单位和部门在招聘启事和公告上明文宣告不招收女性！那些不敢公开说明这一点，而在私下拒绝女性应聘的，大概为数更多。就连主管或者关乎妇女权益职责的单位或者部门，有些也是这样做！岂非咄咄怪事！

因此，妇女权益保障，任重而道远；中国妇女的解放问题，仍然是一项极为重要的任务。《民法总则》已经将妇女民事权利保护的原则规定在第128条，把《妇女权益保障法》纳入民法体系，对妇女的权益予以特别保护。这种做法特别值得肯定。

# 第五讲

# 家事法篇

## 如何确定代孕所生子女的亲属身份关系

上海两级法院对代孕所生子女的身份确认的判决，最终以确认母亲与无生物学意义上母女关系的子女之间的身份关系为结果，保护了代孕所生子女的利益，也维护了母亲的合法权益。我支持这个终审判决，但是也要指出判决中存在的缺点。

在我国，代孕问题还是一个禁区，民法理论研究关注不多，原因在于国家反对代孕。对此，国家虽无明确的法律条文加以禁止，但是态度是明确的。目前，只有卫生部的《人类辅助生殖技术管理办法》明文规定禁止代孕，但它不过是一个部门规章，法律的层次太低，并且无锡市中级人民法院的判决确认其不具有限制人民权利的效力。在修改《人口与计划生育法》的时候，有关部门曾经提出过立法意见，制定明确禁止代孕的法律条文，但是被立法机关否定了，没有写进法律中。因此，目前在我国确认代孕行为违法，其实并没有法律的明文规定。

完全禁止代孕是不正确的。对待代孕的正确态度，应当是原则上限制，确有必要的可以适当放开。对此，《法律适用》杂志曾经发表了数篇文章进行论证，道理说得都很清楚，也符合大众的意见，值得借鉴。

本案反映的并不是代孕是否合法以及应否禁止的问题，而是不管合法的还是不合法的，代孕之后，通过代孕所生子女与父母的法律关系的认定问题。那就是，代孕所生子女的亲属身份地位如何确定。上海市两级法院的判决所解决的正是这个问题。目前，无论是在境外进行的代孕活动，还是在国内地下进行的代孕活动，尽管卫生和计划生育委员会禁止代孕的态度很明确，但是问题的核心在于，对于已经生育的代孕子女，究竟应当怎样确定其身份。如果仅仅是因代孕而出生的子女，就在法律上不承认其亲属法上的身份地位，那么，就会把对违法者的制裁，适用于无辜的代孕所生子女的身上，造成他们的人格尊严以及其他民事权益的损害。这样的后果，国家法律是不允许的，因为他们是国家的后代，是民族的传承者，损害他们的合法权益，受到损害的是民族和国家。

究竟应当怎样确定代孕所生子女的亲属身份地位，目前可以参照的，只有最高人民法院 1991 年《关于夫妻关系存续期间以人工授精所生子女的法律地位的函》的规定精神。参照这一司法解释的基本精神，我认为，解决代孕所生子女的亲属身份地位问题应当采取的立场是：

第一，无论在法律上对代孕采取何种政策立场，都不得损害代孕所生子女的民事主体地位。代孕是行为，代孕所生子女是代孕行为的后果。不论夫妻之间的代孕行为是否合法，都不应当影响代孕所生子女的人格尊严和民事主体地位。代孕所生子女一经出生，就是民法所确认的民事主体，享有民事权利能力，享有与其他民事主体完全平等的权利，负担相应的义务。任何歧视、否定代孕所生子女的人格尊严和民事主体地位的做法都是违法的。

第二，对于代孕所生子女在亲属法上的身份地位，应当依法确认。由于目前并没有关于代孕所生子女的亲属身份地位的法律规定，以及相应的司法解释和法规、规章，因而应当依照最为近似的法源来确认。最高人民法院 1991 年《关于夫妻关系存续期间以人工授精所生子女的法律地位的函》指出，在夫妻关系存续期间，双方一致同意进行人工授精，所生子女应视为夫妻双方的婚生子女，父母子女之间权利义务关系适用《婚姻法》的有关规定。这样的规定精神，应当适用于代孕所生子女的亲属身份地位的认定。本案的丈夫与妻子结婚后，由于妻子欠缺生育能力，因而夫妻协商一致，同意寻求他人的卵子与丈夫的精子进行人工授精，之后委托孕母代孕，所生育的子女尽管与妻子没有生理学上的血缘关系，但是，在法律上应当视为具有亲子关系，代孕所生子女是夫妻双方的婚生子女，父母子女之间的权利义务关系适用《婚姻法》的有关规定。这就像人工授精所生子女一样，在丈夫的生育能力出现欠缺时，无论是采取丈夫的精液混同他人精液，还是完全采用他人精液，经过人工授精，所生子女都被认为是婚生子女。同样，既然夫妻一致同意进行代孕，那么无论采用母亲的卵子，还是借用他人的卵子，其代孕所生的子女都应当视为婚生子女。难道完全采用他人的精液进行人工授精后生育的子女，与采用他人卵子受精后生育的子女，还有本质的区别吗？既然如此，借鉴人工授精所生子女的司法解释的规定，确定代孕所生子女为婚生子女，没有任何法律上的障碍，也是最能够保护代孕所生子女的法律立场。

第三，本案终审判决对此采取的方法是，确认代孕所生子女是丈夫与妻子结婚后，丈夫与其他女性提供的卵子以代孕方式生育的子女，认定为缔结婚姻关系后夫妻一方的非婚生子女；代孕子女出生后，一直随该夫妇共同生活，与没有生物学亲子关系的母亲已形成有抚养关系的继父母子女关系，其权利义务适用《婚姻法》关于父母子女关系的规定。这样的认定，看似尊重客观事实，但是却有相当的欠缺，那就是，将夫妻双方代孕所生子女认定为非婚生子女，既不符合夫妻双方决定和采取代孕生育子女当时的本意，也不是保护代孕所生子女人格和身份地位的最好方法。这种认定，更多的是受了亲子关系鉴定结果的影响。可是，既然非丈夫精子所孕育的人工授精子女都应当视为婚生子女，为什么非妻子的卵子所孕育的代孕子女就一定要被认定为非婚生子女呢？其结果不是损害代孕所生子女的人格尊严和民事地位吗？在本案中，如果代孕所生子女的父亲健在，他一定不会要这样的结果，因为不是其所愿。即使认定代孕所生子女是形成了抚养关系的继子女，也不能否认这样的结果。本案代孕子女的祖父母是愚蠢的，当他们否定了自己的孙子女与其母亲的亲子关系之后，他们的孙子女将永世没有母亲。

第四，对于夫妻双方同意而采取代孕方式生育的子女，不仅要视为婚生子女，而且不得以客观真实的证据而推翻该法律认定。无论是代孕所生子女还是人工授精所生子女，都是夫妻为了克服某种生育能力的缺陷，而不得不采取医学科学技术措施，实现生育子女的目的。在这样的情况下，决定采取人工授精或者代孕医学技术而生育子女的夫妻，其初衷，都不是为了生育一个非婚生子女，而一定是要生育一个婚生子女。因此，最高人民法院的司法解释才作出了应当将人工授精生育子女视为婚生子女的司法解释。应当明确的是，这种将人工授精或者代孕所生子女确定为具有婚生子女亲属关系，不是推定而是认定，因而不得举出相反的客观证据予以推翻，不适用婚生子女否认制度。因为将人工授精或者代孕所生子女视为婚生子女的认定，本身就有客观事实的不足，只是法律上的认定而已。对此，一旦可以用相反的客观证据予以推翻，否定了人工授精或者代孕所生子女的婚生子女的亲属身份地位，就离开了这种认定的保护子女的初衷，就一定会造成相反的结果，而这种相反的结果是与社会根本利益的要求相违背的。

## 妻子通奸，怀孕期间丈夫可否起诉离婚?

妻子通奸怀上了别人的孩子，在怀孕期间，丈夫林某起诉离婚。林某以妻子在外通奸致孕为由，要求法院主持进行亲子鉴定，并判决与妻子离婚。女方拒绝进行亲子鉴定。法院经过审理，最后驳回了原告的起诉。林某不服，提起上诉，请求二审法院依法撤销原裁定，指令一审法院继续审理此案。案件公布以后，争论很激烈。

据报道，本案的案情是：林某与妻子结婚多年，婚后感情不和，争吵不断，单是留下彼此言及离婚的文字记载就有 3 次。林某说："我们的婚姻悲剧有一些客观原因，从经人介绍到办理结婚登记不过半年，互相缺乏了解，并且由于婚前双方均刚遭受失恋，故结婚有借以抚慰心灵创伤的考虑。"林某的性格比较内向，妻子则较外向。婚后 1 年，双方就曾言及离婚。10 年后，林某协同妻子在惠州办了一所职业学校，学校由妻子管理，此后妻子回家的日子越来越少。有段时间，有个女人多次打电话到家里找林某，说他妻子"不要脸抢他的男人”。林某正式向法院起诉离婚，一审开庭期间，林某的妻子曾当庭表示同意离婚，但由于双方对财产的认定和分割有异议，未达成协议。后来，林某发现妻子怀孕了，林某为此羞愤不已。他说：“我与妻子已3年没有夫妻生活了，通过亲子鉴定可以查明真相。”他向广州中山医科大学法医鉴定中心咨询，该中心明确表示，在怀孕期间可以查明亲子关系，亲子鉴定技术对母婴均无任何不良影响，但林某妻子断然拒绝作亲子鉴定。

在提交给中级法院的上诉中，林某认为：“一审法院的裁定书是无视案件的客观事实，机械理解法律的‘一刀切’做法。”因为按照有关司法解释，妇女因通奸致孕等，不受“女方怀孕期间和分娩后1年内，男方不得提出离婚”的限定。由广东省公检法司等部门发布的《关于处理婚姻关系中违法犯罪行为及财产等问题的意见》也规定，无过错方的合法权益应得到保护。林某希望有关部门在严惩“包二奶”男子的同时，对妻子不轨造成男方权益受损的情况也应考虑。

看起来，这是一个非常简单但又十分复杂的程序问题。

说这个问题简单，就是说，对于这个问题，法律有规定，最高法院也有司法解释，照着办就行了。但是不然，这个问题绝不是一个简单的问题，而是非常复杂的程序问题。

法律规定，在妇女怀孕期间和分娩后1年内，男方不得提出离婚。这一规定的基本精神，就是保护妇女、胎儿和婴儿的合法利益。这里所保护的妇女，并没有加限定词，不能说有过错的妇女就不在内；这里说的胎儿，也是一切胎儿，既包括合法的婚姻关系所孕育的胎儿，也包括非婚姻关系所孕育的胎儿。如果说胎儿是非婚所育就要把他（她）打下来，避免将来出现麻烦，是不符合立法精神的。一方面，生育不生育是妇女的权利；另一方面，所有的胎儿，将来都是国家和民族的后代。法律保护妇女，保护的是妇女的权利；法律保护胎儿，除了保护将来他（她）作为人的权利，更重要的，是保障国家将来的发展。这一点，大家都不会反对。

《婚姻法》的这一条在规定前一层意思之外，还规定了女方同意和法院确认这两种特例。女方同意离婚的，当然不在此限。同时，法律还赋予法院一个权力，就是确认有必要受理男方离婚诉讼请求的，可以受理。最高人民法院的上述司法解释，就是依据这一点作出的。在这一点上，不能说最高人民法院的解释没有法律根据。怎样才算是确有必要，由法院断定。司法解释认为，如果女方对通奸所致怀孕的事实不争执或者查明属实，就是确有必要，就可以受理。这种解释符合法律的这一规定。至于这个司法解释的精神是不是符合保护妇女和胎儿原则的要求，还值得深入研究。

现在要说一下婚生子女和非婚生子女的有关问题。首先是婚生子女的推定问题。在婚姻关系存续期间，妻子所生的子女，推定为婚生子女。如果丈夫否认该子女为婚生子女，应当按照婚生子女否认的规定，负担举证责任。这两项制度在国外的亲属法中都规定得很清楚。对此，我们的立法没有规定，只能按照立法的精神处理。在本案中，就遇到了这样的问题。

否认婚生子女，要提供证据证明。本案的原告提出与妻子3年未同居，如果有证据证明，或者对方配偶承认，应当是一个充分的证明。现在的问题是，这一事实能不能得到证明？能够得到证明的，就出现了举证责任转换的条件，女方如果提不出证据证明是婚生子女，或者不能否定连续3年未同居的事实，原告的主张就成立，法院不仅可以受理这个诉讼，而且可以判决离婚。如果原告主张其与妻子3年未同居的事就是那么一说，并没有证据证明，而且被告不承认的，那就没有办法支持其诉讼主张，被告也就没有任何举证责任，法院驳回起诉，其权利就得到了保障。

因此，在这种案件上，总的还是要体现对妇女和胎儿保护原则的精神，即使妇女一方有过错，也要尽量不伤害妇女和胎儿的利益，使其权利得到保障。如果考虑到制裁“包二奶”“包二爷”的违法行为，制裁的也是违法行为，不要对应当保护的主体予以过于严厉的惩罚。所以，本案法官无法确认原告主张的事实，被告又不确认原告主张的事实，驳回原告的起诉，没有原则的错误。

## 从“幕后”走到“前台”的探望权

《婚姻法》第38条增加了离婚后不直接抚养子女的父或者母，享有对子女的探望权。这是一个很有人文意义的法律规定，对于离婚双方当事人的亲权将起着重要的保护作用，因而受到社会各界的欢迎。

在没有修改《婚姻法》的时候，有没有这个探望权？事实上，在《婚姻法》没有明文规定探望权的时候，在实际生活中也是有这个权利的。夫妻离婚以后，独生子女只能由一方抚养；有两个以上子女的父或者母，也有可能将孩子交由一方抚养；即使是对几个子女分别抚养，父或者母也有探望不归自己抚养的子女的必要。而现在的绝大多数家庭都是独生子女，只能将独生子女由一方抚养，另一方享有探望的权利。离婚，只能消灭配偶关系，却不能消灭血缘关系，也不能消灭父母子女之间的亲情。因此，不论法律是不是有明文规定，夫妻离婚后，都是要探望自己的子女的。在《婚姻法》对此没有规定时，当事人离婚时就要进行约定，出现争议，要进行调解或者判决，但总不是理直气壮。现在，法律正式规定了这个权利，使它从“幕后”走到了“前台”，成为名正言顺的法定权利。它的后果就是确定，探望子女，在一方是权利，在另一方就是义务，不履行义务的，就要承担法律责任。可见，对一个真正的权利，不论法律是不是明文规定，它都是一个权利。让规定的该项权利都从“幕后”走到“前台”，使其从一个见不得人的“童养媳”的地位上被解放出来，“登堂入室”，成为一个堂堂正正的“大家闺秀”，是非常必要的，不然还要法律干什么呢？法律规定探望权是一件好事，值得庆贺。

在原来的《婚姻法》修正草案中，这个权利不叫探望权，而是叫探视权。修正案正式通过，改为现在这个称谓。有人问为什么不叫探视权而叫探望权？这是因为在法律上，探视已经用在了对在押人犯的探望上，在生活中，对在医院就医的患者的探望也叫作探视。为了避免概念上的混淆，也不至于将对子女的探望与对在押人犯和患者的探视混为一谈，故而叫作探望权。

在我国台湾，“民法”也有这样的规定，称之为会面交往权，与我们规定的探望权是一样的。

这个权利究竟是什么性质？很多人都不清楚，究竟是监护权，还是配偶权，还是其他权利？这个问题不搞清楚，很多问题就会随之产生。

我认为，这个权利既不是监护权的内容，也不是配偶权的内容，而是亲权的内容。我们设定一个前提，就是被探望的对象只能是未成年的子女，因为已经成年的子女接不接受探望，其完全有判断能力，可以自己作出决定，只有未成年子女才是被动地接受探望。如果这个前提成立，那么，父母对未成年子女的权利就是亲权，是对未成年子女的人身和财产照护权。探望权就是亲权这种身份权中的具体内容，是亲权的支分身份权，即亲权的具体内容。这种权利不可能是监护权，因为没有直接抚养子女的父或者母，既然没有直接抚养，当然就不是监护权。同样，它也不是配偶权的内容，因为这是对子女的权利，不是对配偶的权利，况且享有探望权的人的配偶关系已经消灭，所以探望权不能成为配偶权的内容。

身份权都是法定权利。因此，离婚的当事人应当按照法律的规定，对怎样行使探望权进行约定，并且应当遵守协议，不得违反。正如《婚姻法》第38条第2款规定的那样："行使探望权利的方式、时间由当事人协议；协议不成时，由人民法院判决。"当事人在协议离婚或者在判决离婚时，应当就这个问题协商一致，约定好探望的时间、地点、次数等。如果在协议离婚或者在诉讼离婚中对此协商不成的，则应由人民法院依法判决。

关于这种约定探望权内容的协议是什么性质，也值得研究。按照一般的道理，应当是合同性质。但是，在婚姻关系上，更多的人反对将关于人身关系的协议称为合同，例如结婚，既然是双方自愿结为夫妻，共同生活，为什么不能把缔结婚姻关系的协议叫作结婚的合同或者契约呢？道理明确，不一定在使用上就没有障碍。其中的原因，不能说得太清楚。这种约定探望权内容的协议大概也是这样，先糊涂一点，可能会更好地解决理论和实践中的问题。一方违反协议造成对方精神损害的，要承担赔偿责任，就顺理成章了，认定为契约或者合同，对确定精神损害赔偿责任倒是有了障碍，因为不能基于合同关系请求精神损害赔偿。

探望权可以中止。如果父或者母行使探望权，会不利于子女身心健康的，人民法院有权中止当事人的探望权。要注意的是，探望权可以中止，但是应当由法院决定，而不是由对方当事人决定。对方当事人禁止或者妨碍以至于宣告“中止”当事人行使探望权，构成侵权行为的，虽然《婚姻法》没有规定，但是可以依据法理，确定侵害亲权的精神损害赔偿责任。探望权中止的事由消失以后，被中止的探望权应当恢复。

网友谈论《婚姻法》谈到了探望权，有一位台湾的网友非常热心，贴上了一份台湾地区法院有关会面交往权的判决书，很能说明问题。该案双方当事人原有婚姻关系，育有一子，后协议离婚，并已办妥离婚户籍登记。依离婚协议书约定，婚生子由被告监护，原告得每周探视一次，唯应于每周五以前与被告确定探视时间为周六或周日。探视时段自上午 10 时起至晚上 8 时止，时间届至，乙方（原告）应立即交还子女与甲方（被告），履行地为甲方之住所地，甲方无正当理由不得拒绝乙方之探视。而至原告起诉时止，原告已有 6 次未能探视孩子。据此，原告诉请被告履行协议，保障会面交往权的行使，并按照约定承担 6 次不得行使该权利的违约金。

法院判决，准原告与双方当事人所生之子会面交往，被告应于每周六或周日上午 10 时整将孩子交付原告探视至该日晚上 8 时止。关于违约金，法院认为这项约定为有理由，但是约定的数额过高，应予削减，改判为每次违约支付 3 万元新台币，被告应给付原告新台币 18 万元及其利息。

这份判决是一个很好的参考。但是，如果将未能探视子女的违约金改定为侵害亲权的精神损害赔偿金，可能会更适合我们的情况。

## “越权探望”质疑

《检察日报》曾经刊登过一篇文章，题目是《探望孙子引发诉讼》。看了这篇文章以后，我感到震惊，因为这篇文章说，爷爷奶奶探望孙子被称为“越权探望”。据报道，这个观点并不是记者的意见，而是法院判决所持的观点。因此，我不免怀疑，这样的判决还有没有基本的人性呢？难道法律真的就是冷冰冰的条文，真的就没有人性，不讲人性吗？

报道中的案情是：艾龙生、魏水如夫妇的儿子与媳妇离了婚，孙子判给妈妈抚养。爷爷奶奶非常喜欢孙子，常去探望。可是在某一天，孙子的妈妈状告艾龙生夫妇，理由是爷爷奶奶对孙子的探望给她新组成的家庭生活带来了不良影响。孩子的妈妈与艾龙生、魏水如夫妇的儿子恋爱结婚，婚后生下男孩，离婚后改随母姓。孩子的父母协议离婚，约定孩子由母亲抚养。艾龙生夫妇天天惦记孙子，于是经常到孩子妈妈的住处看望孙子，每次去都带许多零食、衣服和玩具。孩子的妈妈再婚后，找到艾龙生夫妇，向他们请求今后未经她同意不要擅自探望孩子，因为老人对孙子的溺爱已使他养成了许多坏习惯。艾龙生夫妇想不通，不让看偏要看，于是发生了这起诉讼，原告要求艾龙生夫妇俩停止对孙子的探望。

诉讼中，被告认为探望亲孙子是受儿子的委托并以祖父母身份前去的，符合《婚姻法》有关规定：离婚后，不直接抚养子女的父或母有探望子女的权利。原告则认为被告的行为侵犯了自己的监护权。根据《婚姻法》有关规定，父或母探望子女，不利于子女身心健康的，由法院依法中止探望的权利。法院则认为，被告作为祖父母，如果原告没有异议，在适当的场合，有节制地探望自己的孙子是人之常情。但两人在孩子的直接监护人已经对他们的行为有异议的情况下，不体谅原告已另立新家的难处，侵犯了原告的监护权，违反了《婚姻法》有关探望权的规定，即只有离婚后不直接抚养子女的父或母，才有探望子女的权利。至于被告说他们是受儿子的委托探望孩子，证据不足。因此，判决被告今后未经孩子母亲的许可，不得擅自探望孩子。

这样判决的结果就是，爷爷奶奶没有权利探望自己的孙子，如今，“他们只得在幼儿园附近远远观望自己的孙子”。面对这样的现实，人们不禁要问，《婚姻法》真的就是这样割裂亲情，六亲不认吗？

我不认为这样的判决就是遵循了《婚姻法》的规定。诚然，《婚姻法》第38条确实规定了这样的内容，这就是："离婚后，不直接抚养子女的父或母，有探望子女的权利，另一方有协助的义务。行使探望权利的方式、时间由当事人协议；协议不成时，由人民法院判决。父或母探望子女，不利于子女身心健康的，由人民法院依法终止探望的权利；中止的事由消失后，应当恢复探望的权利。"可见，《婚姻法》确是规定了父或母的探望权。离婚以后，子女由一方抚养，另一方可以依法探望，行使探望权。

可是，法律只规定了父或母的探望权，是不是其他近亲属就不享有探望权了呢？按照法院判决的意思，就是只有父或者母才享有探望权，其他人都不享有这种权利。按照这样的主张，离婚后，一方对子女的抚养权利，就成了独占的权利，就成了割裂亲情的权利，只要享有了这个权利，不仅可以独自"占有"共同的子女，还可以独自"占有"他人的孙子女或者外孙子女，割裂这个子女与他（她）的爷爷奶奶、姥姥姥爷以及其他近亲属的亲情。难道这是法律的本意吗？

《婚姻法》是亲属法。任何法律都必须体现人性和人情，尤其是规定亲属之间权利义务关系的《婚姻法》，更应当体现人性，体现亲属之间的亲情，体现近亲属之间的血缘关系。如果一部法律没有人性、没有人情，而是冷冰冰的死的条文，那么这样的法律一定是僵死的法律，不会受到人民的拥护。同样，如果判决没有人性、没有人情，也一定是不会受到人民拥护的。

可能有人会说，《婚姻法》确实没有规定其他近亲属享有探望权的呀！确实没有规定祖父母、外祖父母对孙子女、外孙子女的探望权的呀！这是事实。可是，亲属法上的身份权，并不是法定主义。在民法中，只有《物权法》适用物权法定主义，即没有法律规定的物权不得认定其为物权。但是，民法的其他部门不存在权利法定的规定，那就是说，在债权法、人格权法、身份权法中，法律规定的权利是权利，法律没有规定的权利，只要是符合民法的基本原则、合乎情理、符合人性、符合民事习惯的，都可以被认定为权利，都可以寻求法律的保护。否则，凡是法律没有规定的民事权利就不受法律的保护，就不认为是权利，那就会有很多正当的民事活动无法获得法律的支持。就像现在的这个案件，说法律没有规定祖父母、外祖父母对孙子女、外孙子女的探望权，就认为祖父母、外祖父母没有对孙子女、外孙子女的探望权，大概这是不符合人性和情理的，也是违背民事习惯的。这样的社会还有亲情吗？一个社会，一个国家，不准许祖父母、外祖父母探望孙子女、外孙子女，并且赋予其法律的强制力，使“他们只得在幼儿园附近远远观望自己的孙子”，难道人民不会怀疑这个国家的法律制度吗？

当然，祖父母、外祖父母对孙子女和外孙子女的探望应当是有节制的，如果超出了适当的范围，对孙子女或者外孙子女的身心健康有损害，那是可以中止的，不过这样的原因消除了，还是应当准许祖父母、外祖父母探望孙子女、外孙子女的。

因此，我认为这样的判决是不符合法律的，因为法官只看到了法律的条文，没有看到法律的精神；只看到了法律的表象，没有看到法律的实质。我质疑这样的判决，因为它不讲人性和人情。

## 叫妈与不叫妈的三个法律问题

天下之大，无奇不有，竟有人为叫不叫妈发生民事争议，告到法庭，准备在法庭上“厮杀”一场。

说的是，原告袁某某本是重庆市忠县野鹤乡的一位农妇，与丈夫结婚后，1963 年生下儿子也就是本案的被告罗某某。在罗某某 10 个月的时候，袁的丈夫因公去世，在长春市教书的罗某某的伯父提出，为了罗的前途和罗家的兴旺，希望由他来代为照顾罗。袁同意了，在孩子还不到 4 岁的时候，母子分开，罗到了长春市的伯父家生活。2001 年，袁得知罗在美国生活，很想见到他，但是罗很绝情地回复了一封信，声称：“生母没有尽到抚养责任，我自然也没有赡养义务。”袁绝望了，她在60岁的时候向法院起诉，要求罗承担他应当承担的赡养义务，支付赡养费。老太太凄惨地发表口头声明："我起诉不是为了赡养费，我只是想逼他出来，当面叫我一声妈，要他认我这个妈呀！"可是绝情的儿子竟然说："我和她之间并没有母子之情，法官也不可能强制我去喊她一声妈。"

一个坚持要儿子叫一声妈，一个坚持决不会对妈叫一声妈，两个人的决心都够大的了。

当然，坚持要儿子叫妈，儿子坚持不管妈叫妈，好像都是自己有权利决定，但是叫妈还是不叫妈，却要依法进行，并非自己就能够自主决定得了的。依我所见，这里面有三个法律问题。

第一个问题：儿子为什么要管自己的妈要叫妈？这是由身份权决定的。子女在其一出生的时候，就确定了自己和父母之间的身份地位关系。事实上还不仅如此，那就是子女自其成为胎儿的时候起，这个身份地位就已经确定了。《法国民法典》第312条就这样规定："婚姻关系期间受孕的子女，夫为其父。"尽管这个条文说的是父的推定，但是也说明，子女在怀，父母对子女的身份就已经确定，只是在出生的时候，才正式产生"父父子子"的身份权关系，即亲权关系。亲权关系一经确定，除非有送养的情况，否则，就永远像《篱笆·女人和狗》中唱得那样，"爹是爹来娘是娘"，无论发生什么情况，亲子关系中的权利义务永远不会改变。该叫妈的，必须叫妈，该赡养的必须赡养。这不是你自己想不想叫的问题，而是法律问题。

第二个问题：儿子叫妈和对母亲负担赡养义务，要不要有条件？这个案件里的儿子说，我和她之间并没有母子之情。这也是有可能的，因为母子长期不在一起生活，可能没有建立起亲情。但是，子女和父母之间的身份关系并不基于亲情而产生，也不基于没有亲情而消灭。无论子女和父母之间是不是有深厚的感情，子女和父母之间的身份地位和权利义务关系永远都不会消灭。那么，就永远地“爹是爹来娘是娘”，决不可以任何理由而加以改变。子女对父母的赡养义务，也不是附条件的义务，而是法定义务，不能借口父母没有尽到抚养义务而不尽赡养义务。况且在本案中，袁将罗一直抚养到 4 岁，并非一点也没有尽到抚养义务。儿子对妈要叫妈，对妈要尽到赡养义务，并没有任何附加条件，不叫妈，不承担赡养义务，就是违反法律。

第三个问题：法院有没有权力责令当事人叫妈和负担赡养义务？叫妈不叫妈，既然是由身份权所决定的，赡养义务也是由身份权所决定的，那么，这些都是法定义务。不履行法定义务，就要承担法律责任，法律就要强制其履行义务。责令赡养义务人对父母承担赡养义务，法院当然有这个权利。那么儿子叫不叫妈，我认为也可以强制履行，既然她是你的亲生母亲，你为什么不叫妈？不叫，就得强制你叫。儿子就是坚决地不叫妈，也不要紧，还可以在报纸上刊登声明，确认母亲和儿子的身份关系。离开法律而论，还没有这种儿子，明知妈是自己的妈，就因为没有在一起生活，面对母亲的苦苦哀求而拒绝骨肉亲情，连一句“妈”都不肯叫，这样的儿子不是太残忍了吗？

我最后要奉劝本案的被告，你为人子，也为人父，如果你的儿子也像你一样不肯叫你一声爹，你会有什么感受？人人都有父母，人人都要为人父、为人母，自己要求自己的子女孝敬自己，同时也要孝敬自己的爹娘。爹娘生了你，他和她永远都是你的父母。不讲法律，就单单讲母亲生你的亲情，你有理由不认娘吗？

## 老年人的赡养、监护问题必须引起重视

都江堰法院判决“首例”转让赡养义务案，被称作开创性判例受到“高度赞扬”。同时，有一些媒体报道，有些在外地工作的子女将在农村的老人有偿委托他人照管，也解决了很多社会问题，各界反映也很好。

这些无疑对于解决赡养老人的问题是有好处的。可是，我并不是有意唱反调，也不是非得标新立异，我倒是觉得这没有可值得“高度赞扬”的。

先说子女之间对父母亲的赡养义务。这是每一个子女都应当尽到的法定义务。这种义务是必须履行的，不履行这个义务，就要强制其履行，严重的甚至可以追究不履行赡养义务者

遗弃罪的刑事责任。在哥哥和妹妹之间，就赡养问题达成一个协议，由妹妹直接赡养，哥哥给一定的经济补偿，这都是在尽赡养义务，并不是哥哥的赡养义务就转移给了妹妹。这种做法实际上是哥哥出资，妹妹侍奉老人，还不都是在尽赡养义务吗？这怎么是转让赡养义务呢？问题大概就是出在哥哥将房子转让给妹妹上面。这实际上是哥哥对履行赡养义务的出资，妹妹侍奉老人，取得这份房产的所有权，也就是接受哥哥的赡养出资而已，并不是哥哥将自己的赡养义务有偿转让给了妹妹。此外，哥哥也绝不能因为自己转让房子给妹妹做赡养的费用，而免除自己的法定赡养义务。这是多么简单的道理，为什么还要分成什么“物质性赡养义务”和“精神性赡养义务”，确定“物质性赡养义务可以转让，精神性赡养义务不得转让”的规则，不嫌麻烦吗？而且这也是没有法律和理论根据的。对此，我对这种大胆的创造性只能表示“佩服”。

再说有偿委托他人赡养的问题。子女因为工作或者其他原因不能亲自赡养老人，出资委托他人代为赡养，对这个办法没有说不好的理由。可是，这也不是什么值得夸赞的。那么多的敬老院，收住各界老年人，尽管他们都有子女，但是很多老年人还是愿意住在敬老院，只要子女负担赡养费就行了。这说明什么？这就说明对老人的赡养义务，可以委托他人进行，委托他人进行，还不是自己在履行赡养义务吗？难道是敬老院在尽赡养义务吗？那么，有偿委托农村的或者不是农村的朋友照管老人，子女出资，同样是这个道理。这有什么新奇之处呢？

这两种对父母亲的赡养方法都是一样的，都是正当履行赡养义务的合法行为。只不过哥哥将财产转让给妹妹之后又反悔，法院判决协议有效，不得反悔。因为这等于你付出的赡养费用，反悔算怎么回事？

我倒是觉得这些案例和事例给我们提出了一个重要问题，这就是对老年人的监护问题。

我国《民法通则》仅仅规定了对未成年人或者精神病人等无民事行为能力人或者限制民事行为能力人适用监护制度，没有规定对丧失生活能力的老年人进行监护的制度。在制定《民法通则》的时候，我国还没有进入老龄化社会，对老年人的监护问题也没有提出来的必要，同时，那个时候，各国关于老年人的监护问题还没有被提到重要的议程上来。而目前，我国的人均寿命已经大大提高，我国已经全面进入老龄化社会。这样，对老年人的监护问题就摆在了立法、司法以及社会各界的面前，我们必须正确地研究它、解决它。如果不能做到这一点，就会使更多的老年人流离失所，无家可归，酿成严重的社会问题。

建立老年人监护制度，第一，必须确定老年人是监护对象。在现在的法律制度之下，老年人不是监护对象，因为老年人的行为能力没有瑕疵。但是现实的情况是，老年人到了一定的年龄，行为能力虽然在理论上没有瑕疵，但是在实际上是有问题的。因此，必须对其进行监护。第二，对老年人进行监护，应当由有赡养义务的人作为监护人，或者共同监护，或者选定子女单独监护，无论怎样，必须有特定的人进行监护，对老年人的监护不能落空。第三，应当设立监护监督人，可以由律师担任，由监护义务人出资，监督监护人履行监护职责。第四，老年人监护制度应当在民法典中规定，在民法典中规定监护制度的时候，一是规定对未成年人的监护，二是规定对精神病人的监护，三是规定对老年人的监护，从而建立起完善的监护制度。

2012 年修订、2015 年修正的《老年人权益保障法》第 26 条呼应了上述要求，内容是："具备完全民事行为能力的老年人，可以在近亲属或者其他与自己关系密切、愿意承担监护责任的个人、组织中协商确定自己的监护人。监护人在老年人丧失或者部分丧失民事行为能力时，依法承担监护责任。老年人未事先确定监护人的，其丧失或者部分丧失民事行为能力时，依照有关法律的规定确定监护人。"这就解决了对丧失或者部分丧失民事行为能力的老年人的监护问题。

有了完善的监护制度，再加上完善的赡养制度，对老年人的养护、照顾就会有序进行，就能真正实现"老有所养"。在赡养制度上，任何对老年人负有赡养义务的子女、孙子女、外孙子女，人人应尽赡养义务；社会可以提供更多的敬老院、托老所，负担对老年人的集中管护；亲朋好友或其他人也可以接受委托，提供有偿委托赡养服务。在监护制度上，为行为能力有瑕疵的老年人确定监护人，担负起监护职责；确定监护监督人，监督监护人是否妥善履行对老年人的监护职责……这一切，将构筑起老龄化社会完善的老年人管护保障制度。

## 步子可以再大一些

四川省泸县法院的一纸判决，引起了不同凡响。这就是，夫妻共同财产关系未经消灭，对共同财产是否能够进行分割？主张夫妻关系没有消灭对共同财产能够分割的，试图说明这一判决的潜在含义，即进行分割是一种现实的需要；主张夫妻共同财产不能分割的，则强调夫妻共同财产的整体性，如果需要分割，则应当作出分别财产的协议，以此确定分割财产的法律依据。

引发这一争论的案件的简要案情是，原告苟某与被告李某结婚 20 余年，所生子女已成年。二人自 1992 年起外出经营，积蓄由李某掌管。2002 年 8 月后，李某独自去成都，不再顾及苟某。苟某没有经济来源，生活无着，遂向法院起诉，要求使用李某掌管的夫妻共同存款 10 万元中的一半。法院查实李某名下存款 1.5 万元，认为原、被告对此款均享有平等的权利，现原告没有生活来源，被告独占存款的行为剥夺了原告对夫妻共同财产所享有的支配、处分的权利，判决被告将存款 1.5 万元在判决生效后 1 日内分给原告 8 000 元，由原告自主支配。

此案判得很有新意，但是争论也不小。从以上叙述看，对这个案件认识的分歧意见，至少有三种。

讨论这个问题的基础，应当是法律规定和法理。夫妻共同财产是共同共有财产。共同共有财产关系的发生原因，是共有人之间具有法定的共同关系，例如夫妻关系、家庭成员关系或者合伙关系。基于法定的共同共有财产发生的原因，共同共有财产关系当然发生。如果共同共有财产关系发生的原因没有消灭，共同共有财产就不能分割。《物权法》第99条规定："共有人约定不得分割共有的不动产或者动产，以维持共有关系的，应当按照约定，但共有人有重大理由需要分割的，可以请求分割；没有约定或者约定不明确的，按份共有人可以随时请求分割，共同共有人在共有的基础丧失或者有重大理由需要分割时可以请求分割。因分割对其他共有人造成损害的，应当给予赔偿。"在司法实践中，也是这样操作的。

在共同共有财产关系消灭之前，对共有的财产不能进行分割的意义，在于保持共有关系的稳定性和基础，保护共有人的合法权益。如果在共同共有关系消灭之前，就分割共同共有财产，将会对共同共有关系的当事人造成损害。例如本案，如果认为本案判决是在分割共同共有财产，那将使原告在未来的生活中，无法再继续请求被告为原告支付财产，很可能使原告生活陷入极度贫困。因此，不论是何种共同共有关系，如果要消灭其财产关系，必先消灭其基础关系，这样再分割共有财产就顺理成章了。

对于夫妻财产关系可以进行约定。《婚姻法》第 19 条第 1 款规定："夫妻可以约定婚姻关系存续期间所得的财产以及婚前财产归各自所有、共同所有或部分各自所有、部分共同所有。约定应当采用书面形式。没有约定或约定不明确的，适用本法第十七条、第十八条的规定。"在婚前或者婚姻关系存续期间，夫妻双方都可以对财产关系进行约定，约定具体的所有形式。如果本案的原、被告在争议发生之后，约定改变财产所有关系而采用各自所有，那么这种共同共有的财产关系也会消灭，因而发生分割共有财产的后果。但是，本案的当事人没有这样的主张，那当然不能适用《婚姻法》关于夫妻财产约定的规定来分割财产。

解决本案的办法只有在法律规定和法理的指导下进行。共有权也是所有权，同样具有占有、使用、收益、处分的权能，这些权能的集中体现，就是对所有权的支配。《民法通则》第 78 条第 2 款规定：共同共有人对共有财产享有权利，承担义务。《婚姻法》第 17 条第 2 款也规定："夫妻对共同所有的财产，有平等的处理权。"这种平等的权利，就包括所有权的本质，即对财产的支配权。本案原、被告的共同财产被长期控制在被告手中，被告进行事实上的独占支配，而原告无法行使这一权利，因而使原告生活无着，这已经损害了共同共有关系中其他共有人的合法权利，不符合共同共有权利义务关系的基本规则，违反了《民法通则》和《婚姻法》的规定，构成违法。对此，原告提出自己的权利主张，是完全有道理的。法院依照所有权的支配权原理处理这一案件，确认原告对夫妻共同财产享有同等的支配权利，是完全正确的，是符合法律和法理的。

我倒是考虑这个案件的判决还是存在一些“问题”，还有一些小的“缺陷”——这就是法官的胆子还不够大。如果法官的胆子更大一些，完全可以将这 1.5 万元完全判归原告支配。理由是，既然不是分割共有权，而仅仅是对所有权的支配争议进行处置，那就完全不必考虑份额的问题。而被告已经长期独自支配共有财产，那么将这 1.5 万元交由原告支配，不是顺理成章的吗？况且法院仅仅是查实了这 1.5 万元，依据常理判断，原、被告的共同财产绝不会只有这一点钱！如果是像我说的这样判决，一是避免了没有消灭共同共有关系而分割共有财产的嫌疑，二是保护了需要支持的弱者一方，三是制裁了恶意违反法律损害共同共有人权益的人，四是坚持了法律的规定和法理的精神，岂不是一举四得的事情?!

这才是更为合理和合法的判决！

## “夫妻欠薪”的实质是什么？

“夫妻欠薪”这个概念，还真是新鲜。

提出这个概念的，是一个有意思的案例。说的是一位 30 岁的少妇到法院起诉其 54 岁的外籍丈夫，要求他按公证的婚前财产约定支付每月 5 000 元的报酬。

原来，原告杨女士与被告即其丈夫于 1997 年 9 月结婚，婚前双方签订了家庭财产约定书，并经过公证，约定双方的婚前财产归各自所有，婚后以各自名义所得的财产归个人所有；在婚姻期间，丈夫每月支付妻子劳动报酬 5 000 元，无论丈夫经济状况如何都须无条件按月给付。如果丈夫提出离婚，该报酬仍应按月给付至 2007 年 9 月 1 日。如果妻子提出离婚，则从解除婚姻关系起自愿放弃约定的这一权利。婚生子女由丈夫承担抚养及教育费至生活独立，妻子可以自愿负担或者不负担。家庭的共同开销主要由丈夫负担，妻子可以自愿承担或者不承担。原告说，从 2003 年 3 月起，丈夫拒绝支付劳动报酬，因而构成违约。为此，她诉至法院，要求丈夫履约，偿还欠薪 6 万元。

依我所见，丈夫和妻子婚前约定一方对另一方给付劳务报酬，倒也不算无效合同。首先，最高人民法院关于适用婚姻法的第二个司法解释已经规定夫妻之间有关财产的协议具有合同的效力，本案这个关于工资报酬的协议当然也是有关财产的协议，属于这个范畴。其次，无论什么情况，双方当事人自愿达成协议，按照民法的意思自治原则，只要不违反强制法，就不能认定为无效。夫妻之间的这种约定，不违反《婚姻法》的强制性规定，不能说无效。所以，就目前来说，还不能说夫妻之间关于工薪关系的约定，是一个无效的协议。双方当事人你愿意我愿意，就是每月给付 5 万元工薪，他人无可置喙。

但是，这个案件的关键在于，丈夫是以什么理由拒绝支付妻子的工薪。现在丈夫拒绝支付工薪，总归是要有理由的。假如丈夫的理由是协议显失公平，因而主张撤销这个协议，那么这个理由就是成立的。我们观察，这个协议的内容，明显的是显失公平，说得难听一些，就是中国人在中国欺负老外不懂中国法。可以看看，在这个协议中，所有的优势、好处、权利都在妻子一边，差不多丈夫除了可以和妻子同居之外，再就没有什么权利，都是义务了。这还不是显失公平吗？显失公平的合同，当事人一方可以请求变更或者撤销。如果丈夫反诉要求撤销这个合同，法院准许，那么这个合同就自始无效。

应当强调说明的是，夫妻关系应当是以感情为基础的两性结合，双方都应当具有尊重感情、尊重对方、平等互助的崇高精神境界。最优秀的婚姻关系，当然是以爱情为基础，从相互的爱慕开始，到以相互的长久结合为目的。即使是长期生活，可能爱情不再，但是共同生活建立起来的亲情和友情，也会使双方仍然具有这样的精神境界。因此，婚姻关系的当事人，无论是婚前还是婚后，都不应当借婚姻关系取得对另一方的特权，不尊重对方，甚至借婚姻关系为自己谋取不正当的利益。如果是这样，掩藏这种目的并予以实现的一方，不仅应当受到道德的谴责，而且应当受到法律的谴责。正是基于这一点，我倒是想，这个案件的法官是否也可以依照职权，确认该协议因违背善良风俗而违法，或者因违背《婚姻法》规定的男女平等原则而违法呢？一个文明、法治国家的公民应当遵守法律，不应当违背婚姻的本质，采取不正当、不平等的方法借机谋取不正当利益。如果法官作出这样的判决，我相信绝大多数人是会支持的。

面对这样的谴责，杨女士是不是会感到自己追讨“夫妻欠薪”的行为不是那么光彩、不是那么理直气壮呢？

# 第六讲

# 侵权法篇

## 在人身损害赔偿问题上应当消灭城乡差别

关于人身损害赔偿中的城乡差别问题，不仅仅表现在最高人民法院司法解释规定的死亡赔偿金“同命不同价”上，以前在綦江彩虹桥的赔偿上也是这样，同样在一个桥上发生的事故中造成人身伤亡后果，但在赔偿数额上却出现两种完全不同的结果，农民的赔偿金仅仅是城里人的赔偿金的一半，真的让农民兄弟感到气愤。

认真说起来，城乡赔偿标准不同，也不是没有一点道理，这就是城乡之间的收入和支出确实存在差异，既然农民与城里人的收入和支出有所不同，那么在赔偿问题上体现出这种不同，就好像是理所当然的了。

但是，问题并不如此。在人身损害赔偿上，赔偿的是人的身体的损伤以至于生命的丧失。如果造成的是身体健康的损害，赔偿的是由此造成的财产损失，损失多少财产，就应当赔偿多少。在生命权损害的赔偿上，死亡赔偿金并不仅仅是赔偿受害人的收入损失，而是还有对死亡人没有享受生命的损失的赔偿。对于这样的赔偿，坚持城乡差别，城里人与农民的赔偿就要相差三四倍，显然是不尊重农民的生命权，是在蔑视农民的生命，蔑视农民的人格，实际上体现了生命权的不同价值。对于这样的结果，我们是不愿意看到的。生命对于每一个人来说，都具有同样的价值，都是最宝贵的，对于人它只有一次。而强调农民与城里人的生命权价值的不同，确实有些反动。因此，应当坚持人身损害赔偿的同等标准，不能有歧视，特别是不能歧视农民。至于其他，尚有另说的理由，在这个问题上，没有体现差别的必要性。

事实上，我们对农民的歧视，并不是从今天、从这个问题上开始的。几十年来，我们每天都在口口声声地说，要消灭城乡差别，要缩小农村和城市的“剪刀差”，要保护农民兄弟的权利和利益。可是实际上，我们并没有做到这一点。过去，农民挣工分，城里人挣工资，农民没有任何社会保障，而城里人却有各种不同的社会福利。即使在今天，城里人已经得到了很多的福利，生活有了很大的改善，但是，农民生活状况的改善并没有如此明显。显然，城乡差别和“剪刀差”并没有缩小，而是扩大了。在人身损害的赔偿金标准上，这种“剪刀差”也同样存在，并且大家都习以为常，认为是合理的。这是历史遗留下来的不公平，是对农民的不公平！

湖北省取消城乡差别，取消农村户口和城镇户口的做法是值得赞许的。取消农村户口和城镇户口的差别，是缩小以至消灭城乡差别，减少以至消灭“剪刀差”的一个重要举措，具有重大意义。我想，在不久的将来，全国其他地方也都会实行这样的改革，这样就会促进城乡一体化，推进城市化的进程，就会把农民从土地上解放出来，实现人人平等，农民兄弟才能够真正成为兄弟，而不是口头上的兄弟、实际上的低等公民。在这样的政策面前，仍然坚持人身损害赔偿标准的城乡差别，是没有道理的，是对这种改革的阻碍，是对人权平等的阻碍，是应当坚决反对的。

因此，我认为：

第一，立法机关在制定侵权责任法时，应当慎重对待这个问题，不能坚持这样的立场，歧视农民。对此，《侵权责任法》已经作出了相应的规定，即第 17 条：“因同一侵权行为造成多人死亡的，可以以相同数额确定死亡赔偿金。”

第二，司法机关，尤其是最高司法机关，应当检讨所做的司法解释和判处的案例。实行城乡差别的赔偿制是不适当的，应当改进和改革，不能坚持歧视农民的做法。

第三，农民作为受害人，有权主张自己的平等权利。在讨论的这些案例中，不仅在城里打工的农民应当理直气壮地主张城市赔偿标准，就是死亡后迁移户口的不当做法，也反映了农民坚守自己的权利、保护自己的权利的积极要求。对此，我们不应当认为是违法行为，而是其保护自己的权利、对抗错误做法的一种手段。

第四，作为侵权人，实施了侵权行为就要承担侵权责任，无论侵害的是城里人还是农民，他们作为受害人，都是平等的人，他们有同样的权利。如果认为他是一个农民，就坚决主张他无权获得城里人的赔偿数额，那就是在歧视农民。

## 精神损害赔偿能不能“明码标价”?

最高人民法院《关于确定民事侵权精神损害赔偿责任若干问题的解释》出台以后，很多人对这个司法解释不规定精神损害赔偿的数额标准有意见，认为这就使这个司法解释失去了可操作性。有些人提出，精神损害赔偿最好就像《刑法》那样，规定出“明码实价”，当然也可以有一定的幅度，然后，当事人和法官就可以对照实际案情，按照“明码实价”确定赔偿的数额。一时间，这种呼声还很强烈。

错!

说这种话，实在是对精神损害赔偿的性质和作用不大懂了。

精神损害赔偿，从两个方面看，最为准确。一方面，从受害人的方面看，是对其人格权和人格利益受到损害的救济和补偿。从加害人方面看，是加害人实施侵权行为侵害他人人格权所应当承担的民事责任。

综合起来，侵权行为侵害他人的人格权和人格利益，造成了精神利益的损害或者精神痛苦，是侵权行为造成的损害事实。而这种精神利益损害和精神痛苦并没有财产的价值。法律确定精神损害赔偿制度，只是借财产赔偿的形式，对人格关系中的纠纷进行调整。因为在商品经济社会中，采用经济的或者叫作财产的方式解决民事争端，是一个较为有效的办法，既可以抚慰、救济受害人的损害，又可以让加害人因这种行为而付出代价，起到经济制裁的作用，还可以警示社会，预防侵权行为。

但是，这种办法是有一定的弊端的。这就是有可能鼓励社会的拜金观念，让受害人盲目追求高额赔偿金。正因为如此，一方面要限制盲目追求高额赔偿金的错误做法，另一方面要注意运用其他的民事责任方式解决这类纠纷。可能对于一个相同的侵权行为，由于加害人的经济负担能力不同，而判决承担不同的赔偿数额，这都是正常、合理的。因此，不能将精神损害赔偿“明码标价”。如果是这样，就真是将人格当成商品了。

还有人提出，精神损害赔偿不能“明码标价”，那能不能搞一个最高、最低限价，不是也好执行吗？有的地方法院不是就规定了精神损害赔偿的最高限额，如重庆不超过 10 万元、上海不超过 5 万元吗？

还是错！

精神损害赔偿从来就不应当规定什么上下限!

最高人民法院的司法解释从来都没有做过这样的规定。对人格权和人格利益的侵害，精神损害赔偿固然对受害人有一定的抚慰作用，对加害人有一定的制裁作用，对社会也有一般的警示作用，但是财产赔偿并不是抚慰精神损害的唯一办法，还有赔礼道歉、恢复名誉、消除影响等一系列的法律责任形式。

确定精神损害赔偿数额，说到底，是要由法官对案件的感知来决定的。法官要根据对受害人精神损害程度的感知，以及对侵权人的过错程度，侵害的手段、场合、行为方式等具体情节，侵权行为所造成的后果，侵权人的获利情况，侵权人承担责任的经济能力，受诉法院所在地平均生活水平等因素的感知，依照自由裁量权，确定具体的赔偿数额。

这就要体现三个原则：一是对受害人起到抚慰的作用，二是对加害人起到制裁作用，三是对社会起到一般的警示作用。符合这三点要求，赔偿数额就是合适的，而不在于究竟是多是少。当然，在一个地区，经过一段的实践，可以使赔偿数额大体上实现较为均衡；但是，永远不能期望对精神损害赔偿有一个“一刀切”的标准。

规定上限和下限的做法是不行的。例如，规定精神损害赔偿的上限是 10 万元和 5 万元，北京卡式炉爆炸案受害人贾国宇的残疾赔偿金定为 10 万元，大家都认为是合适的；如果是对造成死亡的赔偿金也仅仅赔偿10万元或者5万元，显然是不够的。另外，还要考虑国际交往中的问题，在一些涉外的索赔案件中，我们的立法、司法、理论上存在一些固执的、习惯的做法，为此我们已经受到了实践的惩罚，任何与中国交易的人，都会用你的法律来解决与你发生的纠纷，你规定上限是10万元，他们国家没有规定，可以赔偿几百万元几千万元，他就赔你10万元。这也是“入世”后中国法律所面临的一种“考验”。

面对精神损害赔偿的积极作用和消极影响，受害人在索取精神损害赔偿金时也存在一些误区。受害人在起诉时，大体上有三种表现：第一种是对赔偿数额漫天要价。在请求精神损害赔偿的具体案件中，受害人动辄提出上百万元的精神赔偿金，然而往往得不到法院的支持，受害人自己认为的精神受损害的赔偿数额和法院认定的并不一样。第二种是对不属于精神损害赔偿范围的事情也要求赔偿，如有一位旅客乘车时晚上睡觉，有十几只老鼠从他脸上爬过，他因此提出精神赔偿，结果被驳回。第三种是对侵权损害程度的理解不准确，对轻微的损害也要提出高额的赔偿请求。

多数时候，当事人提出过高的赔偿数额，是在打一种心理战，就是希望以提出高额赔偿的请求来强化被告确实构成侵权的可能性，使得法官和大众形成一种思维定式，目的是有利于胜诉。同时，提出高额赔偿请求也是作为与被告谈判的“筹码”，迫使被告权衡利害，万一败诉，高额赔偿不划算，不如调解降低数额。对于这样的问题，是好办的，那就是依法决定赔偿数额，不受过高赔偿数额的请求的限制，该赔多少就赔多少，并以此进行引导。助长高额赔偿的客观环境是，只要被告侵权，不管赔多赔少，反正诉讼费都是被告出。因此，如果按实际赔多少精神损害赔偿金额来分担诉讼费，则可遏制一部分滥诉。这是一个有效的办法。

在精神损害赔偿的范围上，过去只是局限在《民法通则》规定的“姓名权、肖像权、名誉权和荣誉权”受到侵害上，范围很窄，现在扩展到了几乎涵盖全部人格权、身份权的范围。这不仅是当事人需要学习、掌握的问题，以避免滥诉，对此法官也急需学习和研究，真正掌握这一司法解释的基本精神和适用的办法，避免适用法律的错误。

至于是否构成精神损害，则要依照法律和司法解释的规定来判断，按照侵权行为责任的构成要件来掌握。在当事人和法官之间，其认识可能会有一定的差距。这里既有当事人对法律理解的问题，也有法官对法律理解的问题，而更重要的是法官对法律和司法解释的理解。法官是掌握法律实施的“定盘星”，法律和司法解释都制定好了，搞对搞错就是法官的责任了。从某种意义上说，滥诉不是大的问题。因为滥诉的结果是自己承担败诉的后果。重要的是法官能否掌握这一司法解释的基本精神，做到准确实施。同时，在适用这一司法解释的时候，也不要再多加额外的限制，使当事人得不到应当得到的法律保护。

对此，《侵权责任法》第 22 条作出了确定精神损害赔偿责任的原则性规定，即：“侵害他人人身权益，造成他人严重精神损害的，被侵权人可以请求精神损害赔偿。”具体的计算方法，还是要依照该精神损害赔偿司法解释确定的方法进行。

## 见义勇为者受到损害应当获得补偿

某日上午 9 时许，在开县丰乐镇乌杨村老五社小垭口鱼塘处的公路上，一辆装有鞭炮的货车突然燃烧，冒出浓烟，坎边的野草被烧焦。此刻一辆载人开往县城的中巴车路过，因火和浓烟的突然袭击而迷失方向，驶入路旁的水塘中沉没。这一突发事件被该地村民金有现看见，他大声呼救。金有树闻讯奋不顾身跳入塘中，打烂中巴车后面的玻璃，将被淹的 19 名乘客抢救上坎，其中有老人、小孩、孕妇，还有几个月的婴儿。因当天是阴雨天，天气寒冷，金有树忙于给被救人员烤火、换衣，自己却没顾得上换衣服，时间过长，且因呛水患了肺病，病情逐日加重，不得不住院治疗，却难以负担药费。尽管经多方争取，金有树却没有得到应有的救助，因而不得不出院，最后病重身亡。被救者不仅没有对救人英雄予以经济补偿，甚至还有很多被救者对救人的英雄行为不以为然。直至今日，金有树的欠账也没有还清。

看到这样的真实案例，人们不仅为“救人英雄因没人救而病死，被救者对其去世反应平淡”而感慨和气愤，同时也对法律是否能够救助见义勇为者表示怀疑。

法律绝非无情之物。《民法通则》和司法解释对此都是有明确规定的。

## 一、《民法通则》规定因防止侵害而造成自己损害的人有权获得补偿

对于这种情况，《民法通则》第109条规定：“因防止、制止国家的、集体的财产或者他人的财产、人身遭受侵害而使自己受到损害的，由侵害人承担赔偿责任，受益人也可以给予适当的补偿。”这一规定的基本精神是，在国家的、集体的财产或者他人的财产、人身遭受侵害的时候，公民见义勇为，是应当鼓励和大力提倡的高尚行为，法律充分肯定这种行为的社会价值。其肯定的方式是，在防止、制止侵害行为的过程中，如果行为人遭受了损害，他有权获得赔偿和补偿。

一方面，在有侵害人的场合，对于见义勇为者受到的损害，侵权人当然应当承担侵权责任，因为侵权人的行为是侵权行为，对于防止、制止侵权行为的人造成的损害，也是侵权行为造成的损害后果，二者具有因果关系，构成侵权责任。

另一方面，如果侵害人没有能力赔偿，或者没有直接的侵害人而是由于其他原因造成损害，见义勇为者因防止、制止侵

害的发生而使自己受到损害的，那么被救的受益人是因为见义勇为者的救助行为才使其避免了损害，因此，也产生对见义勇为者受到损害的补偿责任。这种责任也是法律责任，具有强制性。

《民法通则》这一规定的缺陷是，界定侵害行为较为狭窄，同时对于受益人的补偿责任规定得不够明确，补偿范围也较为模糊，可操作性不强。

## 二、司法解释重申受益人对见义勇为者的补偿责任并且将其具体化

2003 年 12 月，最高人民法院发布了《关于审理人身损害赔偿案件适用法律若干问题的解释》，其中第 15 条对见义勇为者的补偿责任作出了明确规定。该条文的内容是："为维护国家、集体或者他人的合法权益而使自己受到人身损害，因没有侵权人、不能确定侵权人或者侵权人没有赔偿能力，赔偿权利人请求受益人在受益范围内予以适当补偿的，人民法院应予支持。"

这一规定在以下几个方面作出了明确的规定，弥补了《民法通则》第 109 条的缺陷。

第一，明确规定见义勇为不一定就是要防止、制止侵害行为，凡是为维护国家、集体或者他人的合法权益而实施的行为，都是见义勇为的行为。这样进行司法解释，比《民法通

则》第109条规定的防止、制止侵害行为更为宽泛，也就更有利于保护见义勇为者，鼓励见义勇为的行为。

第二，明确受益人承担补偿责任的条件，是没有侵权人、不能确定侵权人或者侵权人没有赔偿能力。在这种情况下，见义勇为者在见义勇为中遭受损害，不能从侵权人那里获得赔偿，因而使其受到的损害无法获得补偿。而受益人受到利益，是以见义勇为者的英勇行为并且造成了自己的损害为代价的，据此产生了受益人的补偿责任。

第三，明确见义勇为受益人的补偿责任是在受益的范围内确定。见义勇为受益人的补偿责任不是侵权责任，因此不是赔偿责任而是补偿责任。确定补偿责任，要以受益人因见义勇为行为所受的利益范围为限，在此范围内承担补偿责任。

## 三、金有树见义勇为造成自己的损害有权获得受益人的补偿

看过金有树英雄事迹的人，无不为这位见义勇为者的行为感到自豪，同时也无不为这位见义勇为者的悲惨遭遇而心酸。对此，完全可以适用《民法通则》和最高人民法院司法解释的上述规定，救济给金有树所造成的损害。

首先，金有树的近亲属有权向本案的受益人请求承担补偿责任。金有树英勇救助落水的19位乘客，使他们脱离了危险保全了生命，却使自己遭受了人身损害，并且由于无钱医治，

且受益人没有对其进行应有的救济，因而死亡，依照《民法通则》和司法解释的上述规定，金有树的近亲属享有补偿责任的请求权，有权向人民法院起诉，获得补偿。对此，我们也谴责那些对受到损害的见义勇为者反应平淡的受益人，他们所承担的补偿责任是法定责任，并不是道德的责任。法律不讲“感恩”，但是讲责任。这样的责任，受益人是推托不掉的，具有法律的强制性。法院有权确定这种补偿责任，并且强制受益人履行责任。

其次，补偿责任的范围，是指金有树见义勇为所遭受的损害后果的范围。金有树在救助受益人之后，因此而遭受的健康损害，以及因治疗疾病而造成的财产损失，直至因无钱医治而造成死亡的后果，都属于见义勇为所遭受的损害，凡是因此造成的财产损失，都是受益人的补偿责任范围。对此，应当详细计算造成损失的实际价值，按照这一计算结果，确定受益人补偿责任的范围。

再次，受益人应当按照受益范围承担补偿责任。见义勇为者请求补偿的范围并不是完全依照自己损失的范围确定的，而是基于受益人的受益范围确定的。受到多大的利益，就要承担多大的补偿责任。金有树遭受的损害，是人身损害的损失后果。受益人的受益范围，则是生命权避免损害的范围。两相比较，受益人的受益范围巨大，应当承担更大的补偿责任。同时，本案的受益人人数众多，完全有能力分担金有树的实际损失。因此，对于金有树的所有损失，应当由被救的 19 名受益人分担。

最后要说明的是，除了受益人的责任之外，更重要的是危险来源的责任者以及放弃职守的中巴司机的责任。发生爆炸并燃烧的卡车是在运载鞭炮，属于运输高度危险物品。对于高度危险作业造成的损害，应当承担无过错的赔偿责任。同时，如果能够确实证明中巴司机在危险发生之时放弃职守弃车逃走，造成汽车驶入水塘的后果，那么他也是造成 19 位乘客人身损害的原因之一，具有过错，应当与卡车车主共同承担对乘客损害的赔偿责任。对于金有树而言，他救助受害人遭受损害，卡车车主和中巴司机也都是侵害人，按照《民法通则》第 109 条规定，他们应当对金有树承担赔偿责任。

按照上述法律规定和以上分析，能够使见义勇为者的损害得到切实的补偿，这样也就使因见义勇为而受伤且因无钱医治而死亡的英雄在九泉之下能够得到安慰，也使社会的正义感得到提升，使国人的良心得到净化。

## 孕检出错应否承担侵权责任？

村民田某怀孕后到某计划生育指导站参加围产保健，并交纳了相关费用，计划生育指导站向田某发放了围产保健手册。田某共计 11 次在该计划生育指导站进行检查，胎儿均为正常。

足月时，田某产下一男婴。经检查，男婴外生殖器畸形并患有先天性心脏病。经市医学会鉴定，结论是：计划生育指导站在提供围产保健服务中有过失行为，但该过失行为与胎儿畸形不存在因果关系。

对于这个案件究竟应当怎样处理，有三种意见。第一种意见认为不构成侵权责任，因此，不能承担侵权责任。第二种意见认为构成侵权，符合侵权责任的四个构成要件，应当承担侵权责任。第三种意见认为不构成侵权责任，但是构成违约责任，应当承担违约的损害赔偿责任。

依我所见，这个案件的三种意见都有道理，但是都不够全面。首先，说这个案件不构成侵权责任，是有一定道理的，主要的根据是，计划生育指导站确实有过失，但是出生的婴儿畸形与计划生育指导站的行为确实没有因果关系。不过，这种说法过于偏狭，因为确定本案因果关系中的损害后果，并不是说计划生育指导站的行为与出生的婴儿畸形之间的因果关系，而是这种胎儿畸形没有被检查出来的后果，行为与这种后果之间，是存在因果关系的。因此，这种侵权行为叫作错误出生。其次，认为指导站构成违约责任，也是有道理的，因为在本案中，计划生育指导站与受害人之间存在合同关系，那就是医疗服务合同，指导站没有尽到合同约定的义务，没有检查出胎儿的畸形，使受害人相信所怀的胎儿是健康的，因而将其生育出来，发现畸形，是违反了双方约定的义务的，构成违约责任。

第二种意见认为本案中计划生育指导站的行为构成侵权责任，也是有道理的。由于指导站的过失，致使畸形的胎儿没有被检查出来，使新生儿先天畸形，造成了受害人的人格利益损害和财产上的损害，应当承担侵权责任。正因为如此，按照《合同法》第122条规定，违约行为如果造成债权人合同预期利益以外的人身伤害或者财产损害，就构成违约责任和侵权责任的竞合。这时候，受害人作为损害赔偿的权利人，可以在违约损害赔偿和侵权损害赔偿两个请求权中选择一个，行使了一个请求权之后，另一个请求权即行消灭。在本案中，计划生育指导站因为误诊，造成了田某怀的畸形胎儿没有被检查出来，造成错误出生，既有人格利益的损害，也有财产利益的损害，这些都不是合同本身的预期利益损失，而是固有利益的损失，因此构成违约责任和侵权责任的竞合。这时候，田某究竟行使哪一个请求权，权利在她自己。她选择哪个请求权，法院就应当支持其哪一个诉讼请求。

因此，对于本案的性质究竟是侵权责任还是违约责任，其实并没有多大的意义。具有意义的，是比较这两个请求权的内容，哪一个请求权对于保护受害人的权利更为全面、最为有利，当事人就应当选择哪一个请求权。在这两个请求权中，侵权损害赔偿请求权的保护范围较宽，最起码的是受害人可以请求精神损害抚慰金的赔偿，而违约损害赔偿不包括精神损害赔偿。因此，受害人最好选择行使侵权损害赔偿请求权，这样对自己最为有利，能够获得更多的赔偿。

## 消防队员救火牺牲可否向失火责任者请求赔偿?

消防队员是国家工作人员，是国家出钱供给的现役军人。他们的救火行为是履行军人职责，是国家行为，是职务行为。这种行为不属于民事行为，不是由于失火者与消防部队在失火之后，双方签订协议，确定双方的权利义务，才按照协议履行义务，实现权利。消防部队接到火警，必须立即出火警，依照自己的职责扑灭火灾，保护人民的生命财产安全。如果将这样的行为界定为民事行为，那是常识性的错误。

消防队员救火既然属于国家行为，那就是一种职务行为，消防队员因救火的职务行为而造成自己人身伤害或者牺牲，应当由国家承担责任，由国家发放抚恤金进行补偿，授予烈士等光荣称号，享受应当享受的待遇。对此，不能向火灾的责任人或者失火的事主要求赔偿。假如说，火灾的事主是故意设套，引诱消防员进入危险区域，致害消防员，则这种行为是故意的侵权行为，当然应当承担责任。只要事主不是故意所为，就不应当承担赔偿责任。这种情况类似于游泳馆里的救生员，不能因为救生员去救落水的人而导致死亡就向落水者要求赔偿，因为救人是他的职责。还比如打仗，军人打仗牺牲后也不可能要求敌人赔偿，当然也不能向受益者也就是人民要求赔偿，因为打仗完全属于国家行为。

消防队员救火也不是紧急避险，不适用紧急避险的规定。紧急避险适用于对一般人的救助。在火灾中，如果一般人进入火场救助受害者，造成危险的责任人或者受益人应当承担必要的补偿责任。但是，消防队员实施职务行为不是紧急避险。

消防队员为救火而光荣牺牲，他们的行为是英勇的、他们的牺牲精神是值得肯定的，这应该由国家进行妥善的补偿和抚恤，包括对他们的家属的救济和安置都是必要的。这应当是一般的规则。

现在的问题是，失火的建筑物是豆腐渣工程，是不符合建筑规范的。失火后，消防队员赶赴失火现场，按照正常的建筑物标准判断，消防队员是可以冲入火场进行救助的，可是，就是在消防队员冲入火场进行救助的时候，豆腐渣工程突然垮塌，将冲入火场的十几名消防队员压在熊熊的大火之中，使救火的消防队员意外身亡。对于消防队员这样的人身损害后果，是不是也要适用一般的规则处理，不予赔偿呢？这些牺牲的消防队员的家属向法院提出损害赔偿的诉讼请求，是否应当支持呢？

我认为，对于这样的损害赔偿的诉讼请求，法院应当受理。在审理中，应当查清事故发生的真实原因。如果确实是因为豆腐渣工程造成了消防队员的人身损害，应当追究豆腐渣工程的责任者，使其承担消防队员人身损害的赔偿责任，只有这样处理，才是公平的；否则，也是对消防队员不负责任，是不公平的。

## 见义勇为者也要注意自身安全

我到央视《今日说法》做节目，谈的是一个见义勇为者受到伤害的案件。一辆小面包车在高速路上行驶，被高速路上的一块石头颠翻，驾驶员受到伤害，正在车内呼救。后面驶来的一辆大面包车上的游客见此情景，急忙叫停。车就停在路边，数名游客抢上前去，抢救遇险者。后边来的车辆见到救人，减速慢行，安全通过。就在此时，一辆汽车冲了上来，将正在抢救遇险者的人撞死二人，撞伤三人。原来这辆汽车的驾驶人是酒后驾车。受到伤害的见义勇为者及其近亲属起诉到法院，请求酒后驾车的老板承担人身损害赔偿责任。

这位老板同意赔偿，但是认为受害人也有责任，理由是受害人在抢救遇险者的时候，擅自进入高速公路，又没有尽到必要的注意义务，没有在停驶的车辆后方设置警示标志，因此也有过错，要承担相应的责任。

究竟抢救遇险者的受害人是不是有过错，真的值得研究。严格检讨起来，受害人还真的有一定的过错。何以见得？因为在高速公路上停车，必须在车的后方设置安全警示标志，停车救险，没有设置这种标志，总还是有一定的问题。当然，在紧急抢救遇险者的情况下，见义勇为者有一定的疏忽，但由于受害人的救险行为是高尚的行为，其本身就具有阻却违法的性质，因而不能认为因见义勇为而遭受损害的行为人构成与有过失，要承担自己损害的部分责任。因此，法院判决受到损害的见义勇为者不承担民事责任。说到这里，大家大概都为受到损害的见义勇为者松了一口气。

为什么大家为见义勇为者担心？说到底，就是见义勇为者的高尚行为不应当受到谴责。他们为抢救他人而遭受损害，献出了自己的生命，难道还要对他们进行谴责吗？因此，我认为这个酒后驾车撞死、撞伤见义勇为者又谴责因见义勇为遭受损害的受害人的人很是无耻。

现在，再把话说回来，这就是见义勇为者要不要注意自己的安全？这个问题好像是在谴责见义勇为的英雄，其实不然。我只是提醒人们在实施见义勇为高尚行为的时候，也要注意自身的安全，尽量不要使自己受到意外的伤害。

在青岛开会时，有一件事引发了我的思考。一个游人在青岛海滨游玩，突然而至的一个滔天大浪将她卷入海浪之中。青岛的一位居民名叫葛路，他见义勇为，脱下鞋子，奋勇跳入巨浪之中抢救遇险者，但是没有成功，自己也被巨浪卷走，英勇地献出了自己的宝贵生命。开会休息的时候，我在英雄遇难的地方散步，走到了英雄英勇献身的海滨，那里摆放着花圈和鲜花，人们都在悼念着英雄。英雄确实是值得尊重和景仰的。后来，我又见到了一则相关报道，也是那天发生的事情。就在游人被巨浪卷走的时候，有一个美国青年（天津某大学的留学生）也参加了抢救遇险者的英勇行为。他见到游人被巨浪卷走，也奋不顾身地跳入巨浪之中，但是他在跳入巨浪之前，用一根绳子将自己的脚绑在岸边的石头栏杆上，当他在巨浪之中发现无法救起遇险者、自己的安全也受到了严重威胁的时候，就抓住绳子，被在场的其他人拉了上来。

我想，葛路和这个美国青年都同样伟大、同样值得景仰和尊敬。他们都是见义勇为者，都是救人的英雄。但是，如果比较起来，这位美国青年的行为似乎更值得借鉴。这就是，在实施见义勇为的英雄行为时，如果有条件，还是要注意自身的安全，避免自己受到意想不到的伤害。如果葛路在救人的时候，也想到自己的安全要有一定的保障，采取一些必要的安全措施，大概就不会让他的妻子失去丈夫，孩子失去父亲。如果前面讲的那个案件中的那些受害人在抢救遇险者的时候，在车后放好一块安全警示牌，一个人站在那里招呼过往的车辆，大概也会避免几个人伤亡的严重后果。这不是对英雄的谴责，而是一种忠告和提醒，那就是见义勇为者也应当尽可能地注意自身的安全。

生命对每一个人都是宝贵的，每一个人都享有生命权。为了追求正义，为了救助他人而奉献自己最宝贵的生命，都是最伟大的行为。如果有可能，见义勇为者也应当爱护自己的生命以及健康。那位可敬可爱的美国青年的做法可以说为人们提供了一个榜样。

## 体育器材造成损害的赔偿责任

某日下午 16 时许，无业的张某未经北京某大学同意，擅自进入该校篮球场打篮球。张在打篮球时身体跃起双手抓篮筐，致使篮球架底座锈蚀部分断裂。张被突然倒塌的篮球架砸伤。当日，张到医院进行了诊治。后经鉴定，张为七级伤残。张起诉至一审法院称，学校未履行维护义务，造成篮球架严重腐蚀致篮球架倒塌，应承担全部责任，故要求学校赔偿医药、误工、护理人员误工、后期治疗、鉴定、伤残补助、精神损失等费用共计 42 万余元。学校辩称，当天篮球场不对外开放，张不是本校学生，擅自进入学校。学校规定任何人不准揪抓篮球筐，而张跳起抓篮，导致篮球架倒塌，损害完全是张的原因造成的，故不同意其提出的诉讼请求。一审法院审理后判决，学校应当承担侵权责任。大学不服，以事故系张擅自进入学校、非法使用体育设施酿成，学校无过错为由上诉到北京市第二中级人民法院。二中院经审理认为，张擅自进入学校篮球场，使用篮球场设施不当致篮球架倒塌将自己砸伤，对此张应承担主要责任。学校作为体育设施的所有人和管理人，对人员出入未尽到管理之责，亦未及时对锈蚀的篮球架进行维护更换，亦是事故发生的起因，故应承担相应的民事责任，赔偿张合理的经济损失。据此，判决赔偿受害人12万元的损失。

我对这个案件的看法是：

## 一、学校违反安全保障义务造成他人损害应当承担赔偿责任

在这种案件中，学校是应当承担侵权责任的。为什么？就是因为学校在其校园内提供的体育器材存在潜在的危险，这种危险对他人而言会造成损害。学校对于使用该体育器材的人没有尽到安全保障义务，造成他人的损害，就构成违反安全保障义务的侵权责任。

对于这一点，应当注意最高人民法院《关于审理人身损害赔偿案件适用法律若干问题的解释》第6条的规定。其内容是："从事住宿、餐饮、娱乐等经营活动或者其他社会活动的自然人、法人、其他组织，未尽合理限度范围内的安全保障义务致使他人遭受人身损害，赔偿权利人请求其承担相应赔偿责任的，人民法院应予支持。因第三人侵权导致损害结果发生的，由实施侵权行为的第三人承担赔偿责任。安全保障义务人有过错的，应当在其能够防止或者制止损害的范围内承担相应的补充赔偿责任。安全保障义务人承担责任后，可以向第三人追偿。赔偿权利人起诉安全保障义务人的，应当将第三人作为共同被告，但第三人不能确定的除外。"

这一条文规定的侵权行为，叫作违反安全保障义务的侵权行为。我们把这种侵权行为分为四种：一是对设施设备未尽安全保障义务，二是服务管理未尽安全保障义务，三是对儿童未尽安全保障义务，四是对防范制止侵权行为未尽安全保障义务。凡是对他人负有安全保障义务的人，没有尽到合理限度内的安全保障义务，造成他人损害的，都应当承担侵权责任。

学校提供的体育器材存在安全隐患，因此造成他人损害，就是对设施设备未尽安全保障义务致人损害的侵权行为。尽管本案的受害人不是该学校的学生，好像没有使用这个设备的权利，但是，凡是学校提供的没有封闭的体育运动场所，都是准许他人进入的，应当视为具有一定的公共性质。对此，学校必须保证体育设备、器材的安全性，不能让其存在隐患或者危险。而学校没有尽到这种注意义务，致使篮球架底部锈蚀，容易断裂，为有过错，对于造成的损害应当承担责任。

至于本案的受害人，我认为没有过错，在篮球场跳跃抓篮球筐，应当是一个正常的篮球动作，不能认为是有过错，也不能认为他擅自进入学校是有过错的。

对于这种案件，确定学校的责任后适当减轻责任，是有道理的。理由是，经营者或者社会活动的组织者对于进入经营领域或者活动领域的人，区别不同的身份，应当承担不同的责任。如果是受邀请者，应当承担较重的责任；如果是未受邀请的访问者，则应当适当减轻责任。本案的受害人显然不是受邀请者，因此，可以基于这个理由适当减轻学校的赔偿责任。

## 二、作为学校今后应当采取何种措施来避免伤害的发生?

现在的这个题目所要说的，就是前述这个司法解释规定的立法宗旨。凡是经营者和社会活动的组织者，以及为他人提供场地进行活动的人，对于进入的人都要承担安全保障义务，要保障进入者的人身安全和财产安全。应当注意的有四个方面：一是提供的设施设备不要有安全隐患，有安全隐患的要及时排除；二是提供的管理和服务必须符合标准，不能由于自己的疏忽而造成进入者的伤害；三是对于场所的安全要负责任，防范、制止侵权行为人对进入者实施侵权行为；四是特别重要的，在自己的场地或者服务中，如果有对儿童具有诱惑力的危险时，必须及时排除或者阻隔儿童接触，防止儿童受到伤害。采取了这样的措施，就可以防止违反安全保障义务的侵权行为的发生；反之，没有尽到这样的义务，造成损害结果，就逃不掉侵权责任。

## 三、参加体育活动而造成伤害的责任应该如何来划分?

随着国人越来越注意体育锻炼，在体育活动中造成伤害的案件越来越多。这种人身损害案件较为复杂，也是我们正在研究的重点问题。可以考虑的基本规则是：

第一，体育运动是有风险的活动，凡参加体育活动的人，应当有承受风险的准备。一些国家的法律中规定，参加体育竞赛、活动或者参观体育活动的人，对于造成损害的，只要行为人没有过错，就都不予赔偿，理由是体育运动本身具有风险，既然参加体育运动，就意味着放弃索赔的请求。这叫作自甘风险，损失由自己承担。

第二，应当为参加体育活动的人投保，将赔偿的风险转嫁给保险公司。例如，组织体育比赛，就应当为运动员、参观者投保，造成人身损害的，由保险公司承担赔偿责任。

第三，在体育活动中，如果造成的损害是因行为人的过错引起的，在主观上具有归责的主观要件，则构成侵权责任。

第四，提供体育器材、设备的人，无论是有偿还是无偿，都必须对体育器材和设备的安全负责。没有尽到安全保障义务，造成损害的，就要承担侵权责任。

## 四、居民小区的健身器械在使用中出现伤害事故，责任如何划分？

在居民小区中，这样的问题适用同样的法律规则。小区物业公司提供健身器材，业主在使用中造成伤害，关键是看物业公司是否有过错，是否尽到了安全保障义务。如果已经尽到了安全保障义务，为没有过错，则不承担侵权责任；如果没有尽到安全保障义务，为有过错，应当对于自己的过错造成的侵权后果承担赔偿责任。对于业主，应当承担全部的侵权责任；对于外来的人，可以适当赔偿。当然还要看使用器材的人是否有过错，如果是因受害人的过错造成的，受害人对于因自己的过错造成的损害，应当自己承担责任。

小区的健身器材，所有权由全体业主所有。物业公司作为管理者，负有管理责任。受害人受到损害，应当找物业公司请求赔偿。物业公司有过错的，就应当承担责任。发生争议，可以提起诉讼，请求人民法院依法裁断。

在小区中，物业公司应当对健身器材善尽职责，保障健身器材处于完好状态，不得存在安全隐患。业主作为健身器材的所有人之一，应当正确使用，在使用前应当仔细检查，避免出现危险，使用也应当遵守规则，不能恶意使用。如果自己使用不当，有疏忽，造成了自身损害，则应当自己承担责任。至于安全保障义务，当然在物业管理单位一方，它是管理者，是要负责任的。

## 儿童扒乘飞机造成损害的责任

儿童扒乘飞机造成损害的事件，应当引起全社会的特别重视。具体情形是，2004 年 11 月某日 9 时 10 分，川航昆明至重庆 3U8670 次航班抵达江北机场。当机场工作人员打开飞机起落架外舱时被眼前的景象惊呆了：一个蜷缩成一团的十几岁男孩出现在眼前，浑身不停颤抖。而来自昆明的消息是，与他一起的另一男孩在昆明机场飞机起飞时被甩出当场摔死。无独有偶，美国加州一名16岁少年偷偷躲入一架从加州圣何塞飞往夏威夷的航班起落架轮舱，并且在1万余米缺氧的环境中飞行5个小时后竟毫发无损。

我现在要说的，是从民法的角度进行“观察”，研究民事侵权责任的问题。

儿童扒乘飞机造成损害，首先应当说受害人自己有责任——当然受害人是未成年人，不能说他自己有过错，而是他的监护人没有尽到监护责任，具有明显的过失。按照行政规章的规定，飞机场是实行严格管理的区域，这是为了保障飞行的安全，任何人都是不能随便进入的。擅自进入机场，造成自己的损害，应当责任自负。即使是未成年人，他本身缺少识别和判断能力，但他的监护人应该进行监管和约束，应当承担责任。机场方面坚持自己没有过错，不承担责任，也有其道理。这就是，如果对此予以赔偿，将给机场管理带来很大的问题。根据《民用航空安全保卫条例》，随意进入机场是要受处罚的。所以，确认机场的侵权责任，让机场赔偿有一定的问题。

但是，我考虑还有以下几个问题：

第一，机场确实存在过失，起码有两个很明显的疏忽：一是没有严格管理，让小孩子随便进入了机场。如果严格管理，小孩子不能进入，大人也不能进入，而小孩子已经进入，就证明机场存在管理过失。二是飞机的例行检查有疏忽，对起落架轮舱起码没有好好检查。按照飞机在机场过夜的规则，机长在对飞机检查结束确认飞机安全之后，将飞机移交给机场，机场应当进行检查；次日清晨机场在将飞机交给机长的时候，机长也应当检查飞机，确认飞机安全后，才签字接受。根据现在的情况看，机长和机场都没有善尽检查义务，当然存在过失。虽然飞机属于高度危险物，一般应当适用无过错责任原则，但是都能够确定其有过错了，机长和机场一方当然应当有责任。因此，机场和机长都要承担一定的侵权责任，受到一定的制裁，应该通过赔偿来起到警示教育的作用。

第二，在违反安全保障义务的侵权行为的规则中，经营者对于自己在经营领域中存在对于儿童具有特别诱惑力的危险时，就应当对儿童承担特别的注意义务，防止危险的发生，以保障儿童的安全。现在看，机场对于儿童显然没有尽到这样的高度注意的义务，因而产生了侵权责任。据此，确定机场应当承担适当的侵权责任，这对于保护儿童，对于提高机场的安全防范水平，保障飞行安全，都是有重要意义的。

但是，应当看到的是，机场方面即使负有赔偿责任，也不是全部责任，应当根据侵权责任法的过失相抵原则处理。受害人的监护人有重大过失，应当承担主要责任；机场方面有过失，应当承担适当的责任，而不是免除责任。这样处理机场和受害人的监护人的责任，是比较公平的，也具有积极意义。

## 典型的替代赔偿责任

某天的《北京青年报》在一个不显眼的角落里，刊登了一个小消息，题目是：《少女住宿被奸杀，旅馆被告赔七万》。消息很短，下面是全文：

> 外地来京找工作的16岁女孩晚上刚在旅馆住下，第二天凌晨就被该旅馆雇用的一名外地男服务员强奸后掐死，这名男服务员已经被判处死刑。女孩的父亲日前起诉旅馆，要求赔偿经济损失8万元。昨天，西城法院判决这家旅馆赔偿7.35万元。
>
> 今年2月，16岁的山西农村女孩王某来京打工，她来到西城区一旅馆住宿。旅馆雇用的22岁的河南来京人员王万勇将其领入6号房间。凌晨，王万勇用钥匙偷偷打开王某的房门，不顾王某的反抗，对其进行强奸。由此造成王某机械性窒息死亡。
>
> 王某的父亲认为对女儿的死亡旅馆应当负全部责任。旅馆方面认为王某之死是王万勇所为，旅馆不应承担责任。法院最后认定，旅馆应当承担赔偿责任，于是作出了上述判决。

虽然这是一则很简单的新闻报道，看不清楚案件的详细情况和法院判决的理由，但是有一点可以断定，法院对旅馆方面承担民事责任的判决所依据的，正是侵权行为法关于特殊侵权责任的规定，确认这种行为是特殊侵权责任中的替代赔偿责任。这是一个应用法理处理案件的非常好的典型判决。

替代责任是侵权责任法中的一个重要规则。这个规则的产生，已经经历了几千年的历史。早在罗马法中，就有“准私犯”的侵权赔偿制度，这就是替代责任的最早形式。罗马法规定，在一些特殊的场合，例如，旅馆主人、马厩主人、船主对于因其雇用的人给旅客、顾客造成损害，以及奴隶给他人造成损害的，不是由旅馆、马厩、船舶的雇员或奴隶来承担赔偿责任，而是由旅馆主人、马厩主人、船主或奴隶的家主作为责任人，对受害人承担民事赔偿责任。这就是侵权法上的替代责任。

非常凑巧的是，在罗马法的“准私犯”中，就真的有旅馆主人对其雇员造成顾客损害承担赔偿责任的规定。看来，现代的法律制度确实是源于古代的法律，旅馆主人对其雇工造成的损害承担替代责任的规定，就是一个最好的例证。

替代责任的原理，是指在一些法律规定的特殊侵权行为的场合下，行为人在造成损害的时候，其行为的结果即损害赔偿并不是由自己承受，而是由与其有特定的关系的人承受这种后果。正是由于有这种关系，既然其行为的后果是由与行为人有特定关系的人承受，行为人的行为，实际上就是与其有特定关系的人的行为的延展。执行这种行为的人，在执行这种行为时，造成受害人损害的，其结果当然也应当由与行为人有特定关系的人来承担。确定这样的替代责任关系，体现的是权利义务相一致的原则，同时也有利于保障受害人请求损害赔偿的权利得到实现。因此，这是一个很好的制度。在古老的法律中就确认了这一制度，直至今天，世界各国仍然奉行这一制度，旨在更好地保护受害人的赔偿请求权。

旅馆的雇工在执行职务中造成他人损害，旅馆理应承担赔偿责任。即使是旅馆雇工借用执行职务的机会，实施犯罪行为，那也是因为旅馆在选任雇工的时候没有善尽选任责任，致使雇工有了借用的机会，实施犯罪行为，造成他人损害。因此，旅馆对其男服务员在工作时间奸杀女顾客承担替代责任，完全是符合法理的。

但是，我国的法律承认侵权行为法中的替代责任制度，还是最近一些年的事情。在很长一段时间里，人们对这一制度并不了解。记得在 1988 年，我出版了《侵权损害赔偿》一书，其中就有一章专门介绍特殊侵权的替代责任的内容。那时我是在家乡的中级法院任副院长，正好也是主管民事审判的。有一天，一个基层法院的审判员来到我的办公室，跟我说，他们正在审理一个案件，是雇工在执行雇佣活动中致人损害的案件。原告起诉的是雇工，按照原告的起诉应当列雇工为被告。审判员看了我的书，认为应当列雇主为被告，因为这是一个替代责任的案件。审判员问我这样的理解对不对。我说，对呀！他说，他把这种意见向院长作了汇报，院长说，这样办是有道理的，但是法律依据在哪里呢？审判员说，中级法院的某副院长写的书中就是这么说的。院长说，中级法院的副院长说的是对的，但是没有法律依据，怎样判决呢？等你到中级法院去的时候，问一问他，依据什么法律这样列被告？然后，审判员就问我依据什么法律确认侵权行为法中的替代责任？我说，这是法理，现在的《民法通则》还没有这样规定，确实没有明确的法律依据。审判员说，这怎么办呢？我们院长说，要是没有法律依据，就不好这么判了。

面对审判员的发问，我无言以对。

好了！到了今天，大家终于能够从从容容地面对法理，尽管法律还没有明确地规定某种规则，或者某种责任，但是，可以在法律没有明文规定的情况下，公开地研究一个案件怎样依据法理，对案件作出判决了。这是一个实实在在的进步。有了这样的进步，就可以面对现实，在法理的指导下，很好地解决法律适用问题。即便是在法律没有明文规定的情况下，也可以作出体现公平、正义的判决。

从这里，可以引申出两个问题，这就是：

第一，立法应当尽可能地详细，不要再像过去那样，对什么问题都作简单的粗线条式的规定。《侵权责任法》在第 32

条、第 34 条、第 35 条、第 36 条、第 38 条、第 39 条等条文中，规定的都是替代责任。法官适用这样的规则，不会再有任何阻力。

第二，法律应当明确规定司法的这项基本原则，就是“有法律规定适用法律规定，没有法律明文规定，应当依据法理或习惯作出裁判”。《瑞士民法典》的第 1 条就是这样规定的：“凡本法在文字上或解释上有相应规定的任何法律问题，一律适用本法。如本法无相应规定时，法官应依据惯例；如无惯例时，依据自己作为立法人所提出的规则裁判。在前款情况下，法官应依据经过实践确定的学理和惯例。”有了这样的规定，法官面临的疑难问题就好解决了。

## “新西兰计划”流产的启示

2003 年《道路交通安全法》公布实施之后，由于该法第 76 条规定造成机动车交通事故“机动车负全责”，因而引发了大范围的争论，几乎是“风起云涌”，铺天盖地。2007 年，立法机关对该条文进行修正，纠正了其中不妥之处。不过，在讨论之中让我想起了“新西兰计划”。

什么是“新西兰计划”?

十几年前，新西兰出台了一个规定：凡是行人在交通事故中受到损害的，均由国家来赔偿，行人本人和机动车均不用负责。这一规定被称作“新西兰计划”，当时认为该计划的实施可以更好地保护受害人，更好地体现社会的福利。

可是，很快地，“新西兰计划”的结果背离了立法者的初衷：交通事故开始多发，交通秩序变得混乱。为何出现这样的结果？就是因为事故的赔偿问题由国家“包”下来了，不再和双方的利益、责任挂钩。因此，机动车驾驶员对交通安全问题开始疏忽，行人对安全问题也开始疏忽。

不久之后，“新西兰计划”流产了。流产的原因是什么？就是这个计划未能将公众利益与个人责任很好地平衡。国家掏钱为交通肇事者“买单”，减轻了肇事者的经济负担，同时也就降低了他们心理上的注意程度，尽管绝大多数人并不会因此而放任自己的行为造成他人损害，但是，对他人、对自己的注意义务的减轻，就足以酿成更多的机动车交通事故。同样如此，行人或者非机动车驾驶人也会放松警惕，其交通违章行为渐次增加，也会造成更多的事故。政府为交通事故“买单”，初衷是为了减轻民众的负担，但是结果却是社会利益和公共利益受到损害。这个教训不能不引以为戒。

2003 年《道路交通安全法》第 76 条规定，特别加重了机动车的责任，从以前的“过错责任”原则，改为现在的“无过错责任”原则；对非机动车驾驶人和行人的违章行为是事故的完全原因，而机动车没有过错的，也仅仅是减轻机动车一方的责任，而不是免除责任；对非机动车驾驶人或者行人的过错行为，也没有规定过失相抵。这样规定的目的是强调对行人和受害人的人文关怀，一点也没有错。但无论行人还是机动车驾驶员，都是人，如果立法的立场完全过分地偏向某一方，其实也是一种不公平，会造成社会利益和个人责任的失衡。中国目前的交通状况，本来就是行人违章多，如果没有将行人的利益与机动车驾驶人的利益尽量保持平衡，可能会导致行人的违章行为更多。从《道路交通安全法》规定无过错责任原则以及上述规定的表面看，好像仅仅是车主的利益受到了损害，但从实质上看，对肆意违反交通规则的违法者的纵容，却使社会的公共利益受到了损害，导致交通秩序更加混乱。

这又让我想起了医疗事故的处理问题。以前，医疗事故损害赔偿纠纷的处理倾向于保护医院一方的利益，医疗事故的鉴定难，患者得到赔偿难；如今，对过错要件和因果关系要件实行举证责任倒置，当然有利于保护受害的患者了，但是却使医院成了“弱者”。医院为了“自我保护”和留下证据，医生就让患者多做很多不必要的检查，以避免承担发生医疗事故时举证责任不足的后果。其实，这对患者的权利保护来讲，同样是一种威胁，而且涉及的不仅仅是个别的患者，而是所有的患者都将遭受这样的命运。这不也是一个利益平衡的问题吗？

所以，我们的立法者一定要小心！要谨慎！制定法律要小心翼翼地在各方的利益冲突之间寻找平衡点，稍微有一点点失衡，就会给社会秩序带来不稳定的因素。

就《道路交通安全法》原第 76 条关于“机动车负全责”的规定，我认为，立法者应该及时作出立法解释，把机动车车主和行人的利益以及社会的利益很好地平衡一下，否则将会带来更大的失衡。如果原来规定不明确的，可以明确；如果认为有需要变更的问题，可以通过立法解释作扩张解释或者限制解释。在合适的时候，应当考虑以修改法律的形式来平衡各方利益，这才能最终解决这一利益失衡问题。

顺应各界的呼声，立法机关在 2007 年发布、2008 年实施了对《道路交通安全法》第 76 条的修正案，全面修正了道路交通事故损害赔偿责任的规则，得到了各界的支持。

## 患者权利应当得到保障

“十年磨一剑”。经过十年的修改，《医疗事故处理条例》闪亮登场，终于替代了原来的《医疗事故处理办法》。对照原来的《办法》，人们发现《条例》与《办法》有很多的不同。

其中一种不同就是《条例》增加了患者权利的规定。诸如：第 10 条规定，患者有复印或者复制病历资料的权利。第 11 条规定，对患者的病情、医疗措施、医疗风险等，患者享有知情权。第 13 条规定，对发生、发现医疗事故、医疗过失行为等，患者享有知情权。第 16 条规定，发生医疗事故争议，患者有与医疗机构共同封存病例讨论记录等资料的权利。第

17条规定，疑似输液、输血、注射、药物等引起不良后果的，患者享有与医疗机构共同封存现场实物、共同指定检验机构的权利。第18条规定，患者死亡进行尸检，患者家属有权请法医病理学人员参加，有权委派代表观察尸检过程。第20条规定，医患协商解决医疗事故争议，患者有权与医疗机构共同委托负责医疗事故技术鉴定工作的医学会组织医疗事故鉴定。第22条规定，患者对首次医疗事故技术鉴定结论不服的，可以提出再次鉴定的申请。第24条规定，患者有权在专家库中随机抽取相关专家参加鉴定。第26条规定，患者对参加鉴定的专家享有回避权。第29条规定，患者在医疗事故鉴定过程中，有陈述、答辩的权利。第37条规定，发生医疗事故争议，患者有选择具体处理程序的权利。

《条例》规定的上述患者权利整整有12项。这些权利的核心，就是知情权和选择权。患者的知情权，是指患者及其家属对就医、发生争议、争议处理等事宜所享有的知悉权、了解权，医疗机构有义务对患者及其家属的知情权予以满足。患者的选择权，是指在发生医疗事故争议后，患者及其家属对医疗事故的处理程序、鉴定机构、鉴定专家等，依照自己的意志进行选择的权利，从而改变过去那种只能由卫生行政部门指定的做法。

这些权利的规定确实不错，对于保障患者实体权利的实现，具有重要意义。但存在的问题是，《条例》在规定患者的这些权利的同时，并没有规定保障行使这些权利的措施。这不能不说是《条例》存在的重大缺憾之一。

权利必须得到保障，才能够成为权利，否则只能是一句空话，不解决实际问题。实体性权利在受到侵害的时候，只有规定具体的救济手段，才能使受到侵害的权利得到恢复。程序性权利不能实现，只有规定对不履行保障义务的对方的不利后果，才能够使其成为实在的权利。《条例》规定患者享有这么多权利，却没有一条规定具体的保障措施，究竟原因为何，不得而知。

不过这不要紧。法律、法规存在一定的疏漏是难免的，在司法程序上想办法加以弥补就是了。

对于程序性的权利，承担保障义务的一方如果没有履行义务，法律应当责令其承担不利于自己的后果。这是普遍的规则。在对待患者权利这一问题上，也应当如此处理。如果患者行使新《条例》规定的权利，医疗机构没有履行应尽的义务加以保障，使患者的权利没有实现，那么，医疗机构就应当承担对自己不利的后果。例如，对患者享有的对病历资料和现场、实物的共同封存权没有予以保障，可以作出病历资料和实物、现场是对医疗机构一方不利证据的推定。对于鉴定专家回避权没有保障，对鉴定过程中的陈述、答辩权没有保障，都可以推定该鉴定结论不真实，应当重新组织专家鉴定组进行鉴定。患者死亡，患者家属享有的聘请法医病理学专家参加权和观察尸检权没有得到保障，则应当重新进行检验，失去检验条件的，则作出不利于医疗机构一方的推定。这样，程序性的患者权利才能够真正有实现的保障。

在司法程序中，对患者权利没有规定具体保障措施，对这一缺憾如何进行弥补，关键在于法官。对此，法官应当根据患者权利的性质以及医疗机构保障该权利实现所应当履行的义务的性质，仔细斟酌，适用适当的责任形式对违背保障义务的一方进行处置，真正使患者的权利得到保障。当然，患者行使权利也必须依照法律进行，不能离开法律“漫天要价”。对患者的无理要求当然也不能迁就，否则会助长不良社会风气。

不过，该《条例》在规定医疗事故责任的规则中，仍然存在较多的不公平的内容，例如鉴定机构的问题、赔偿标准的问题等，都有对患者权利保护不够的问题。《侵权责任法》第七章专门规定了“医疗损害责任”，全面规定了医疗损害责任的侵权赔偿规则，较好地保护了患者的权利，是值得称道的。

## 飞机改道扰民问题的解决方案

首都机场民航飞机突然改道，从某小区正上方经过，对小区居民生活秩序造成破坏，很多居民非常气愤，上访申诉，引发了扰民事件。这样的事件，究竟是不是构成侵权行为，应当区分具体的情况。

依我所见，确定这种行为的性质，要区分的情况有以下几种：第一，要看改道是否为必须；第二，要看扰民扰到什么程度。如果飞机改道未经准许，或者不是必须，并且对小区居民的生活造成了严重干扰，损害了他们的权利，应当认定是侵权行为。这种侵权行为实际上就是噪声污染，属于环境污染的侵权行为，调整这种侵权行为的基本法律，就是《民法通则》第124条规定、《侵权责任法》第八章关于环境污染责任的规定，以及相关的环境保护法的规定。这种侵权行为所侵害的权利，应当是健康权，是使居民的健康权受到侵害，同时，也侵害了居民的生活安宁权利。关于生活安宁权，在全国人大法工委2002年制定的民法（草案）人格权法编中，规定在隐私权保护的范围内。认定这种侵权行为，因为有环境污染责任的规定，所以，不认为是侵害健康权的侵权行为或者隐私权的侵权行为，直接认定为环境污染的侵权行为即可。目前，应当依照《侵权责任法》第2条第2款关于隐私权的规定和第6条第1款关于过错责任原则的规定，确定为侵害生活安宁权的侵权责任。

民航飞机突然改道，大量的航班飞过居民小区，造成损害，是应当解决的问题。对此，应当实事求是地认定事实，准确适用法律。由于对详细背景情况不了解，因而不好说怎样认定才好，但起码有一点，就是这次改道已经造成了居民的噪声污染损害，民航机构是应当承担责任的。我想，第一，民航机构应当说明理由，民航飞机为什么要突然改道，是否经过批准；第二，对于居民的损害，民航机构应当给予适当的赔偿。

有人提出，民航机构属于“公共机构”，这种机构引起的扰民事件可以免除责任，我认为这种意见不对。民航机构并不是一个公共机构，而是营利性的经营机构，当然它也具有一定的公共性质。我认为，作为一个机构，无论其具有什么样的性质，其经营活动或者其他活动都不应当侵害人民的利益。我们好像有一个根深蒂固的观念，就是只要涉及国家利益的事情，无论是什么样的损害，人民都有义务忍受，这是天经地义的。这种观念不对，是必须改变的。国家的一切活动，都是为了使人民生活得更幸福，而不是要增加人民的痛苦。不能因为飞行的原因，就认为飞机改道是为了公共利益或者国家利益，所以要人民作出牺牲。即使是必须作出这种牺牲，也要给人民以必要的补偿。就像现在的征地拆迁，过去好像只要国家需要，就必须由权利人作出牺牲，以实现这种所谓的国家利益或者公共利益。《物权法》就改变了这个观念，要保护权利人的权利，即使为了公共利益真的需要权利人牺牲自己的权利，国家也必须给予补偿。

## “老虎伤人”事件的侵权法思考

这几天的媒体都在讨论野生动物园“老虎伤人”事件，谈对该事件的法律适用问题，各方有很多争论。我在新浪微博和微信朋友圈上发表了一点看法，多数人赞同，少数人有不同意见。在此文中，我详细说明一下我对这个事件的侵权法适用的看法。

第一，《侵权责任法》第 81 条规定动物园的动物损害责任适用过错推定原则是不正确的，通过这个事件更进一步证明这个判断是正确的。在制定《侵权责任法》的时候，对于第 81 条很多人都提出不同意见，认为家养动物损害他人都用无过错责任原则归责，为什么动物园的动物多是猛虎等凶猛动物，却要适用过错推定原则呢？这样的质疑是有道理的。不仅我们反对，台湾的王泽鉴教授也反对，他不止一次跟我说过他的意见，认为这样的规定是没有道理的。但是，立法机关的理由是，动物园饲养动物，有专门的知识和经验，还有专业的防护措施，因此降低归责标准。现在看出来，我们的反对意见是正确的，动物园的动物损害责任必须适用无过错责任原则，否则不能够全面保护受害人的权利，也会对公众造成威胁。如果适用无过错责任，对于本案，只要受害人不是故意造成自己损害的，动物园就应当承担赔偿责任，受害人的损害就更容易得到救济。

第二，即使依照《侵权责任法》第 81 条规定，对动物园饲养的动物损害责任适用过错推定原则，本案的老虎伤人，也构成侵权，动物园应当承担赔偿责任。过错推定的核心价值在于，以举证责任倒置的方法，减轻受害人的举证负担，保护受害人的权益。按照第81条规定，当老虎伤人的损害发生后，首先推定动物园有过错；动物园认为自己没有过失的，应当自己承担举证责任，证明自己没有过失。动物园会证明是受害人自己走出自驾车而具有过失，使自己被老虎伤害，因而动物园无过错而受害人有过错。问题是，当动物园准许游人自驾车进入野生老虎园的时候，就已经存在疏于管理的过失，因为自驾车的驾驶人是普通人，在野生老虎的生活环境里，驾驶人或者乘客一旦下意识地采取不当措施，就会将自己置于极度的危险之中。例如，自驾的汽车熄火、抛锚、爆胎等，就是遇到本案中的女子，都有可能忘记所处危险境地，下意识地离开汽车。这样的危险都是应当估计到的，因此，无论是举证责任倒置，还是依照一般过错责任的原则，都能够证明动物园对于本次损害的发生具有过失。因此，动物园构成侵权责任，应当承担赔偿损害的责任。至于动物园已经与游客签订了免除责任的协议书，以及告知关好门，作出注意安全的提示，这些都不能证明其已尽必要的管理职责，因为准许自驾车观看猛虎，就已经有过失了。

第三，受害人对于自己的损害的发生，具有重大过失，应当依照《侵权责任法》第26条规定，减轻加害人的责任。无论如何，“老虎伤人”事件中的受害人对于自己的损害，是具有重大过失的，但是并非故意所为。有人主张本案受害人自驾车观赏野生猛虎，应当属于自甘风险，因此，动物园不负责任，应当责任自担。依我所见，本案受害人的行为尚不构成自甘风险，因为受害人所处的危险实在严重，并且动物园是该危险的来源，此外动物园还具有疏于管理的过失，所以不能以自甘风险的理由而免除动物园作为加害人的赔偿责任。受害人既无故意，又不构成自甘风险，因而动物园不能免除责任。但由于受害人对于自己的损害具有重大过失，故应当减轻动物园的赔偿责任。

第四，有人主张，当受害人离开自驾车调换驾驶位置，老虎扑上来的时候，其后部还有一辆自驾车，本可以开车冲上去，引开老虎，避免损害，却不作为，因而对于损害也有责任。这样的认识是不正确的。后车驾驶人见义勇为，冲上去引开老虎，那是最好的了，可以避免损害。但是，那是道德要求，而不是法律要求，是道德义务而不是法律义务。况且在那种面对猛虎的危险情况下，要求一个旁观者负有这样的义务，也是不恰当的。因此，不能追究后车驾驶人不能见义勇为的损害赔偿责任，因为其没有法律上的过错，不具有承担侵权责任的要件。

第五，有人主张对于“老虎伤人”事件可以适用《侵权责任法》第 37 条关于违反安全保障义务侵权责任的规定，这个意见是不正确的。第 37 条规定的侵权责任适用过错责任原则，对受害人的举证责任要求高，谁主张谁举证。而动物损害责任是有专门规定的侵权行为类型，且第 81 条规定的是实行过错推定原则，对受害人的举证要求较低，有利于受害人赔偿请求权的实现。尽管两种侵权责任都有保障受害人安全的要求，但是相比较而言，第 81 条不仅对保护受害人有利，而且是饲养动物损害责任的专门规定。二者是一般法和特别法的关系，因而应当适用特别法，而不适用具有一般法性质的第 37 条的违反安全保障义务的侵权责任的规定。

第六，本案有三个最为重要的启示：一是《侵权责任法》第 81 条应当修改，由过错推定原则改为无过错责任原则；二是动物园应当采取必要措施防范这种损害的发生，起码不应当准许自驾车与猛虎“亲密接触”；三是任何人都要避免不理智的行为，特别是对自己的亲人。